"复旦通识"丛书编委会名单

编委会主任: 吴晓明

编委会成员(按姓名拼音排序):

陈明明　陈　焱　陈引驰　范康年　傅　华
黄　洋　刘　欣　曲卫国　石　磊　汤其群
童　兵　汪源源　王德峰　王志强　吴泉水
熊庆年　杨　继

主　　编: 孙向晨

执行主编: 任军锋

复旦通识
论丛系列

复旦先贤
教育思想论集

吴晓明 主编

生活·讀書·新知三联书店

Copyright © 2021 by SDX Joint Publishing Company.
All Rights Reserved.
本作品版权由生活·读书·新知三联书店所有。
未经许可,不得翻印。

图书在版编目(CIP)数据

复旦先贤教育思想论集 / 吴晓明主编. —北京:生活·读书·新知三联书店,2021.5

(复旦通识丛书)

ISBN 978-7-108-06215-4

Ⅰ.①复⋯ Ⅱ.①吴⋯ Ⅲ.①复旦大学－校长－教育思想-文集 Ⅳ.①G640-53

中国版本图书馆 CIP 数据核字(2018)第 022450 号

责任编辑	韩瑞华
封面设计	赵晓冉
出版发行	生活·讀書·新知 三联书店
	(北京市东城区美术馆东街 22 号)
邮 编	100010
印 刷	常熟市人民印刷有限公司
排 版	南京前锦排版服务有限公司
版 次	2021 年 5 月第 1 版
	2021 年 5 月第 1 次印刷
开 本	635 毫米×965 毫米 1/16 印张 21.25
字 数	234 千字
定 价	98.00 元

总　序

进入新世纪,"通识教育"在中国大学方兴未艾,生机勃勃,这无疑是中国大学教育自我更新的新起点。"通识教育"旨在关心人格的修养、公民的责任、知识的贯通、全球的视野,进而为新世纪中国文化传统的接续与光大承担起自身的责任。

通识教育是教育自我反思的产物,它要摆脱"概论"式"知识传授"的积习,要摆脱教学与育人脱节的怪圈;它要努力将课堂与书院构建成教师与学生之间的学术-生活共同体,培养学生的学术想象力、理论贯通力、思考的能力以及实行的能力,为学生的终身学习奠定扎实的基础。

"通识教育"须与专业教育相辅相成,它需要教师具备相当的专业学术积累,同时要求教师能够自觉地克服专业视野本身的局限,这无疑对教师的知识结构、理论视野、教学方法以及学术修养都提出了巨大的挑战。因而"通识教育"在中国同时也是教师自我挑战与成长的过程。

在通识教育改革的探索中,复旦大学率先在国内的大学中提出"通识教育"的设想与方案。2005年成立"复旦学院"至今,逐步形成了以五大"住宿书院"与七大模块"核心课程"为代表的复旦通识教育模式,并以此为载体全面构建了复旦通识教育体系。我们的目标日趋清晰,我们的行动路线更加务实。

"复旦通识"丛书正是我们推进复旦乃至整个中国通识教育的重要组成部分。通过复旦的创新探索以及国内外各高校的经验积累,我们要努力为中国的通识教育开创自身的传统,确立自身的标尺,践行自身的道路,同时也需要借鉴世界文明传统中的优秀成果。丛书初步拟定分三大系列:

"读本系列":它是教师在核心课程教学基础上的独立著述,是服务于教学工作的学术著作;它绝不是普及性的概论式读物,而是注重思想性与理论高度的论著。读本围绕教学内容,并在教学基础上发散出去,既有聚焦的深度,又有视野的广度;有知识,更有关怀。读本可作为核心课程教学过程中的参考用书,也将成为好学之士进入相关领域的路线图。通过这个系列,教师的教学成果得以逐渐积累,课程内涵得以不断升华,从而真正实现教学与科研的结合。

"译介系列":它重在译介域外那些将通识教育纳入世界文明统序中考察的标志性著述。译著重视论题的历史脉络,强调理论视野与现实关切;其论题不会只限于通识教育,不会就观念谈观念,就方法谈方法,而是在广泛的知识背景下深入对某一专题的认识,包括对通识本身的理解。大学教育,尤其是通识教育,承载着一个文明的传统赓续与精神形塑,它存亡继绝又返本开新。通过针对性的译介工作,希望能够为中国通识教育提供更宽广的思想脉络和更扎实的现实感,进而更加明确中国通识教育的历史使命和伟大目标。

"论丛系列":通识教育既需要大学管理者的决策推动,又需要教师的持续努力,更需要学生的积极投入。通识教育背后的根本动力是大学管理者、大学教师与大学生们对通识教育的重要性及其使命的高度认同和思想共识。大学通识教育的实践者们既是行动者,也是思想者。他们的思考永远是最鲜活的,其中既有老校长们对于通识教育高瞻远瞩的观念梳理、问题诊断以及愿景展望,也有广大教师针对具体课程脚踏实地的反思与总结,更有学者对高等教育以及通识教育领域精深细致的研究。

我们希冀这一丛书能够帮助中国大学通识教育实践进一步凝聚共识,明确方向,扎实推进。日月光华,旦复旦兮,愿"复旦通识"丛书不断推陈出新。是为序。

"复旦通识"丛书编委会

目录

序 ... 1

马相伯 ... 1
1. 震旦学院章程 ... 2
2. 想当年创办震旦 ... 6
3. 从震旦到复旦 ... 8
4. 复旦办学始末备忘文稿 ... 10
5. 复旦公学章程 ... 12
6. 蔡子民先生与二十四个学生学拉丁文 ... 25
7. 中国人的演说 ... 27
8. 中国人应知道国家是什么 ... 29

严复 ... 31
1. 复旦公学募捐公启 ... 32
2. 论教育与国家之关系 ... 35

3. 与《外交报》主人书 ... 40

4. 分科大学改良办法说帖 ... 49

5. 论今日教育应以物理科学为当务之急 ... 54

6. 实业教育 ... 63

李登辉 ... 71

1. 教育之真谛 ... 72

2. 我们所最需要的教育 ... 75

3. 适应新环境的新教育 ... 80

4. 李登辉致毕业学生词 ... 83

颜福庆 ... 87

1. 中国医学教育的过去与未来 ... 88

2. 中国医事事业之前途 ... 92

3. 现代医学教育的趋势 ... 97

4. 医家之责任 ... 100

5. 把医学科学提高到国际水平 ... 107

朱恒璧 ... 111

1. 朱恒璧谈办上海医学院的历史和经验（节录） ... 112

  2. 朱恒璧教授谈学科之间的联系、交叉和渗透是当今科技发展的趋势 ... 114

吴南轩 ... 117
  1. 青年的情绪教育 ... 118
  2. 七十年来复旦立校特出的传统精神 ... 122

章　益 ... 127
  1. 中国新教育理论建设刍议 ... 128
  2. 教育与社会 ... 154
  3. 教育与文化 ... 169
  4. 青年修养 ... 186
  5. 全国专家对读经的意见——章益先生之意见 ... 198

陈望道 ... 199
  1. 上海复旦大学的今昔 ... 200
  2. 关于发扬学术上的民主问题 ... 208
  3. 学风是学校工作中最广泛基本的问题 ... 212
  4. 两个原则——对于中国文学系改革的意见 ... 214
  5. 努力学习，争取在德、智、体、美各方面都能有新的成就 ... 216

6. 怎样研究文法、修辞 ...221

7. 新闻馆与新闻教育问题 ...230

苏步青 ...231

1. 人才培养和教育改革 ...232
2. 关于研究生培养的一些意见 ...238
3. 高等教育的质量亟须提高 ...242
4. 略论数学人才的培养 ...244
5. 青年人应尽可能多地掌握各类知识 ...250
6. 略谈学好语文 ...253
7. 理工科学生与文学 ...258

谢希德 ...261

1. 中国综合性大学的状况与展望 ...262
2. 面向现代化,培养高质量人才 ...269
3. 学校改革的根本问题在于提高教学水平、学术水平和管理水平 ...274
4. 总结经验,改进工作,逐步完善导师制 ...283
5. 坚持教育改革,创建两个文明,把复旦大学办成第一流的综合性大学 ...287

华中一 ... 295

    1. 我的办学理念 ... 296

    2. 论文理渗透 ... 300

    3. 论信息社会的人才培养 ... 304

    4. 头脑风暴 ... 316

致谢 ... 327

序

作为专业教育的补充,"通识教育"在高等教育中占据着一个重要的地位。在《国家十三五规划纲要》中,也明确提出"专业教育与通识教育"相结合的培养模式。现代大学的专业化趋势是与19世纪以来的工业革命相伴随的,但随着专业化程度越来越高,也带来了高等教育的诸多弊端。在这个背景下,通识教育从一般理念到具体实践便应运而生,它注重受教育者人格的全面提升,强调知识的整全与视野的敞开,努力致力于培养学生基本的道德反思能力、学术想象力以及在不同学科之间融会贯通的能力,从而使大学回归本源,促进人的全面发展。

20世纪下半叶以来,中国大学的办学模式很大程度上借鉴了苏联的许多做法,集中体现在大学细密的学术分科建制上,注重实用人才的训练与储备,以满足国家现代化建设迫切的人才需求。可以说,在推进国家走向富强的过程中,中国高等教育做出了不可磨灭的巨大贡献。

进入21世纪,随着中国国力的全方位提升,新技术革命的日新月异,对中国的高等教育也提出了全新挑战。我们需要重新审视现有的育人模式和办学理念,在理清思路的基础上,采取扎实有效的改进举措,真正提升我们大学的育人品质,建设一流的本科教育,进而为建成具有中国特色的世界一流大学做出实质性的贡献。

通识教育为实现这一愿景提供了关键契机：它不仅意味着我们要尊重高等教育发展的规律，借鉴世界一流大学的办学理念和实践经验，更需要扎根中国大地，深入中国的文化与教育传统，挖掘整理百年来中国大学所积累的丰硕成果，逐步形成中国人自身深入权衡的鉴别力、从容取舍的判断力，也只有这样，才能使我们许多具体的改革举措落地生根、发荣滋长。

从2005年成立"复旦学院"至今，复旦大学经过十几年的探索实践，基本形成了以七大模块核心课程为载体、以五大书院为依托的具有复旦特色的通识教育模式。"复旦通识2.0"又进一步提出"有根、有魂、有效的通识教育"理念，这里的"根"包括三项具体内涵：一是要尊重现代大学教育的规律，二是要扎根于博大精深的中国文化传统，三是要立足复旦百年教育的传统。

复旦大学通识教育中心诸位同人编辑整理了复旦先贤们关于大学教育的论集，可谓当其时、适其势的美举。马相伯先生当年筚路蓝缕，凭借百折不挠的精神毅力和强烈的民族使命感，使复旦初具规模，开一代风气。严复、李登辉、颜福庆、陈望道、苏步青、谢希德……一代又一代的复旦先贤砥砺前行，不忘初心，尽管当时尚未有"通识教育"这样的明确表述，但通识教育的精神与理念可以说深切委婉、一以贯之。本论集无疑有助于唤醒复旦这一深厚的精神传统。

我们深信，复旦先贤们的言论思想及其所承载的深沉及厚重的现代中国大学精神，永远是晚学后进们应当珍视和继承的宝贵财富。

是为序。

马相伯

马相伯(1840—1939),原名志德,又名建常,改名良,字相伯,江苏丹徒人。近代中国天主教耶稣会神父,政治活动家,爱国人士,中国近代私立教育的创始人,著名教育家。1903年创办震旦学院,1905年创办复旦公学(复旦大学前身),并参与创建辅仁大学。

震旦学院章程*

（1902 年订）

宗旨

一、本院以广延通儒、培成译才为宗旨。

功课

一、拉丁为任读何国文（指英法德意）之阶梯，议定急就办法，限二年毕业，首年读拉丁文，次年读何国文，以能译拉丁及任一国之种种文学书为度。

一、先依法国哲学大家笛卡尔（René Descartes）之教授法，以国语都讲随授随译，译成即可为他学校课本。

一、本学院既广延通儒，治泰西士大夫之学，其肄业之书，非名家著（Classical author）不授。

一、按日上午二小时，下午二小时，为授课时刻。三小时授正课，

---

* 选自《翻译世界》1902 年第 2 期。

一小时授附课，通计二年，除星期外，六百日共二千四百小时，首一千二百小时为授拉丁文时刻，次一千二百小时为授任一国文时刻。除讲授时刻外，每日四小时为独修时刻，二年共四千八百小时为肄业时刻。

一、课程遵泰西国学功令分文学（Literature）、质学（日本名之曰科学，Science）学科。

文学	正课	一、古文 Dead language，如希腊、拉丁文文字（本院先以拉丁为正课，能旁及者乃兼习希腊）。	
		二、今文 Living language，如英吉利、德意志、法兰西、意大利文字。	
		三、哲学 Philosophy	论理学 Logic
			伦理学 Ethics
			性理学 Metaphysic and Psychology
	附课	历史 History	
		舆地 Geography	
		政治 Politics	社会 Sociology
			财政 Economic
			公法 International Law
质学	正课	物理学 Nature Philosophy 化学 Chemistry 算学 Arithmetic 几何 Geometry 代数 Algebra 象数学 Mathematics 八线（三角）Trigonometry 图授（立体几何）Description Geometry 重学（力学）Mechanics 天文学 Astronomy	
	附课	动物学 Zoology 植物学 Botany 地质学 Geology 农圃学 Agriculture and Horticulture 卫生学 Hygiene 簿记学 Bookkeeping 图绘 Drawing 乐歌 Singing 体操 Gymnastics	

学府典章

一、本学院所授功课，限二年卒业者，单就文学论也。至于质学，非两年所能毕事，有志精进者，得于二年外延长肄业时刻，本学院可特别教授，卒业期限，亦以二年。

一、本学院总教习为马相伯先生，精希腊、拉丁、英、法、意文字，曾奏派游历欧米各国，一切功课，均由马君鉴定。

一、本学院于光绪癸卯年，西历一千九百零三年正月开办，的确开学日期，登报声明。

一、本学院设在上海徐家汇，房宇敞爽，大适宜于卫生，花园、操场、演说厅均极宽豁。

一、入院办法肄业者分为普通、特别两科。

（甲）普通科银百两为一率，捐一率即可入院肄业，有力者可任捐十率、贰百率，以赞成此莫大教育事业。

（乙）特别科，无力而有学问者，不能岁捐银一率，可以其著作介绍，一通人代递，并言明其精于何种学科，入院试读一月，其学行经本院干事三人认可，即得免送捐金，住院肄业，卒业后在本院所捐译社内充译员二年，仍得稿值五成之权利。

一、捐银分二期缴清，正月缴银五十两，六月缴银五十两，凡百两。统交本学院簿记所收领，给收单为凭。

一、试读一月后，虽有捐金，而其学问不及译书程度，或资性太钝者，随时由教习谢退，计月取房膳银十两，余金发还。

一、走读者，岁捐银半率。

一、拉丁教习一人，英、法、德、意教习各一人，总干事一人，分干事五人,每学生十人,置执役一名,一除用款外,储赢为开办译社、学会及奖励一切公共利益之用。

光绪二十八年十二月初一日

想当年创办震旦*

想当年创办震旦,我因游历欧美回国,决心想办新式的中国大学,和欧美大学教育并驾齐驱。这是理想。

事实是这样开始的,蔡子民先生介绍来了二十四名青年,从这第一班学生,逐渐增加形成学院。中间不幸挫折,幸而如今犹存。本来计划,分设文理等七科,这是仿照欧美大学良好的规模;希望慢慢地实现了!

当时情况,我虽年老,对就学的少壮青年,有时一块儿会食,有时一块儿旅行。关于学术和修养方面,我采讲学名儒师徒传授态度,常有机会做很亲切的恳谈,此情此景,亦一乐事!

青年学子很值得我们爱护的。譬如,他们请愿,说"古拉丁文是欧文之祖",我允许和替他们讲,因此我编了《拉丁文通》。可是,我也曾经说明,学会了近代英法语言更切实用。

记得有一位好学的,向我请教,说过:"中国文字难认识,却易写,

---

* 选自《马相伯先生国难言论集》,1932年9月—11月,第200—201页。

是不是?"我很以为然!你以为何如?

我年愈老,事多忘了!在想念中,当年震旦和复旦的老学生,每一个都满意求学,现在服务国家社会,期望他们,不负所学!

谈起蔡先生,我还很记牢震旦二十五周年纪念会时,我特指点在会场中的孑民本人,介绍给来宾和学校同人,表示应该鸣谢!

从震旦到复旦*

我教了二十四个学生稍稍有点成绩,于是风声所播,各省有志之士,远之如云南、四川、陕西、山西的皆不远数千里间关跋涉而来。这些来学的当中,有八个少壮的翰林,二十几个孝廉公。这样一来,我们觉得有把组织扩大的必要,于是我们就办了一个学校,实具有西欧 Akademie 的性质,名之曰"震旦学院"。我们当时以为这样学校应该把范围放大,借以收容四方思想不同、派别不同的有志青年,遂提出以下数种信条:

一、崇尚科学;

二、注重文艺;

三、不谈教理。

不过震旦开了一年多之后,我因其中的教授及管理方法与我意见不合,遂脱离关系而另组织一校以答与我志同道合的青年学子的诚意,这就是现在的"复旦"。复旦初办的时候,经济非常艰窘,校址又没

---

* 选自马相伯口述,王瑞霖笔记:《一日一谈》,复兴书局,1936,第 77—79 页。

有。我们在吴淞看好了一座房子，是吴淞镇台的旧衙门，地方很宏敞，既远城市，可以避尘嚣；又近海边，可以使学生多接近海天空阔之气。大家决定了，我便打了一个电报给两江总督周玉山（馥），请他把这个旧衙署拨给我们，并请他帮助些许经费。他回电很鼓励我们，吴淞旧镇署照拨，并汇了两万银子给我们做经费。周玉山之所以如此慷慨，还是李文忠的一点关系，因为周氏本是淮军出身，我们弟兄也与淮军有关系，所以他对我们的要求很爽快地答应了。但是，假使当时两江总督是李中堂，那他对于我们的学校更要大大地帮助。文忠之豁达大度，信人不疑（当时阁臣疆吏中实无第二人，曾、左都未免书生之见，与三家村的态度，胡文忠局度恢宏，然而天不永年，中道捐弃，可惜！），他于愚弟兄所创办的学校，定然另具一副眼光相看。

我办复旦的时候，颜惠庆先生把李登辉先生荐给我，他本是华侨，在美国读书的。我始而请他教英文，后来我辞了校长的职务，李先生便继任校长，一直到今，还是他在那儿维持。

1935 年 10 月 31 日

复旦办学始末备忘文稿*

震旦初创,来学者类皆知名之士或子弟。习西文只求能看能译,非求能为舌人也。及余离院,招生及授课,俱不合吾华心理与时需。院生等若胡敦复、邵力子、于右任等乃另组复旦。余以对外舆论,体面攸关,遂电请两江总督周玉帅维持,即蒙拨借吴淞提镇行辕供校舍,又拨开办费两万元及常年经费每月二千元,于是中外舆论知国家之愿兴学也。余由是仆仆于沪渎、吴淞之间。复又请准拨给炮台湾营地七十余亩,备建校舍之用。无几,辛亥革命,行辕为吴淞军政分府所占。时南京犹未光复,乃从敦复君之请,就无锡李公祠暂行上课。迨南京临时政府成立,旧院生等多为国宣劳,爰会谋恢复,呈请中央政府拨助经费万允,并由教育部蔡总长批准立案。又奉中央及苏、沪当道指定徐家汇李公祠为本校校舍,大学部迁至江湾。李登辉英文教授两次谐备函,向南洋华

---

* 马相伯后嗣马天若家藏原件并予以提供。根据内容判断,此件为马相伯晚年回忆创办震旦、复旦始末之文稿,为清理马家与两校财产之关系所作的备忘录,作于1936年。

侨募捐,始立有今日之根基与发展。但玉帅时留学东洋发生取缔,命前往料理,即有法文教授在东方汇理银行一面冒余名取薪水,一面从院生之请来授课。后由刘道瑞徽解决,始停止冒领,而余先受累已不小矣,且始终赔力赔钱,未取复旦分文,并舍用路费而无之,此余可自信也。

复旦公学章程*

（1905 年订定）

第一章　纲领及宗旨

一、本公学由各省官绅倡捐，并牒准大府檄拨吴淞官地，择宜建校，兼借提镇行辕，先行开学。

二、本公学之设，不别官私，不分省界。要旨乃于南北适中之地，设一完全学校，俾吾国有志之士，得以研究泰西高尚诸学术，由浅入深，行远自迩，内之以修立国民之资格，外之以栽成有用之人才。《诗》曰："高山仰止，景行行止，虽不能至，然心向往之。"宗旨正鹄，固如是已。

三、除备斋本国历史、舆地、数学诸科，须用汉文外，余皆用西文教授。以正法论，中国学校，固宜悉用汉文，今本公学定以西文教授者：

（一）以西国历史、舆地诸名目，虽以音传，各函意义，今若纯用汉文传授此等名义，叶音聱牙，不便记忆。

---

* 选自朱维铮主编：《马相伯集》，复旦大学出版社 1996 年版。

（二）以科、哲法典，所用名词，大抵祖希腊而祢罗马，经学界行用日久，一时势难遍译，不如径用西文，较为简便。

（三）英儒约翰孙有言："言语文字者，所以取一国典章，一民智能之价值也。"东西成学之士，当国之家，国文而外，鲜不旁通三四国者。况世界竞争日亟，求自存必以知彼为先，知彼者必通其语言文字。

（四）以西籍浩繁，非趋译所能尽收，若置不窥，于学问之道，便有所缺。又况泰西科学制造，时有新知，不识其文，末由取益，必至彼已累变，我尚懵然。劣败之忧，甚为可惧。

只此四者，已可知注重西文之断不容已，用以教授新学，为便良多。所冀他日吾国学界，智术完全，则一切校塾，自可用国文传习。而彼时西文，古如希腊、拉丁，今如英、法诸国，但立专科，即已逮事矣。

四、本公学英文班生，于入正斋后，任择法、德文一种兼习。已习法文者，另班教授，亦任择英、德文一种兼习。期于文字应用，得以肆应。

五、本公学于考取学生时，皆取文笔业已通达者。既入校后，以时日之有限，学业之多门，于讲授国文时间，不能过多。于校中多庋中籍，每月钞考试国文一二篇，榜列甲乙。其每学年浏览何书，讨论何学，即由正教指示用功途径。庶业以专攻而精，心以致一而逸，不致博而寡要，劳而少功。

六、本公学徽章，拟用金制黄玫瑰，以明黄人爱国之义。

第二章　分斋及学级

一、本公学遵高等学堂定制，正斋（学科分二类：一、政法科、文科、商科大学之预备；一、理科、工科、农科大学之预备）三年毕业。唯我国兴学未遍，程度不齐，故于正斋前，另立备斋二年。正斋卒业，欲入中外各大学者，听。若仍留校肄业，则入专斋。专斋大别为二，一政法，一实业。课程年限，另行规定。

第三章 学科程度

一、本公学正斋，学科程度，及授业时间，系遵《奏定高等学堂章程》，并略参东西名校通行章程规定。

二、正斋第一部（政法科、文科、商科大学之预备），学科程度如左：

伦理学

国文

英、法文

英、法文或德文

历史

地理

数学

论理

心理

理财

法学

簿记学

体操

音乐

拉丁文

三、正斋第二部(理科、工科、农科大学之预备)，学科程度如左：

伦理学

国文

英文

法文

英、法文或德文

数学

物理

化学

地质

矿物

动物

植物

测量

图画

体操

音乐

拉丁文

四、正斋、备斋每星期授业时间表列如左(略)。

第四章 学期、休假

一、学期以半年计，自冬假后入班至伏假，又自伏假后入班至冬假，各为一学期。积二学期为一学年。

二、每学期开学散学日期如左：

第一学期，开学日正月二十，散学日小暑日。

第二学期，开学日七月初十，散学日十二月十八。

三、除每星期例假外，其余假日如左：

端午节、中秋节，各一日。国庆节。圣诞日。开校纪念日。

四、有特别事故，须休假半日或全日者，由校长临时颁贴条示。

第五章　入学程度

一、凡投考者，以中西文俱优，为最合格。或中文优而西文差，或西文优而中文差，或于各种科学有专长者，临时亦可酌量取录。唯中文差者，须自认于卒业限内，能加意补习为合格。其有意唾弃国学，虽录取，亦随时屏斥。

二、凡欲入正斋者，应有中学卒业程度。或所学科目，稍有欠缺，亦可通融插班，唯须自认于卒业限内，能补习完备为合格。

三、凡考取者，各就其所学程度插班，不限先后资格。

四、凡已读西文若干年，曾学何种科学，均须于报名时，分别详细注册，以便考试时，就所学程度，分班考问。

五、凡投考者，均须体格无亏。其品行名誉不良，取入时未及觉察者，随时察看屏斥。

六、报名期限、投考日期，及考取额数，均先时登报声布。

七、凡考入者，均须一一遵守本校规则。其有违背者，分别轻重规斥。

八、投考者年龄，以十五以上，二十三以下，为最合格。其年稍长，而中西学术确有门径，精力能赴所定课程者，临时由校长酌定。

第六章　保证书及保证人

一、凡投考录取者，于开学三日前，具保证人具名之入学证书，偕同保证人投交校长。

二、凡居沪上商界学界人，为考取者戚友或同乡，皆可为保证人。以能担任在校一切事务（重病、欠费、退学等）为合格。

（附）凡旧生须一律于丙午二月内，补具保证书存校。

三、保证人如迁移居址，或远出者，须随时通告。

四、保证书式：

复旦公学入学书证
年　　岁　　省　　州府　　县籍
今承复旦公学允许入校肄业，一切规则愿服从遵守。如有重疾、欠费等情，概由保证人承认照料理楚。
此据。 学生住址　　　　保证人住址　　　　年　月　日刻缴

第七章　学额、入学应缴费

一、新校未成以前，学生暂不定额，以宿舍课室能容为度。

二、每年学费，住宿者一百二十元，膳费、梳栉洗衣费及床帐桌椅一切器用费在内。通学生仅在校午膳者，年七十元（另每年缴校友会费二元）。

三、学费于每学期到校时缴足，其交纳期限如左：

上学期六十元。交纳定日，正月十八至二十五日。

下学期六十元。交纳定日，七月初八至十五日。

四、凡过交纳定日未交学费者，由校长酌办。逾期一月未交者，辞退，仍向保证人收应缴费。

五、凡中途自行退学，及犯规休学者，学费概不给还。

六、凡书籍纸笔上课必需品，由校购备，各生照原价备款购取。

第八章 考试、升班及卒业

一、除每月枓考试国文外，每年于上学期之末，考试一次，为学期考试；下学期之末，考试一次，为学年考试（考校不宜过数。盖每考学生例须温业，考后又须稍停，各教员阅卷，皆废业愒时之事）。若届某书或某学科教授完毕时，得由本班教习，随时定期考验，为临时考试。

二、各科学期考试，以上学期日课分数，与临时考得分数，相并折中合算，为该科之学期分数。

三、各科学年考试，以下学期日课分数，与临时考得分数，相并折中合算，为该科之学年分数。

四、各科学期分数，并合除算为学期平均分数；学年分数，并合除算为学年平均分数。

五、上下学期，品行分数、体操分数，分别并入学期学年平均分数，为学期总分数、学年总分数。

六、凡学期考试，除最下等者休学外，余仍俟下学期入原班肄业，学年考试后再定升降。

七、凡评定分数，均以一百分为极则。学年总分数在六十分以上者,方得升级(一学年为一级)。

八、凡未能升级者,下学年仍重习该学级之学科。

九、凡不与学期考试及学年考试者,不给分数。唯实届时有病,或不得已之事故者,得于下学期下学年开学五日前补考。

十、凡卒业考试,总分数以七十分以上为合格。

十一、凡备斋修业及格,给予凭单,为升入正斋之据。正斋卒业,另给证书,愿留校者,升入专门。其中途自行辍业者,概不给凭。

十二、凡未及卒业,为各省选派出洋,或延充教员,及考入专门学校者,给予相当修业证书。

十三、凡卒业优等生,随时体察其才性之所近,介绍游学。俟经费稍充,即由公学酌量备费,分送泰西留学,以期大成。

第九章　告假

一、平时不得告假。有特别事故,无论久暂,必诣校长或校长所委托之校员,陈明事由,掣取假单,以名牌交司门登簿,归校后取牌销假。

二、凡因疾病告假者,其久暂皆须随时取校医允单,呈请登簿。

三、星期外出,晚必归校。家近归宿,及有特别事故不及回校者,须于翌晨上课前,到校声明登簿。

四、紧要家事离校数月复回者,不得仍请更就原班肄业,应由总教习察度位置。

第十章　惩戒、退学、除名三等

一、凡故意违背规则、妨害校内风教者,及怠惰无行、丧失学生之资格者,酌量轻重惩戒。

二、惩戒分私戒（屏左右而戒之）、公戒（当公众而戒之）、除名三等。

三、因疾病或他种事故,自愿退学者,须由保证人署名,出具退学愿书存校。

四、凡除名者,皆详记其事由备查。校外仍不宣布,以期终悔。

五、凡除名及退学者,所借受公用图籍及操衣帽等,均须一律缴还。

六、除因品行不良除名外,其他应除名事由如左:

（一）无端屡次不上课者（病不上课者须呈校医允单于校长）;

（二）未纳学费至一月以外者;

（三）逾二学年未能升级者;

（四）学力劣等,又不能潜心领受者;

（五）一学年中,学期学年考试皆规避者。

第十一章　课堂规则

一、上下课堂鸣钟为号,先教员入,后教员出,须有秩序。

二、教员就座离座,均起立表敬意。

三、上课勿淆乱声浪,唾涕不声扬,承以巾。

四、上课前,预备应用书物。非应用者,勿携入。

五、上课时,不得分心他事,及私语匿笑。

六、教员发问,须挨次自答,不得借他人助力。

七、有疑难须解析者,应起立向教员致问,他人不得搀言。

八、上课时内,即有戚友来访,不得出外招待。

九、每班公举课长，本副各一，掌画到簿及课堂日志，收发讲义课作。每学期一更举。

十、教授用具，非教员允许，勿擅动。

十一、黑板不得任意涂写。

第十二章　自修室规则

一、自修时，无故不离座，不站立他人案前，并无端至他自修室。

二、他人书物及桌屉，非特许，勿擅动。

三、自修桌上书件，必以时整理齐楚。

四、勿游戏、谈笑、饮食及吸烟。

五、戚友来访，须至应接室晤谈。

第十三章　宿舍规则

一、每晨六时，鸣铃即起（冬至前后一月，六时半鸣铃）。鸣铃后四十分内，不论校内外寄宿生，须一律至自修室。

二、每晚十时，鸣铃归寝。在宿舍勿喧哗。

三、每室酌量置灯。每日轮一人，于寝时照料吹熄，不得自行添燃。

四、应用书物，均预检齐备带。日间非有特别事故，勿归舍。

五、衣物卧具，必须整洁，并检点妨害卫生之物。

六、各室自晨至就寝前，皆下键。有要事，须至庶务员处领匙。

七、银钱等物，交会计处代存，以免意外遗失。

八、榻位均预排定，不得任意迁徙。

九、每室公举舍长一个,监视宿舍一切秩序。

第十四章　膳厅规则

一、将食鸣铃,每桌坐满始举箸。

二、当食须从容,以期有益卫生。食毕以次散,勿凌乱。

三、食品或烹饪失宜,应暂容忍,一面告庶务员,饬令改良,勿自行添换,及临时喧责。

四、当食勿高声谈笑,食弃物委诸承盘。

五、校员、校生在堂同食,均自添饭。

六、有病不能赴膳厅者,须先通告庶务员,以便饬役送膳。但能赴膳厅者,不在此例。

第十五章　体操场规则

一、鸣铃第一次,预备操衣操具,第二次入场。

二、队长由体操教员指派。

三、每日体操,皆由教员统计分数,不得无端旷操。

四、患病的免操,必缴验校医凭单于本队长(猝病由舍长验明报告)。

五、操时不得谈笑四顾,擅自出队。

六、凡枪件等,皆须随时整理洁净,各有本职,勿怠废。

七、操衣靴帽,务一律整齐。

八、运动游戏,皆须逐渐练习。可别设体育研究部,规则一切,仍应请校长阅定。

第十六章　演说规则

一、每星期或星期六下午开演说会，校长及校员、教员登堂演说。

二、非星期日，有特别事应讨论者，于课暇开谈话会。

三、中国将行立宪，此后中央政府、地方自治，皆有聚集会议之事。其聚散之仪文，辩论之学术，诸生允宜亟讲。故于演说会外，诸生可于暇时随时开议，推举首座书记，其问题古今间立，以凭论决。自会合举员，至于出占决胜，勒为成规，以便习练语言，摩厉识力，并由校长、校员及教员分期监视。

第十七章　游息规则

一、饭后必游息半小时，余依日暑长短定之。

二、非时不任意闲游。

三、公备游戏器具，须共珍惜。

四、禁不规则之游戏，及不应至之地游行。

五、列队旅行，须经校长及体操教员定其时期与地界。

第十八章　杂诫

一、公用器具，各有定所，不得任意搬动。

二、阅报，不得出阅报室。

三、在校梳栉、洗浴、溲便，一切均须格外注意，以重公德。

四、平时衣服冠履，必整洁朴雅（倘来时有西装者，须逐渐改换）。

五、仆役有过失，应告庶务员诫饬处置。如有要事差遣出校，亦须先行通告庶务员酌定。

六、一切时习，不得沾染，由校长、校员、教员随时察视。有所规诫，宜即湔改。

七、全堂各宜互相敬爱，不得有猜忌交恶诸失德。

八、光阴可惜，来日大难。来学者均宜各自振备，沉毅用壮，期任艰巨。

九、吾国学子，往往多攻苦而不知卫生。以后，膳毕即伏案，及深夜勤读等习，各宜互诫，务剂其平。

十、凡公益事，不得以私意挠阻。

十一、诸生有须在校创举之事，须详叙原委，妥定规则，呈交校长阅定，始能举行。

十二、校长、校员、教员随时以理规诫，须一律遵守，不得以章程未载，辄生违抗。

十三、凡来学者，均有扶助本公学增进荣誉之责任；一切未能即求完善处，亦须相与容忍，共矢改良。

第十九章　余列

一、此章以本年起次第施行，以新校建成为完全实行之期限。有所增改，随时条布。

二、校务职任规则，奖励规则，校友会规则，均陆续刊布。

三、本公学时当草创，一切章程办法，多未完善。海内外热心教育诸君子，幸乞时时指正规责，俾知修改。

蔡子民先生与二十四个学生学拉丁文[*]

我从法国回来以后,到了天津去见李中堂,结束我到美国去的使命。我很感慨,向中堂说:"很好的事体(指借款),被他们弄糟了。"中堂道:"政府不想好,又有什么办法呢?"中堂其时不敢明说旗人之无用,就已慨乎言之! 后来中堂见嫉于翁师傅(同龢),遂从北洋大臣,调任两广。我也离开京畿,回到上海徐家汇,重新过我书呆子的生活。

当时蔡子民先生在南洋公学(即现在之交通大学)任教职,要跟我学拉丁文。我告诉他:拉丁文在西洋已成为骨董,大学而外,各学校都不大注重,中国学者更没有学习的必要。无奈子民先生执意要学,说拉丁文为欧洲各国语文之根本,各国语言多源于拉丁,西洋一切古代文化,若果不通拉丁语文,那就无从了解。子民先生的话固然说得正当,然我还以为很难办到。一来是因为中年而有繁重职务在身的人,学习外国语,如果要指望它有用,那非较长时间不可。二来是子民先生当时南洋任职,只有一大早才有空闲来读拉丁文。当时我在徐家汇

---

[*] 马相伯口述,王瑞霖等校注:《一日一谈》,复兴书局,1936,第74—76页。

慈母堂前一排的楼上（楼下就是大门），子民先生每天早上5点钟就来敲门。我有时还未醒，便被他从梦中叫醒，但是事情总不能如人意，我每天早上要祈祷，这是我们教会每日的常课，没有办法可以更改。因为这两种理由，我就向子民先生提议，最好由他在学校中选择一些较优秀一点的青年学生到我这儿来学，更为有益而切于实际。子民先生深以为然，于是就派了二十四个学生来学。我起初还是不打算教他们拉丁文，但他们和子民先生一样，拿定主意要我教他们。我没办法，只好教了。当时在我们徐家汇教会中的法国人，都在背后笑我们，以为中国人如何能以学得好拉丁文？但是我大胆地教他们读拉丁文最有名的文学作品，最有名的演说家季宰六（Cicero）的演讲。四个月后，经过考试，他们居然都写得出来，说得出来（发音自然有些不确）。从前笑话我们的外国人，也不能不钦佩我们的青年学生的努力，胡敦复就是其中之一。还有，我教他们，除了拉丁文外，还有法文和数学。他们始而都齐声告诉我道，他们通通学过了。我说：" 你们且慢，等待我教一点。" 他们才说，我的教法完全和他们在学校所受的教育不同。譬如，数学吧，我教他们加减乘除，不但教他们演算技术，并且教给他们原理，使他们从根本上理解每一算术的作用，并且教他们用代数的方法演数学，他们都很能领悟。其中很有几个，后来都对于数理的研究有了深造。

后来我又教他们学哲学，凡哲学术语，一本拉丁，"不徒欲探欧语之源流，并欲探希腊拉丁人震古烁今之爱知学也"（见余所著《致知浅说付刊叙》，商务书馆版）。《致知浅说》与《拉丁文通》旧稿本已散，民国以后所刊，系"辑散补亡，勉续未成"之作。

1935 年 10 月 30 日

中国人的演说*

当我创办复旦公学时,我曾立下规则:凡星期日上午,学生均不准外出,由我拣定许多演说题目,轮流命诸生练习演说,我并把演说必需的方法,如分段,如开始怎样能抓住听众,结论怎样能使人对于他的演说获得具体的了解,一班学生都很感兴趣。大概中国对于演说,知所注重,恐怕就是这时候起的。不过演说只是人类在社会中发表自己的意思的一种工具,演说最好的人不见得就是好人;而真正有非常之才与德的人,其演说必有可观。所谓"有德者必有言,有言者未必有德"。因此我想起法国的一个大政治家,他的名字叫退尔(Thiers),他少年时只是一个店员,18岁以前便常常投考到报纸做文章,大为报纸编辑所赏识,旋即被请去当编辑。他后来竟做了拿破仑第三的大臣,他的演说非常有力,当他任期满时,国会一般人对于他都反对,但当他在国会做一席辞别的演说时,国会又全体投票举他留任,如是者三次,但到后

---

* 马相伯口述,王瑞霖笔记:《一日一谈》,复兴书局,1936,第 172—173 页。

来,国会不许他再做辞别的演说了。可见天才的演说的"吸引力"之大!

1935 年 12 月 3 日

中国人应知道国家是什么 *

上海某报记载华北民众对于所谓自治运动的事实,标题曰"华北民众死也不肯'自治'"(大意如此)。我看了很诧异,因为假使"自治"果真由于民众自身之意识出发,那自治运动实在无可厚非,因为"自治"本身本是一个很好的名词,人民而果能自治,本是国家的一件极好的兆头,但非所论于此次华北之自治运动。然而上海某报之标题,却未免大有语病,这个原因就在于不明白国家的真谛。西方哲学关于国家的学说且不说,我们且就中国古代哲人及历史家的话来说一说。《书经》上所谓"则君,所以自治也"。可见自治本是古代国家一个最重要的因素,君有可以做民之则的地方,始成其为君,民亦始认其为君。那么,所以立君,就是完成民众的自治,而不是如韩昌黎所谓"君者,出令者也;臣者,行君之令而致之民者也"(儒者末流之极的必然结果)。所以我们不能因华北现在一种违乎国法人情之伪"自治"运动,遂并自治本身而痛恶之,因为人民若果不能自治,那也就不能成为一个现代的国家。

---

* 选自马相伯口述,王瑞霖笔记:《一日一谈》,复兴书局,1936,第 174—176 页。

荀子说得好:"人生而有欲,欲而不得,则不能无求。求而无度量分界,则不能不争;争则乱,乱则穷。先王恶其乱也,故制礼义以分之,以养人之欲,给人之求。使欲必不穷于物,物必不屈于欲。两者相持而长,是礼之所起也。"制礼作乐都是国家的重要权责,如果没有制礼作乐的必要,则国家也就无从产生。班固因荀子之言而扩充之如下:

> 夫人宵天地之貌,怀五常之性,聪明精粹,有生之最灵者也。爪牙不足以供耆欲,趋走不足以避利害,无毛羽以御寒暑,必将役物以为养,用仁智而不恃力,此其所以为贵也。故不仁爱则不群,不能群则不胜物,不胜物则养不足。群而不足,争心将作,上圣卓然先行敬让博爱之德者,众心说而从之。从之成群,是为君矣。
> (《汉书·刑法志》)

君者所以为群,而群者即所以维持人类以与自然争,与害群者争,此犹就群以内之需要国家的事实而言,而国家之成立另一条件乃是对外保障本群之安宁。所以群愈大,抵抗力也就愈大。所抵抗者,有天灾,有人祸。天灾暂且不谈,而人祸之最烈者,莫大于敌国外患。一个国家若果不能合群以抵抗天灾人祸,那已失却国家的资格,其名虽存,其实已亡。默察时局人心,一部分人宴安逸乐,已不复知有国家兴亡之感;一大部分则呻吟憔悴于虐政之下,救死扶伤之不暇。国家之为何物,一般人脑海中大都不曾有一种明确观念,又何怪乎偌大一个国家弄得七零八落,不可收拾。

1935 年 12 月 4 日

严 复

严 复(1854—1921),字几道,福建侯官人。早年留学英国,学习海军。回国后先后任福州船政学堂教习、北洋水师学堂总教习。1905年担任复旦公学校董,拟《复旦公学章程》,颁《复旦公学募捐公启》。1912年,任京师大学堂(同年改名北京大学)校长。

复旦公学募捐公启*

（1905 年）

  以中国处今日时势，有所谓生死问题者，其唯兴学乎！问吾种之何由强立？曰唯兴学。问民生之何以发舒？曰唯兴学。欲地力之任乎？非学其术末由。欲治法之善乎？非学其效莫致。他若进民行、卫民生、言除旧、言布新，皆非不学无术者所可幸成。故中国维新以来，他议或有异同，乃至兴学，无贤不肖智愚，万喙一声，皆以为不可更缓。十稔之间，以中外形势之日益分明，屡闻明诏，诏京师泊各直省一切设立学堂，有公私之别，大中小普通专门之差，训词深厚，主义宏远，盖深知民智不开，人才消乏，虽日取旧法，改弦而更张之，无补于强，于国益病，此凡属国民，所宜深体朝廷用心，而知何者为最急之义务矣。虽然，其事有诚难者，以地方财力之有限，则经费难；以新学讲求之无素，则师资难。而诜诜学子，或负笈担簦，间关走数千里，向学无从，日月跳丸，年力坐耗。审而言之，此岂独学子私人之不幸？国之所损，尤莫

---

* 复旦大学校史馆藏件。

计程。故不佞等,每见志学少年辗转失望,然犹奋发绵力,结合侪侣,呼吁将伯,所蕲得者,不过一师立法成之地,得以自被其躬,具后日国民资格,不至更为国种羞。辄感其志尚嘘唏不可为累欷?不觉涕下如绠縻也!岂诸公而独无感乎?震旦学院者,丹徒马君相伯良之所创立也,于壬寅开课。当是时,无经费、无师资,徒以少年求学之殷,本其诲诱不倦之意,草创缔合,谈艺分科,唯绌经费,故不得不借地于教门;唯乏师资,故不得不借才于会友。然而三载之间,卓有成效,其所课者,皆微至朴属之学,为他校之所无。既有以餍学者之怀来矣,而有朋自远,日益加盛。盖开课之始,就班者不过二三十人;至于今春,乃百四五十而未已。乐与饵,过客止,兹非其验欤?所不幸者,以经费师资之绌乏,而借地借才;以借地借才,而教育之权界不清;以教育之权界不清,遂终于相激而解散。此今者复旦公学所以继震旦而求立,而募捐之举,所不得而望海内外诸公之见助也。不佞等寓居海上,每见东西人士,于利益同种之业,不惜捐斥巨赀,至于建设学校,培养后生,尤多指产倾赟,不遗余力。又见我国数年以来,如救济、救急、十字、善邻诸举,凡属为善,不吝解囊。今者复旦募捐,确资兴学,其为社会利益,影响垂百千年,遍各行省,关系本图尤远且大。是以署两江总督南洋大臣周尚书知之,当震旦解散之始,即殷然以维持规复为己任,首拨巨金,为海内倡。又蒙江南提督杨军门假以吴淞行辕,暂充校舍,栖止生徒。苏松太道袁观察禀拨吴淞官地若干亩,为建筑新校之用。唯是造端宏大,需款尤多,必资众擎,而后克举。用敢据实布启于海内外诸公:上自公卿,下逮士庶,倘蒙慨助,请列台衔,邮兑法马路洋行街德发洋行曾少卿处,擎取收条,登报鸣谢。此外《中外日报》馆、《时报》馆二处亦可代收转交。至落成开学以后,所有用费,以及每年出款功效,容随时造册,胪列报端,庶使热心教育者晓然于款不虚縻,事有实济。总之,此举关系国家公益,亦非区区发起者所敢居其成功也,请公鉴之。

严复、汤寿潜、萨镇冰、王清穆、张謇、沈桐、蒯光典、曾铸、庞元澄、熊希龄、沈卫、方硕辅、陈季同、施则敬、陈涛、黄公续、陶在宽、熊元锷、叶景葵、刘钟琳、况仕任、汪诒年、袁希涛、姚文楠、李钟珏、吴馨、王维泰、狄葆贤　同启

论教育与国家之关系[*]

（在环球中国学生会演说）

吾国自发捻荡平之后，尔时当事诸公，实已微窥旧学之不足独恃。唯然，故恭亲王、文文忠立同文馆于京师；左文襄、沈文肃开前后学堂于马江；曾文正亲选百余幼童以留学于美国；李文忠先后为水师、武备、医学堂于天津。凡此皆成于最早而亦各著成效者也。然除此数公而外，士大夫尚笃守旧学，视前数处学堂，若异类之人，即其中不乏成材，亦不过以代喉舌供奔走而已。逮甲午东方事起，以北洋精练而见败于素所轻蔑之日本，于是天下愕眙，群起而求其所以然之故，乃恍然于前此教育之无当，而集矢于数百千年通用取士之经义。由是不及数年，而八股遂变为策论，诏天下遍立学堂。虽然，学堂立矣，办之数年，又未见其效也，则哗然谓科举犹在，以此为梗。故策论之用，不及五年，而自唐末以来之制科又废，意欲上之取人，下之进身，一切皆由学

---

* 原载于1906年1月10日《中外日报》，后转载于《东方杂志》第3年第3期（4月出版）。文字根据王栻主编《严复集》（中华书局）第一册收入。

堂。不佞尝谓此事乃吾国数千年中莫大之举动,言其重要,直无异古者之废封建、开阡陌。造因如此,结果何如,非吾党浅学微识者所敢妄道。但身为国民,无论在朝在野,生此世运转变之时,必宜人人思所以救此社会,使进于明盛,而无陷于阽危,则真今世之中国人所人人共负之责任,而不可一息自宽者也。

处物竞剧烈之世,必宜于存者而后终存。考五洲之历史,凡国种之灭绝,抑为他种所羁縻者,不出三事:必其种之寡弱,而不能强立者也;必其种之暗昧,不明物理者也;终之必其种之恶劣,而四维不张者也。是以讲教育者,其事常分三宗:曰体育,曰智育,曰德育。三者并重,顾主教育者,则必审所当之时势而为之重轻。是故居今而言,不佞以为智育重于体育,而德育尤重于智育。诸公乍聆此语,恐且以吾言为迂,不佞请细为分晰,诸公将自见其理之无以易也。

何以言智育重于体育耶?中国号四万万人,以民数言,殆居全球五分之一,夫国不忧其寡弱。至于个人体育之事,其不知卫生者,虽由于积习,而亦坐其人之无所知,故自践危途,日戕其生而不觉。智育既深,凡为人父母者,莫不明保(赤)〈持〉卫生之理,其根基自厚,是以言智育而体育之事固已举矣。且即令未至,中国二十余行省,风气不齐,南人虽弱,北人自强,犹足相救。但竞争之场,徒云强硕,尚未足耳。诸公不见近者俄日之战乎?夫体干长大,殆无过于俄人。而吾之岛邻,则天下所称之侏儒者也。顾至于战,则胜家终在此而不在彼,是亦可以思其理矣。不佞此言,非云不重体育。夫苦攻勤动,以进国人于尚武之风,正吾国今日之所亟。故往日尝谓,中国文场可废,而武科宜留,亦犹此旨。但三者筹其缓急,觉无智育,则体育万万不逮事耳!

何以言德育重于智育耶?吾国儒先有言,形而上者谓之道,形而下者谓之器。夫西人所最讲、所最有进步之科,如理化,如算学,总而谓之,其属于器者九,而进于道者一。且此一分之道,尚必待高明超绝之士而后见之,余人不能见也。故西国今日,凡所以为器者,其进于古昔,几于绝景而驰,虽古之圣人,殆未梦见。独至于道,至于德育,凡所以为教化风俗者,其进于古者几何,虽彼中夸诞之夫,不敢以是自许也。唯器之精,不独利为善者也,而为恶者尤利用之。浅而譬之,如古之造谣行诈,其果效所及,不过一隅,乃自今有报章,自有邮政,自有电报诸器,不崇朝而以遍全球可也,其力量为何如乎?由此推之,如火器之用以杀人,催眠之用以作奸,何一不为凶人之利器?今夫社会之所以为社会者,正恃有天理耳!正恃有人伦耳!天理亡,人伦堕,则社会将散,散则他族得以压力御之,虽有健者,不能自脱也。此非其极可虑者乎?且吾国处今之日,有尤可危者。往自尧、舜、禹、汤、文、武,立之民极,至孔子而集其大成,而天理人伦,以其以垂训者为无以易,汉之诸儒,守阙抱残,辛苦仅立,绵绵延延,至于有宋,而道学兴。虽其中不敢谓于宇宙真理,不无离合,然其所传,大抵皆本数千年之阅历而立之分例。为国家者,与之同道,则治而昌;与之背驰,则乱而灭。故此等法物,非狂易失心之夫,必不敢昌言破坏。乃自西学乍兴,今之少年,觉古人之智,尚有所未知,又以号为守先者,往往有末流之弊,乃群然怀鄙薄先祖之思,变本加厉,遂并其必不可畔者,亦取而废之。然而废其旧矣,新者又未立也。急不暇择,则取剿袭皮毛快意一时之议论,而奉之为无以易。此今日后生,其歧趋往往如是。不佞每见其人,辄为芒背者也。

今夫诸公日所孜孜者,大抵皆智育事耳。至于名教是非之地,诸公之学问阅历,殆未足以自出手眼,别立新规。骤闻新奇可喜之谈,今日所以为极是者，取而行之，情见弊生，往往悔之无及，此马文渊所谓画虎不成反类狗者也。则不如一切守其旧者，以为行己与人之大法，五伦之中，孔孟所言，无一可背。固不必言食毛践土，天地生成，而策名委贽之后，事君必不可以不忠。固不必言天下无不是的父母，割股庐墓，而为人子者，必不可以不孝。未及念一岁以前，子女之于父母。凡《曲礼》《少仪》《内则》《弟子职》之所载者，皆所宜率循者也。不必言男女授受不亲，叔嫂不通问，而男女匹合之别，必不可以不严。不必以九世同居为高义，而同气连枝之兄弟，其用爱固必先于众人。若夫信之一言，则真交友接物之通例。即与敌人对垒，办理外交，似乎不讳机诈矣，然其中之规则至严，稍一不慎，则犯天下之不韪。公法之设，正为此耳。须知东西历史，凡国之亡，必其人心先坏：前若罗马，后若印度、波兰，彰彰可考。未有国民好义，君不暴虐，吏不贪污，而其国以亡，而为他族所奴隶者。故世界天演，虽极离奇，而不孝、不慈、负君、卖友，一切无义男子之所为，终为复载所不容，神人所共疾，此则百世不惑者也。不佞目睹今日之人心风俗，窃谓此乃社会最为危岌之时，故与诸公为此惊心动魄之谈，不胜太息，愿诸公急起而救此将散之舟筏。唯此之关系国家最大。故曰德育尤重智育也。

　　至于吾国今日办理教育之法，亦有可言者。盖自学堂议兴，朝廷屡下诏书，大抵训勖吏民，穷力兴学。然而行之数年，无虑尚无成效，问其所以，则曰无经费也，又曰无教员也。此中小学堂之通病也。至于高等学堂，则往往具有形式，而无其实功；理化算学诸科，往往用数月速成之教习，势必虚与委蛇，愒日玩岁，夫人之日时精力，不用于正，必用于邪。功课既松，群居终日，风潮安得以不起乎？此真中国今日学界不可医之病痛也。鄙见此时学务，所亟求者，宜在普及。欲普及，其程度不得不取其极低，经费亦必为其极廉，而教员必用其最易得者。譬如一乡一镇之中，其中小者不外数十百家，便可立一学堂，用现成之祠宇。此数十百家之中，所有子弟凡十龄以上者，迫使入学。以三年为期，教以浅近之书数，但求能写白话家信，能略记耳目所见闻事；而珠算则毕加减乘除，此外与以数十页书，中载天地大势，与夫生人所不可不由之公理，如西人上帝十诫者然。夫以三年而为此，以此求师，尚多有也；以此责之学生，虽极下之资源，尚能至也。虽极贫之乡，其办此尚无难也。更于一邑之中，立一考稽之总会，用强迫之法，以力求其普及。必期十年以往，于涂中任取十五六龄之年少，无一不略识字，而可任警察，为士兵者，斯可谓之有成效矣。公等闻此，将于吾言有不足之讥，然须知吾国此时，不识字人民实有几许，约而言之，则触处皆是也。但使社会常有此形，则上流社会，纵极文明，与此等终成两橛，虽有自他之耀，光线不能射入其中。他日有事，告之则顽，舍之则嚚，未有不为公事之梗者。近日上海之暴动，则眼前之明证也。颇怪今日教育家，不言学堂则已，一言学堂，则一切形式必悉备而后快。夫形式悉备，岂不甚佳，而无如其人与财之交不逮。东坡有言："公等日日说龙肉，虽珍奇，何益？固不若仆说猪肉之实美而真饱也。"夫为其普及如此。至于高等、师范各学堂，则在精而不在多。聚一方之财力精神，而先为其一二，必使完全无缺，而子弟之游其中者，五年以往，必实有可为师范之资。夫而后更议其余，未为晚耳。

1906年1月

与《外交报》主人书[*]

外交报主人阁下：

自大报风行，其裨益于讲外交者甚巨。曩所惠寄初、二、三编，体例修絜，裁审群言，多合于原序"文明排外"之旨，钦企！钦企！

顾走所愿效忠告于左右者，窃谓处今日之中国，以势力论，排外无可言者矣，必欲行之，在慎毋自侮、自伐而已。夫自道、咸以降，所使国威陵迟，驯致今日之世局者，何一非自侮、自伐之所为乎，是故当此之时，徒倡排外之言，求免物竞之烈，无益也。与其言排外，诚莫若相勖于文明。果文明乎，虽不言排外，必有以自全于物竞之际；而意主排外，求文明之术，傅以行之，将排外不能，而终为文明之大梗。二者终

---

[*] 原发表于1902年《外交报》第9、10期(本篇选自王栻主编：《严复集》，第三册，中华书局，1986，第557—565页)，该报主人为张元济。文中之"摩利"很可能是英国学者与政治家 John Morley(1838—1923)，撰有 *On Compromise* 一书。在1902年之时，严复曾仔细阅读他所写的一本介绍保守主义者柏克之生平与思想的书，书名为 *Burke*(London: The Macmillan Company, 1897)，此书现存中国国家图书馆，上有严复的签名与1902年7月的标记，此外还有"大学堂译书局图章"。

始先后之间,其为分甚微,而效验相绝,不可不衡量审处以出之也。不敢以空虚无据之辞进,请即大报所论列者,相与扬榷辨析之,可乎?

即如第三期译报第一类,于英国《天朝报》所论中国语言变易之究竟,大报译而著之,且缀案语于其末。意谓此后推广学堂,宜用汉文以课西学,不宜更用西文,以自蔑其国语,末引日本、埃及兴学异效之事,以为重外国语者之前车。此其用意,悉本爱国之诚,殆无疑议。顾走独窃窃以为未安者,则谓事当别白言之。若世俗不察,徒守大报一偏之意,逮此风既行,则十年以往,学堂之无成效可决。

夫中国之开议学堂久矣,虽所论人殊,而总其大经,则不外中学为体,西学为用也;西政为本,而西艺为末也;主于中学,以西学辅其不足也;最后而有大报学在普通,不在语言之说。之数说者,其持之皆有故,而其言之也,则未必皆成理。际此新机方倪,人心昧昧,彼闻一二巨子之论,以为至当,循而用之,其害于吾国长进之机,少者十年,多者数纪。天下方如火屋漏舟,一再误之,殆无幸已。此走所以不避婴逆而有言也。

善夫金匮裘可桴孝廉之言曰:体用者,即一物而言之也。有牛之体,则有负重之用;有马之体,则有致远之用。未闻以牛为体,以马为用者也。中西学之为异也,如其种人之面目然,不可强谓似也。故中学有中学之体用,西学有西学之体用,分之则并立,合之则两亡。议者必欲合之而以为一物。且一体而一用之,斯其文义违舛,固已名之不可言矣,乌望言之而可行乎?

其曰政本而艺末也,愈所谓颠倒错乱者矣。且其所谓艺者,非指科学乎?名、数、质、力,四者皆科学也。其通理公例,经纬万端,而西政之善者,即本斯而立。故赫胥黎氏有言:"西国之政,尚未能悉准科学而出之也。使其能之，其致治且不止此。"中国之政，所以日形其绌，不足争存者，亦坐不本科学，而与通理公例违行故耳。是故以科学为艺，则西艺实西政之本。设谓艺非科学，则政、艺二者，乃并出于科学，若左右手然，未闻左右之相为本末也。且西艺又何可末乎？无论天文、地质之奥殚，略举偏端，则医药通乎治功，农矿所以相养，下洎舟车、兵冶，一一皆富强之实资，迩者中国亦尝仪袭而取之矣，而其所以无效者，正坐为之政者，于其艺学一无所通，不通而欲支其本，此国财之所以糜，而民生之所以病也。

若夫言主中学而以西学辅所不足者，骤而聆之，亦若大中至正之说矣。措之于事，又不然也。往者中国有武备而无火器，尝取火器以辅所不足者矣；有城市而无警察，亦将取警察以辅所不足者矣。顾使由今之道，无变今之俗，是辅所不足者，果得之而遂足乎？有火器遂能战乎？有警察者遂能理乎？此其效验，当人人所能逆推，而无假深论者矣。

尝谓吾国今日之大患，其存于人意之所谓非者浅，而存于人意之所谓是者深；图其所谓不足者易，而救其所自以为足者难。一国之政教学术，其如具官之物体欤？有其元首脊腹，而后有其六府四支；有其质干根荄，而后有其枝叶华实。使所取以辅者与所主者绝不同物，将无异取骥之四蹄以附牛之项领，从而责千里焉，固不可得，而田陇之功又以废也。晚近世言变法者，大抵不揣其本，而欲支节为之，及其无功，辄自诧怪。不知方其造谋，其无成之理，固已具矣，尚何待及之而后知乎，是教育中西主辅之说。特其一端已耳。

然则今之教育，将尽去吾国之旧，以谋西人之新欤？曰：是又不然。英人摩利之言曰："变法之难，在去其旧染矣，而能择其所善者而存之。"方其汹汹,往往俱去。不知是乃经百世圣哲所创垂,累朝变动所淘汰,设其去之,则其民之特性亡,而所谓新者从以不固,独别择之功,非暖姝囿习者之所能任耳。必将阔视远想,统新故而视其通,苞中外而计其全,而后得之,其为事之难如此。

虽然,有要道焉,可一言而蔽也。今吾国之所最患者,非愚乎?非贫乎?非弱乎?则径而言之,凡事之可以愈此愚、疗此贫、起此弱者皆可为。而三者之中,尤以愈愚为最急。何则?所以使吾日由贫弱之道而不自知者,徒以愚耳。继自今,凡可以愈愚者,将竭力尽气鞿手茧足以求之。唯求之能得,不暇问其中若西也,不必计其新若故也。有一道于此,致吾之愚矣,且由愚而得贫弱,虽出于父祖之亲、君师之严,犹将弃之,等而下焉者无论已。有一道于此,足以愈愚矣,且由是而疗贫起弱焉,虽出于夷狄、禽兽,犹将师之,等而上焉者无论已。何则?神州之陆沉诚可哀,而四万万之沦胥甚可痛也。

嗟夫!员舆之上,数十百国之所为,其废兴存亡之故,可覆观已。最近莫若日本,稍远则有普鲁士之弗烈大力、俄罗斯之大彼得。方其发愤自图强,其弃数百千年之旧制国俗,若土苴然。他若法之所为于十八稘、英之所为于十六稘,实皆犯天下之所不韪。顾至今论世,犹谅其民之所为者,保国存种,其义最高,而文明富强之幸福,至为难得故也。若夫徒轩轾于人己之间,尊其旧闻,至若不可犯者,则亦有之矣。突厥、埃及、波斯、印度是已。之数国者,夫岂不言排外?其所以排外之道,夫岂不自谓文明?其于教育也,夫岂不自张其军,而以他人为莫我若?然而其效,则公等所共见而共闻者矣。吾故曰:期于文明可,期于排外不可。期于文明,则不排外而自排;期于排外,将外不可排,而反自塞文明之路。

且今世之士大夫,其所以顽锢者,由于识量之庳狭。庳狭之至,则成于孔子之〈所谓〉鄙夫。经甲、庚中间之世变,惴惴然虑其学之无所可用,而其身之濒于贫贱也,则倡为体用本末之说,以争天下教育之权。不能得,则言宜以汉文课西学矣。又不能,则谓东文功倍而事半矣。何则?即用东文,彼犹可以攘臂鼓唇于其间;独至西文,用则此曹皆反舌耳。

吾闻学术之事,必求之初地而后得其真,自奋耳目心思之力,以得之于两间之见象者,上之上者也。其次则乞灵于简策之所流传,师友之所授业。然是二者,必资之其本用之文字无疑也。最下乃求之翻译,其隔尘弥多,其去真滋远。今夫科学术艺,吾国之所尝译者,至寥寥已。即日本之所勤苦而仅得者,亦非其所故有,此不必为吾邻讳也。彼之去故就新,为时仅三十年耳。今求泰西二三千年孳乳演迤之学术,于三十年勤苦仅得之日本,虽其盛有译著,其名义可决其未安也,其考订可卜其未密也。乃徒以近我之故,沛然率天下学者群而趋之。世有无志而不好学如此者乎?侏儒问径天高于修人,以其愈己而遂信之。今之所为,何以异此。

至欲以汉语课西学者,意乃谓其学虽出于西,然必以汉语课之,而后有以成吾学。此其说美矣,惜不察当前之事情,而发之过蚤,滨海互市之区,传教讲业之地,其间操西语能西文者,非不数数觏也,顾求其可为科学师资者,几于无有,是师难求也。欲治其业,非夙习者不能翻其书,纵得其书,非心通者不能授其业,是教之术穷也。然则大报所讥中国数十年来每设学堂,咸课洋文,今奉诏书推广,犹以聘请洋文教习为先务者,固皆有所不得已,非必自蔑国语,而不知教育之要不在语学也。且夫欧洲之编籍众矣,虽译之者多,为之者疾,其所得以灌输中土者，直不啻九牛之一毛。况彼中凭借先业，岁有异而月更新。学者蕲免召瞠后之忧，必倾耳张目，旷览博闻，以与时偕极，今既不为其言语文字矣，则废耳目之用，所知者至于所译而止，吾未见民智之能大开也。又况译才日寡，是区区者将降而愈微耶。若谓习外国语者，将党于外人，而爱国之意衰欤！此其见真与儿童无以异。盖爱国之情，根于种性，其浅深别有所系，言语文字，非其因也。彼列邦为学，必用国语，亦近世既文明而富于学术乃如是耳。方培根、奈端、斯比讷查诸公著书时，所用者皆拉体诸文字，其不用国语者，以为俚浅不足载道故也。然则观此可悟国之所患，在于无学，而不患国语之不尊，使其无学而愚，因愚而得贫弱，虽甚尊其国语，直虚憍耳，又何补乎？第使其民不愚，而国以有立，则种界之性，人所同有，吾未见文明富强之国，其国语之不尊也。夫威尔士，英之一省也；巴斯克、不列颠，法之二部也，议院禁其语者，以杜言庞，如中国京师之用京语、从政之操官音，与所论大旨无涉。至谓夷灭人国，辄易语言，执事将谓国灭而后语易乎？抑谓徒尊国语，而其国遂可以不灭也？国语者，精神之所寄也；智慧者，国民之所以为精神也。颇怪执事不务尊其精神，而徒尊其精神之所寄也。

总而论之，今日国家诏设之学堂，乃以求其所本无，非以急其所旧有。中国所本无者，西学也，则西学为当务之急明矣。且既治西学，自必用西文西语，而后得其真，若夫吾旧有之经籍典章未尝废也。学者自入中学堂，以至升高等，攻专门，中间约十余年耳。是十余年之前后，理其旧业，为日方长。矧在学堂，其所谓中学者又未尽废。特力有专注，于法宜差轻耳，此诚今日之所宜用也。迨夫廿年以往，所学稍富，译才渐多，而后可议以中文授诸科学，而分置各国之言语为专科，盖其事诚至难，非宽为程期，不能致也。诚知学问之事，非亲历途境者，虽喻之而不知。独有一言，敢为诸公豫告：事功成否，恒视其所由之术，而不从人意为转移，若必拂理逆节以为之，则他日学堂，自无成效。

吾闻京师洎二十余行省，一学堂之成，其费需万金者，动以千数。是累累者，偿敌之余，夫岂易集，乃至十年，总于海内，将所费者无虑几何，庸可使时可数过。问以人才，对曰无有。虽其时当事者亦将勉强涂饰，奏报揄扬，而无如其人之虎皮羊质，于国事无补毫末何也。此吾所以重思之而为高睨大谈自许热心者股栗也。谨不避烦渎，为大报贡其一得之愚，亮执事能优容之，而转教其所不逮焉。

谨将所拟此时教育办法划一条例如左：

一、此时官局所译西学，宜从最浅最实之普通学入手，以为各处小学蒙学之用。其书期使中年士子汉文清通者，一览了然，以与旧学相副为教。

一、学生未进中学之先，旧学功课，十当处九，即都不事，亦无不可。第须略变从前教育之法，减其记诵之功，益以讲解之业，期使年十六七以后，能搦管为条达妥适之文，而于经义史事亦粗通晓。议者或谓宜编经史旧文，颁行天下，顾此功匪易，此时不若听天下能者各出己意为之，俟十年以往，阅历稍深，定论渐出，厘而定之，当未为晚。

一、取进中学堂，年格当以十六至二十为率。务取文理既通、中学有根柢者，方为有造，而西文之能否，可以不论，此后便当课以西学。一切皆用洋文授课。课中洋文功课，居十之七；中文功课，居十之三。

一、如此四五年，便可升入高等学堂，为预备科；三四年后，即可分治专门之业。凡高等学堂中，中文有考校，无功课，有书籍，无讲席，听学者以余力自治之。

一、中学堂课西文、西学,宜用中国人(洋人课初学西文,多不得法)。高等洎专门诸学,宜用洋教习。若人众班大,则用华人为助教。

一、小学堂,有中学教习,无西学教习;中学堂,中、西学教习并有之;高等学堂,有西学教习,无中学教习。至于专门,则经史文词诸学,列于专科,此其大经也。

一、各省如遍设中学堂,则无教习。近有议以速成之法求师范者,此其为术,诚吾之所不知。踏实办法,似宜于各省会先设师范学堂(即为后日高等学堂之所),令学政于每县学中咨高才生(小县二员,大县四员)若干员,皆取年格弱冠者,聚而以中学之法教之。如此则五年以往,不患无师资矣(师范生宜有廪膳膏火)。

一、近今海内,年在三十上下,于旧学根柢磐深、文才茂美,而有愤悱之意、欲考西国新学者,其人甚多。上自词林部曹,下逮举贡,往往而遇。此亦国家所亟宜设法裁成,收为时用者也。第时过而学,自仅能求之转译,而以华人之通西学与夫西人、东人之通晓华文华语者,为之向导。此诚不为无益,然终慰情胜无而已,不足以待有志之士。必欲使之大成,则亦有法,道在置之庄岳之间也。第于被选出洋之先,至少须治西文三年,英、法、德、俄,随其所取。初、二年专治言语,第三年则事科学,此等多聪明强识知类通达之材,第使国家所以养之者,略有以安其身心,使不为外物所累,而得肆力于此,其成殆可操券。所谓年齿既长,则口齿不灵,无此说也。然不通语言,则出洋无益;不了科学,其观物必肤。故欲裁成此等之才,其术与通行者异。其选之也,不可以不严;其养之也,不可以不足;其鼓舞之也,不可以不宏。三者果行,吾未见其不为晚成之大器也。夫士人通籍之后,浮沉郎署,动十余年,乃今用之求学,而云老之将至也耶!

一、今世学者,为西人之政论易,为西人之科学难。政论有骄嚣之风(如自由、平等、民权、压力、革命皆是)。科学多朴茂之意,且其人既不通科学,则其政论必多不根,而于天演消息之微,不能喻也。此未必不为吾国前途之害。故中国此后教育,在在宜着意科学,使学者之心虑沉潜,浸渍于因果实证之间,庶他日学成,有疗病起弱之实力,能破旧学之拘挛,而其干图新也审,则真中国之幸福矣!

分科大学改良办法说帖*

各分科大学,从前主办者既不一人,所有办法亦不尽一律。加之去年事变,学界纷纷停散,学期既已延误,生徒亦未尽来归。目今筹议办法约分为两大端:一、结束以前之办法;一、改良以后之进行。其结束办法最要者亦有二:一为对付以前旧有之学生,一为处置合同聘定之教习。

考欧美各国,凡学校改革新章之后,其例校中旧有学生,仍照旧章在校肄业,此乃以法律观念办理学校之通例。所谓法律不溯既往之原则也。今为亟谋结束起见,拟缩短原定学期,择要讲授,速则于一学期内,迟则接办一年,一律赶为毕业。作为大学选科毕业生,予以选科毕业文凭,听其自由出校,以免新旧参差,教法不能一致。此结束学生之大略也。

至于前所聘外国教习,既有合同,自不能自由辞却,其合同已将届满者,可以按约辞退。其合同未满诸员,唯有斟酌功课多寡、学员人

---

* 选自《史料稿》(三)北京大学档案,案卷号 Z11·4—2。

数，择其优者量予留堂；其实不合用者，只可按照合同给予三个月薪水，一律辞退。至于中国职教各员，本无预定合同，自可考其成绩，随时斟酌去留，无忧窒碍。此结束教员办法之大略也。

结束办法既定，而后进行方法可得而言。唯筹划进行规模之廓狭，一视经济之丰绌以为衡，未可随意猝定。兹将可预定者数端略陈于下：暑假期后招考新生重行开校，拟此次办法概以学生程度为准，不必问其曾否在高等学校毕业。但须考验程度合格，便行收入，以免不一之弊。以前分科学生，膳宿各费概不征取，此虽社会主义，然非经常可久之道。现值经费困难，拟予一律征收，以符文明国高等教育通例。至毕业后应得学位，拟在大学预科毕业者，给予博士；其在分科毕业者给予学士，博士、学士文凭由校颁给，不由教育部，此亦文明国之通制也。至所聘教习，如非万不得已，总以本国人才为主。其聘请之法，则选本国学博与欧美游学生各科中卒业高等而又沉浸学问无所外慕之人，优给薪水，俾其一面教授，一面自行研究。本科如此，则历年之后，吾国学业可期独立，有进行发达之机。盖一国大学之设，非特以造就学生，即云养成师资人才，亦非挚论。盖将以为一国学业之中心点，而有裨于一切文实之进行。如此，则较之从前永远丐人余润，以重价聘请一知半解之外国教员，得失之数，不可同年而语矣。此皆惩前毖后，不可不亟改弦者。此筹办进行之大略也。至此时各分科办法情形不尽相同，规划改为亦非一致，兹将各科拟定改良办法条列于下：

一、文科。本校从前经文原分两科，经科只开《毛诗》《周礼》《左传》三门，文科只开中国文学、中国史学二门。今已将经科并入文科。至毕业期限，原定在明年之秋，唯从前主课教授大半依文顺释，既非提纲挈领，亦非大义微言。夫经史浩繁，如此则届时何能卒业？窃以为既称大学,正不必如此繁碎,今已为更择教习,改定课程。至原列补助各门,有已经授讫者,可毋庸议。其所余未完者,只史学之地理沿革,经学之中外地理较为有用;其外国语文,现习程度虽不甚高,但比较所资,亦不宜废。若缩短期限,专授主课,加增钟点,补助课除外国文及地理外,一律停授,似于学生转有实益。则今年年底毕业,似亦可以勉行。此次开校时,学生要求附讲法政,本校长以此类学生大半旧日举贡及高等毕业生,年龄已长,中文素优,平日于乡里常有坊表之望,令其略通近代法政,于民国甚有裨益,故允其请,区为兼习,不入正科,后来考试,别给文凭,但若年终毕业,亦只能授以法学通论而已。此结束旧班之法也。至将来更定办法,则拟分哲学、文学、历史、舆地各门。中国经学、周秦诸子、汉宋各家学说,本为纯美之哲学,而历史、舆地、文学亦必探源于经,此与并经于文办法亦合。唯既为大学文科,则东西方哲学、中外之历史、舆地、文学,理宜兼收并蓄,广纳众流,以成其大。但办颇不易,须所招学生于西文根底深厚,于中文亦无鄙夷先训之思,如是兼治,始能有益。应俟校费充裕,觅有相当宿学,徐立专门,以待来者。本校长前于分科不宜停办说帖中,已发其凡。今之所议,犹此志也。此文科改良办法之大略也。

一、法科。法科原分政治、法律两门。政治门用英文教授,法律门用法文教授,定八学期毕业。现已届第四学期,拟将旧班结束,每门各择一二主要学科教授,如此,则本年年终可以毕业,作为法科大学选科毕业生。另行组织新班,以本国法律为主课,用国文教授。以外国法律比较为补助课,用英文及德文教授。其原因,各国法律学校无不以本国法律为主者。吾国自共和立宪以来,所有成文法虽少,然如约法及参议院法,皆现行之法律。此后参议院通过之法案必将日增,皆学者所当购买。若外国法律与吾国前朝成宪，只以借资考镜，研究法理而已，不能作为主要科目也。其必用英、德两国文者，以近时法律分两大派，一为罗马法派，德国最为发达；一为习惯法派，始于英国，美国沿之。故二国文字不可缺也。学生程度以有普通法学知识，精于中文，兼通英文或德文，能直接听讲者为合式。此法科拟定改良办法之大略也。

一、理工科。理工科现时共有西教员七人，司仪器西人一名，中教员一名。西教员中本年合同满者，只艾克坦一人，已与声明不赓续再请。尚有高朴及贝开尔二人亦拟辞退，唯照合同须增薪水三月，共一千八百元，川资一千元。如此，则每门尚存西教员一人，留否，俟合同满时再议。此对于教员所拟之办法也。旧有学生五十八人，现回校者只十八人，常告假不上课者又居强半。现拟年终一律令其毕业，但不给予学位，以示区别。其毕业生程度虽不甚高，然不乏杰出可造人才，拟在地质、化学、土木、矿冶四门中各选二三名，明春由校出资，派往德、美两国。此须俟年终毕业后另行极严之考试，择其各种普通学及已习之专门学成绩较优者，并注重语文，以便到欧美后即可插班听讲。以十人计之，每年不过二万元，而所成就较大。此对于学生所拟之办法也。本科图书、仪器、药品，向无统一机关，凌乱已极，分科监督、提调、教习，皆可率行购买，促訾啜汁，颇不乏人，大为校费之累。而购置之后，教员携归私宅者，亦复不少。现拟整顿办法，约有四端：（一）整理各处散置之物品，依类陈列。（二）将各实验室重行分配。（三）编一大目录册。（四）组织统一管理法。此对于图书、仪器、药品之办法也。以上三端，皆属结束极要问题。至此后组织进行，本校长等正在悉心研究，大约：（一）须招考新生，不论文凭资格，以学问程度合适为归。

(二)添聘中国教员。(三)改良各实验室。(四)加重语文功课,以能直接听讲、自行抄写讲义为度。此理工科所拟办法之大略也。

一、农科。农科旧有学生,现陆续到堂。到共有二十六人,性情勤惰、学识程度皆各不同。而旧聘日本教员三员中,两员于本年十二月合同期满,一员于明年九月期满。若欲继续开办,即当续订合同。否则,有一消极办法,照本学期功课,续办一学期,至年终大考一次,择其成绩较优者十余人,派送至日本游学,每人岁费五百元,以两年为限,学生十名,加以往返川资,不过一万二千元。以视现聘日本教员三员,一年薪水已费一万二千六百元者,其获益当尤巨。此法于学堂经费及有志求学者两有裨益。其余在校学生,均给修业文凭,另行组织新班,招考学生,另定章程。以现在望海楼学舍计之,可容学生二百人,拟用英文教授,农林各两班,需用教员约十二名。此农科所拟改良办法之大略也。

一、商科。商科学生,照旧章三年毕业。现在已过二年,似应再习一年,给予毕业文凭及应得之学位。另行组织新班,改为四年毕业。前二年之课程,为本科学生所应通习。后二年之课程,分为四门:一经济学门,一财政学门,一商学门,一交通学门。每门包括条目十余。学生至第三年,须于四门中认定一门,以期深造。但若各科均拟本年毕业,以为结束之地,商科自不能独后。计唯有责令学长、教员择主要课程,多加钟点教授,以为选科办法而已。此商科改良办法之大略也。

以上条列各端,均系粗立大纲,藉资商榷。至其详细节目,应俟开学时再妥定章程、规则,以便实行。

论今日教育应以物理科学为当务之急*

……不可一二言尽也。盖往者通国之人，舍士无学，而其所以教士者，又适足以破坏其才，此所以重可痛也。不知者徒訾其所学之非所用，犹非真知其害者也。如某侍御上书谓："八股既以所学非所用而废，而今日学堂所学，如语言，如数学，如物理，如化学，又非他日从政所合用者。"此其所言，真不知教育为何等事。必如某侍御之言，将国家广厉学官，集一切新学、西学、科学，皆非所事，即旧学之国文词章，亦近华藻；经史子集，亦为迂途。言其实际，只宜若秦所为，以吏为师，唯日从事于刑、名、钱、谷、吏、礼、兵、工而后可。然而由此教育，以求达某侍御之目的，将成缘木求鱼。何则？彼不达于人心之理故也。

培根曰："物中最大者唯人，故中国六书大即人字。人中最大者唯

---

* 本文据中国历史博物馆手稿本，另有严群先生手抄本。本文系一篇演讲稿。上缺，无题，此标题系编者所加。所作具体时间不详。文中云："如某侍御上书谓，八股既以所学非所用而废。"按：清廷曾于1901年（光绪廿七年）下谕："自明年起，一切考试不准用八股文程式。"（《续清文献通考》卷八十七）知本文作于1901年至1911年之间。文字根据王栻主编《严复集》（中华书局）第二册收入。

心。"故古之中西圣贤人,皆以娇心为至重之学。中之格物、致知、诚意、正心,西之哲学、名学,皆为此方寸灵台,而后有事。人禽之别,贤愚之等,皆视此为之。百年来生理学大明,乃知心虽神明,其权操诸形气,则大讲体育之事。故洛克谓:"教育目的,在能以康强之体,贮精湛之心。"斯宾塞亦云:"不讲体育而徒事娇心,无异一气机然,其笋缄关键极精,而气箱薄弱不任事也。"孟子曰:"持其志,无暴其气。"而宋儒亦以气禀之拘,与人欲之蔽,同为明德之累,皆此义也。不佞今夕所谈,趋重智、德二育。体育虽重,于此一及,不更及矣。然欲为娇心之学,则当知心如形体,有支部可言,有思理,有感情。思理者,一切心之所思,口之所发,可以是非然否分别者也。感情者,一切心之感觉,忧喜悲愉,赏会无端,揽结不尽,而不可以是非然否分别者也。

以心之方面常分为二如此,故其于人也,或长于理而短于情,或长于情而短于理。如卢梭自谓生平于学术物境,强半得诸感会,非由思理而通,可知其人受质之异。譬诸文章、论辩、书说,出于思理者也;诗骚、辞赋,生于感情者也。思理善,必文理密,察礼之事也。感情善,必和说微,至乐之事也。西人谓一切物性科学之教,皆思理之事,一切美术文章之教,皆感情之事,然而二者往往相入不可径分。科学之中,大有感情;美术之功,半存思理。而教育之事,在取学者之心之二方面而并陶之,使无至于偏胜。即不然,亦勿使一甚一亡。至于一甚一亡,则教育之道苦矣。

德育主于感情,智育主于思理,故德育多资美术,而智育多用科学。顾学校所课,智育常多。诚以科学所明,类皆造化公例,即不佞发端所谓自然规则。此等公例规则,吾之生死休戚视之,知而顺之,则生而休;昧或逆之,则戚且死。赫胥黎谓教育有二大事:一、以陶练天赋之能力,使毕生为有用可乐之身;一、与之以人类所阅历而得之积智,使无背于自然之规则。是二者,约而言之,则开瀹心灵、增广知识是已。然教育得法,其开瀹心灵一事,乃即在增广知识之中。故目下问题,在教育少年于有限学时之中,当用何种科学为之,庶不徒所增广者,乃人类最要之智识,且于开瀹心灵有最大之实功也。

欲解决此问题,则不可不明思想之用。夫格物致知之事,非必上智,亦非必学者乃克为之。虽涂中小儿,其必为此,与大哲家圣人无以异,特精粗完缺大不侔耳。方其始也,必为其察验,继乃有其内籀外籀之功,而其终乃为其印证,此不易之涂术也。"内籀"东译谓之"归纳",乃总散见之事,而纳诸一例之中。如史家见桀亡,纣亡,幽、厉二世皆亡,由是知无道之主莫不亡,此内籀也。夫无道之主莫不亡矣,乃今汉之桓、灵又无道,则知汉之桓、灵必亡,此外籀也。"外籀"东译谓之"演绎"。外籀者,本诸一例而推散见之事者也。自古学术不同,而大经不出此二者。科学之中,凡为数学,自几何以至于微积,其中内籀至少,而外籀独多。至于理、化、动、植诸科,则内籀至多,而外籀较少。故学校中课程,所以必有数学、理、化、动、植诸科者,不但以其中所言,为人生不可少之智识,合于赫胥黎所指之教育第二大事也。顾亦以治学之顷,所由之术,有治练心能之功,后此治事听言,可以见微知著,闻因决果,不至过差,非若陈侍御所云云。学几何、三角者,必日事于测高仞深,学理、化、动、植者,必成业于冶铸树畜也。呜呼!使言学务者知此,则于教育之方,思过半矣。

吾国从来教育即当其极盛,大抵皆未完全。此若须鄙人将其流弊尽情发襮,则不独今夕不及,恐即再会三会,亦难罄尽。则试为诸公举其大者:盖吾国教育,自三育言,则偏于德育,而体、智二育皆太少,一也；自物理、美术二方面言，则偏于艺事，短于物理，而物理未明，故其艺事亦难言精进，二也；自赫氏所云二大事言，则知求增长智识，而不重开瀹心灵，学者心能未尽发达，三也；更自内外籀之分言，则外籀甚多，内籀绝少，而因事前既无观察之术，事后于古人所垂成例，又无印证之勤，故其公例多疏，而外籀亦多漏，四也。凡此皆吾教育学界之短，人才因之以稀，社会由之以陋。顾此数者之外，尚有极重之弊焉，使不改良，将吾人无进化之望者，则莫若所考求而争论者，皆在文字楮素之间，而不知求诸事实。一切皆资于耳食，但服膺于古人之成训，或同时流俗所传言，而未尝亲为观察调查，使自得也。少日就傅读书，其心习已成牢锢，及其长而听言办事，亦以如是心习行之。是以社会之中常有一哄之谈，牢不可破，虽所言与事实背驰，而一犬吠影，百犬吠声之余，群情汹汹，驯至大乱，国之受害，此为厉阶。必将力去根株，舍教育改良无他法矣。

间尝深思其故，以谓此等心习，于吾民所以最深者，溯其原，由来甚远。夫中国自古至今，所谓教育者，一语尽之曰：学古入官已耳！汉代有射策甲科，公车上书，至隋唐则有科目，及赵宋则易词赋为经义。由是八股乃为入官正途，而其弊至于本朝而极。故中国教育，不过识字读书；识字读书不过为修饰文词之用；而其修饰文词，又不过一朝为禽犊之兽，以猎取富贵功名。方其读四子五经，非以讲德业、考制度也，乃因试场命题之故；其流览群史，非以求历代之风俗民情、教化进退、政治得失也，乃缘文字得此乃有波澜运用，资其典实之故。且功令既定，岂容稍示异同，风气所趋，不妨公然剿袭。夫使一国之民，二千余年，非志功名则不必学，而学者所治不过辞章，辞章极功，不逾中式，揣摩迎合以得为工，则何怪学成而后，尽成奴隶之才，徒事稗贩耳食，而置裁判是非、推籀因果之心能于无所用之地乎！赫胥黎有言："天下之最为哀而令人悲愤者，无过于见一国之民舍故纸所传而外，一无所知。既无所信向，亦无所持守。徒尚修辞，以此为天下之至美；以虫鸟之鸣，为九天之乐。"嗟呼！赫氏此言，无异专为吾国发也。

虽然，徒痛以往之非，固无益也。幸今既知其误，则宜图所以挽救之方，所以疗此痼疾者。救之疗之奈何？张横渠有言："学贵变化气质。"自不佞言，气质固难变也，亦变其心习而已。欲变吾人心习，则一事最宜勤治：物理科学是已。夫不佞所谓科学，其区别至为谨严，苟非其物，不得妄加其目。每见今日妄人几于无物不为科学。吾国今日新旧名词所以几于无一可用者，皆此不学无所知之徒学语乱道烂之也。夫科学有外籀，有内籀。物理动植者，内籀之科学也。其治之也，首资观察试验之功，必用本人之心思耳目，于他人无所待也。其教授也，必用真物器械，使学生自考察而试验之。且层层有法，必谨必精，至于见其诚然，然后从其会通，著为公例。当此之时，所谓自明而诚，虽有君父之严，贲、育之勇，仪、秦之辩，岂能夺其是非！故欧洲科学发明之日，如布卢奴、葛理辽等，皆宁受牢狱焚杀之酷，虽与宗教龃龉，不肯取其公例而易之也。曩读诏书，明定此后教育宗旨，有尚公、尚武、尚实三言。此三者，诚人类极宝贵高尚之心德。德育当主于尚公，体育当主于尚武，而尚实则唯智育当之。一切物理科学，使教之学之得其术，则人人尚实心习成矣。呜呼！使神州黄人而但知尚实，则其种之荣华，其国之盛大，虽聚五洲之压力以沮吾之进步，亦不能矣。

诸君子疑吾言诞乎？则请先思今日欧美诸邦，其国力之富厚，其实业之精进，较之吾国相去几何？次思列强进于此境者，从何时始？三思此不及二百年中，彼土所以致此古未曾有之盛者，实由何故？则不佞之所云云,可不烦言解矣!宗教家曰:欧美所以有今日者,以所奉之教之清真也。政法家曰:财富之所以日隆,商贾之所以日通者,以诸邦政法大改良也。此其言诚皆不妄,然皆不足以为近因。必言近因,则唯格致之功胜耳。何者?交通之用必资舟车,而轮船铁路,非汽不行,汽则力学之事也。地不爱宝,必由农矿之学,有地质,有动植,有化学,有力学,缺一则其事不成。他若织染冶酿,事事皆资化学。故人谓各国制造盛衰,以所销强水之多寡为比例。唯是实业既精之后,执工之子,非经教育则耗折随之。而当事之人,不经教育者,无论矣。可知物理科学一事,不独于吾国为变化士民心习所不可无,抑且为富强本计所必需。不佞于开讲时即言:自然规则,昧而犯之,必得至严之罚;知而顺之,亦有至优之赏。以之保己,则老寿康强;以之为国,则文明富庶。欲识此自然规则,于以驾驭风雷,箾与水火,舍勤治物理科学,其道又奚由乎?

物理科学,但言物理,则兼化学、动植、天文、地质、生理、心理而言。诚此后教育所不可忽,然欲得其增益智慧、变化心习之大果,又宜知其教授之法,与他项学业划然不同。苟而同之,犹无益也。请言其不同之实。譬如今课经学而读《论语》至"子曰:巧言令色,鲜矣仁",此其理诚然。顾其理之所以诚然,吾不能使小儿自求证也,则亦曰:"孔子圣人,圣人云然,我辈当信。"无余说也。又治史学读《项羽本纪》,写巨鹿之战,如火如荼,然其境象,万不能使学者亲见之也,则曰:"太史公古称良史,其书号为实录,所载自宜不差。"亦无余说也。由此二者推之,我辈所读一切之书,所传一切事实,莫不如是。岳飞主战,乃是忠臣;秦桧主和,故为奸相。凡皆以枯骨朽肉之定论,主张我辈之信心。除非记者自相矛盾,或二家所载违反不符,而后起驳议而生聚讼。

至若其事经皇帝所折中，昔贤所论断，则唯有俯首受教，不敢有违，违者或为荒经，或为蔑古。荒经、蔑古，皆大罪也。

夫笃信好学，诚幼稚学界之所宜，顾不幸古人成说，即今同呈讹谬，累百盈千，误而犹信，常为大害，此在西国如此，其在中国窃恐未必不然，所冀教育改良，学者之鉴别力日进，于旧学能存其是而去其非。顾其教授之方，舍沿用旧籍而外，无他法也。独至物理一科，其教授之法，乃大不然。公例既立之余，随地随时可以试验。如水至热表四度而结冰，空气于平面每方寸有十斤之压力，此人人可以亲试者也。又如内肾主清血出溺而非藏精，肺不主皮毛，肝不藏魂魄，虽其事稍难，然亦可以察验者也。是故此种学科，并无主张，只有公理，人人可自用其耳目，在在得实验其不诬。但教授之顷，为之师者，必具其物与器，而令学生自籀、自推，稍蓄疑团，而信他人传说者，皆大害事。故赫胥黎谓，讲磁石吸铁，必令小儿用手自拉，而后为教，若但口说如此如此，则宁置此科勿课，而但读历史、诗文诸书。何则？课之不由其方，斯于心习无益，转有害耳。所谓教育新法者，此耳。

诸公既闻此言，宜知不佞前谓唯此一学，可转变吾人之心习，而挽救吾数千年学界之流弊者，非妄语矣。夫物理科学，其于开瀹心灵，有陶炼特别心能之功既如此，而于增广知识，其关于卫生保种，大进实业又如彼，然则教育所用学科，宜以何科为当务之急，为吾国所最缺乏而宜讲求者，诸公胸中宜了了矣。虽然，不佞今夕之谈，非为物理科学游说，且非为新学游说。新学固所最急，然使主教育者，悉弃其旧而维新之谋，则亦未尝无害。盖教育要义，当使心德不偏。故所用学科，于思理、感情、内外籀，皆不可偏废。中国旧学，德育为多，故其书为德育所必用。何况今日学子，皆以更新中国自期。则譬如治病之医，不细究病人性质、体力、习惯、病源,便尔侈谈方药,有是理乎?姑无论国粹、国文,为吾人所当保守者矣。故不佞谓居今言学,断无不先治旧学之理,经史辞章,国律伦理,皆不可废。唯教授旧法当改良。诸公既治新学之后,以自他之耀,回照故林,正好为此。譬如旧说言必有信,见利思义,不过指人道之当然,未明其所以必然之故也。今则当云是二者,无异自然之公例。一人窃取财物,招摇撞骗,其必害无利,与投身水火同科,必溺必焚,盖无疑义。程伊川云:"饿死事小,失节事大。"今使深明群学之家讲之,自见此事为一身计,为一家计,为社会计,为人种计,皆饿死为佳,不可失节。失节不必单就女子边说。大抵古今教育不同,古之为教也,以从义为利人苦己之事,必其身有所牺牲,而后为之。今之为教,则明不义之必无利,其见利而忘义者,正坐其人脑力不强而眼光短耳。此德育教授新法之大略也。

　　以上所言,约而论之,不过谓人生世间,无论身之所处,心之所为,在在皆受治于自然之规则者。欲知此规则,有自然之教育,有人为之教育。人为教育分体、德、智三者,而智育之事最繁。以中国前此智育之事,未得其方,是以民智不蒸,而国亦因之贫弱。欲救此弊,必假物理科学为之。然欲为之有效,其教授之法又当讲求,不可如前之治旧学。道在必使学者之心,与实物径按,而自用其明,不得徒资耳食,因人学语,此今夕讲义之大略也。假如今欲教一童子,如尽依不佞之法,则发蒙之始,自以求能读书写字为先。然于此时,便当教以观物之法,观物以审详不苟为主。欲其如是,莫若教之作画。作画不必遂成画家,但使精能,已有大益。盖画物之顷,童子心不外驰;而求肖物,则必审物。此二者皆极有用之心习,而其事又为童子之所欣,而不以为苦,故可贵也。再进则物理、算学、历史、舆地,以次分时,皆可课授。稍长则可读经书。经书固中国教化之星宿海,唯读经要在讲解,欲讲解之明,又不可不治小学。至于国文之课,则必读古文、古诗,选其佳者,必令背诵。每闻今人谈教育者常悬背诵为厉禁,此语不必尽从也。自七八龄至十四五,约计七年,使子弟而系中材,前此功程,无难勉企,其次即未成学,亦可粗就。至于十五以后,则必宜使习西文,英、法、德、意择一皆可。其所以必习西文者,因一切科学美术,与夫专门之业,彼族皆已极精,不通其文,吾学断难臻极,一也;中国号无进步,即以其文字与外国大殊,无由互换智识之故。唯通其文字,而后五洲文物事势,可使如在目前,资吾对勘,二也;通西文者,固不必皆人才,而中国后此人才,断无不通西文之理,此言殆不可易,三也;更有异者,中文必求进步,与欲读中国古书,知其微言大义者,往往待西文通达之后而后能之①。此亦赫胥黎之言也,四也;且西文既通,无异入新世界,前此教育虽有缺憾,皆可得此为之补苴。大抵二十世纪之中国人,不如是者,不得谓之成学。假使中无间断,其人早则二十四五,迟则三十可望大成,为八面应敌之才,他日入世,达为王侯将相,隐为士农工商,皆可为社会之所托芘。后五十年不可知,即今而言教育,舍此无他术也。

---

① 原稿"而后能之"的书眉上有一段英文,系赫胥黎语,字迹潦草,无法辨认,此暂缺。——原编者注

实业教育[*]

(侯官严复在上海商部高等实业学校演说)

实业,西名谓之 industries;而实业教育,则谓之 technical education。顾西人所谓实业,举凡民生勤动之事,靡所不赅;而独于树艺、牧畜、渔猎数者,则罕用其字。(说见《社会通诠》)至所谓实业教育,所苞尤隘,大抵同于工业。The teaching of handicrafts. 此诚彼中习俗相沿,我辈莫明其故。故讲实业,似不必守此无谓分别。大抵事由问学,science,施于事功,展用筋力,于以生财成器,前民用而厚民生者,皆可谓之实业。第其事与他项术业,有必不可相混者,则如美术是已。西人以建造屋宇、结构亭台,为美术之一,故西人不称建筑为实业。而自吾人观之,则几几乎与实业为类矣。又如医疗法律,以至政治,亦无有以实业称者。此其大略也。

故实业主于工冶制造之业而已。吾国此事于汽电机器未兴之时,

---

[*] 原载于 1906 年 7 月 2 日《中外日报》,后转载于《东方杂志》第 3 年第 7 期。文字根据王栻主编《严复集》(中华书局)第一册收入。

固未即居人后;而欧洲当乾嘉以往,其制造亦无可言。如其时洋布一宗,且由印度运往;北美棉业未兴,而国律于民间纯用吉贝织成匹头者有罚(一千七百七十四年),可以见矣。顾瓦德用汽之机,即于此时出世。汽机影响,第一见于织造。故一千七百八十五年英之棉货出口者,仅值八十六万镑。而一千八百十年,乃十八兆镑。再后六十年,直至八十兆镑。他若铁业,当法国革命之日,英国三岛全年出产不过七万吨。降至一千九百年,岁出乃七兆吨矣。其发达之速如此。又机器进步,则所操之律度,必以愈精。闻瓦德初成之机,乃以汽漏难用,开机转轮,声震屋瓦。后得威都淮 Whitworth 制为量机,可以量物至一兆分寸之一之微。制造之业,遂臻绝诣。上下百余年间,其实业演进,绝景而驰如此。至于今西国造物成事,几乎无事不机;而吾国所用,犹是高曾之规矩耳。

夫中国以往三四千年,所以为中国者,正缘国于大地之中,而不与人交通竞争而已。时至今日,舟车电邮之疾速,为往古之所无,故虽欲守前此之局有不可得。开门相见,事事有不及人之忧;而浮浅之人,又不察病源之所在,则曰中国之所以受侮者,无强权耳。于是以讲武诘戎为救时唯一之政策。又曰中国之所以贫弱者,坐利权之见夺耳。于是以抵制排外为富强扼要之方针。顾不知耗散国财,唯兵为甚。使中国长贫如此,则虽欲诘戎讲武,势且不能。且道路不可不通,矿产不可不出;使吾能自通而自出之,将无事抵排,外力自消,内力自长;设不能自通自出,而仅言抵制,将抵制不成,成而病国益甚。然则中国今日自救之术,固当以实业教育为最急之务。何则?唯此乃有救贫之实功,而国之利源,乃有以日开,而人人有自食其力之能事。语曰既富方谷,又曰仓廪实而后知礼义,兵力教化,何一非富足而后可言乎!

虽然，实业教育者，专门之教育也。专门教育，固继普通教育而后施，不幸吾国往者舍科举而外，且无教育。使其人举业不成，往往终身成废。因缘事会，降就商工之业，则觉半世所为，无一可用。而此时所愿有之知识，蒙蒙然与六七龄孩稚同科。某物某货，产于何地，制于何工，销于何所，无所知也。一切制器成物之业，循其旧有不知，尚何开新之与有！叩其普通知识，且不知长江所经为何省，高丽、西藏居国之何方。若夫实业莫大于制造，制造莫盛于五金，而五金之性质何如，采炼之术何若，问读书之子，有前闻者乎？固无有也。无论为工为商，计算之学，皆所必用，商功均输，固无论矣，乘除加减，则亦难言。吾尝见二三十岁人，不识作码者，尚何有于八线三角之学乎？不但尔也，再使其人举业有成，又不然。循例纳粟入赀，皆为官也，顾问其人其学，于国家制度律例掌故，有所及乎？未尝及也。故吾国前此教育，反正皆不可通。遂造成今日之时世。然则居今而言实业教育，学生入校，舍区区国文姑以为能而外，教者必视学者为一无所知，而一篑为山，进由吾往，而后可耳！

今使有子弟于此，其人于中学粗了，将使之从事实业之中，则依东西洋成法，其所以教之者宜如何。此今贵校所实行，十八九已与之合，无俟鄙人详论。大抵算学则如几何、代数、三角、割锥、微积，为不可不治之科，其次则莫如理化两大科。但是二者，其教授必须合法，方能有益。且此数科，所赅甚广，程度稍进，吾国即无专书；是以为今之计，断然必以西文传习。如此不但教授称便，而学成之后，其人于外国实业进步，息息相通，不致转瞬即成故步。西人为此，常兼拉丁、英、法、德诸文，其用意即亦如是，此治实业基础之大略也。

但实业教育，与他种教育有不同者，以其人毕生所从事，皆在切实可见功程，如矿、如路、如一切制造。大抵耳目手足之烈，与治悬理者迥殊。故教育之要，必使学子精神筋力常存朝气，以为他日服劳干事之资。一言蔽之，不欲其仅成读书人而已。西哲谓读书人通病，前半生则傲兀自喜，后半生则衰苶糊涂，此由年少之时，用心太过，而不知吾人入世涉物竞至烈之场，破败胜存，佥于三四十以后见分晓。其人年少气盛之日，不必放荡淫逸，自斫其生也。但使征逐虚名，作为无益，坐令脑力萎耗，则四十以往，其人必衰。而一切真实事功，转以无望。夫不佞此言，非为惰窳无志少年游说，实因深知心脑之力，其须休息将养，与筋骨血气正同。而少壮之脑力，其时须休息将养，较老年之人，乃为尤急。每见由来成就大事业人，其任事之际，所以能乐事劝功，沉毅勇往，治繁理剧，若有兼人之力者，此其果非结于夙兴夜寐之时，乃在少日优游，不过用心力之日。拿破仑之初起，真如巨刃摩天，方其勤事，见者惊为非人，顾十年以后，败征见矣。彼晚节之所以不终，由其精神短也。毛禄至七十而后收胜法之业，方其少壮，未闻有何表见。诸君子闵国步之艰难，欲来日借手有资，乃起而为问学之事，惰息自逸，吾知免矣。所患者用心太猛，求成过急，不为他日办事精神道地而已。公等闻辕田之说乎？再耕之后，必置之以俟地力之复；否则虽耕虽种，且无所得，而地力弥竭，稂莠益多。愿诸公今日为学，他日办事，皆时时深思此言。

言今日之教育，所以救国，而祛往日学界之弊者，诚莫如实业之有功。盖往日之教育笃古，实业之教育法今；往日之教育求逸，实业之教育习劳；往日之教育成分利之人才，实业之教育充生利之民力。第须知实业教育，其扼要不在学堂，而在出堂后办事之阅历。以学堂所课授者，不过根底之学，增广知识，为他日立事阶梯云耳。若夫扼要之图,所以陶炼之使成真实业家,则必仍求之实业之实境,作坊商店,铁路矿山,此无疑义者也。使有人于此,其于学堂功课,为之至善,卒业大考,已得无上文凭,此不外得半之程而已。将谓其人即实业家,尚未可也。但使其人此后筋力萎弱,品行平常,临事既无条理,趋功又不精勤,则其学虽成,于实业无几微之益。又使其人不自知操业之高尚可贵,唯此有救国之实功,耻尚失所,不乐居工商之列,时时怀出位上人之思,将其人于实业终必不安,而社会亦无从受斯人之庇也。故鄙人居平持论,谓中国欲得实业人才,如英之大斐(Davy)、法拉第(Farady)、瓦德(James Watt)、德之杜励志(Dreyse)、克鹿卜(Krupp)等,乃为至难。何则？中西国俗大殊,吾俗之不利实业家,犹北方风土之难生橘柚也。

盖吾国旧俗,本谓舍士无学。士者所以治人,养于人,劳其心而不劳其力者也。乃今实业教育,所栽培成就之人才,则能养人,有学问,而心力兼劳者也。学子有志为实业之人才,必先视其业为最贵,又菲薄仕宦而不为者,而后能之。又必其人所受体智二育均平,不致为书生腐儒,而后可。学问智识,诚不可阙；顾但有学问智识,必不逮事也。精神筋力,忍耐和平,行之以素位不愿外之心,而后有济。初不必天资过绝人,而耳目聪明,思虑精警,如西人所谓母慧者(mother wit),则又不可无。其学堂教育,即陶炼此种母慧而使之扩充有法者也。故实业之家,不受学堂教育,而一切悉由于阅历者,其入理必粗,不能有开物成务之盛业也。但受学堂教育,而不经事业之磨砻,又程功不实,而无甘苦疾徐之自得。必其人受益于学堂者十之四,收效于阅历者十之六,夫而后为真实业家。

诸君子既已发愿,置身实业界中,则鄙人有极扼要数语,敬为诸君告者。一、当早就实行之阅历,勿但向书籍中求增智识。二、当知此学为中国现今最急之务。果使四百兆实业进步,将优胜富强,可以操券;而风俗民行,亦可望日进于文明。三、当知一己所操,内之有以赡家,外之有以利国,实生人最贵之业。更无所慕于为官作吏,钟鸣鼎食,大纛高轩。四、宜念此业将必有救国利民之效,则吾身宜常与小民为缘。其志欲取四万万之众,饔飧而襦袴之,故所学所能,不但以供一己之用已也。行且取执工势力之众,而教诲诱掖之,使制器庀材,在在有改良之实。诸君果能取不佞之言而实见诸行事,则课其功业,虽古之禹、稷,亦何以加?盖言禹之功,不过能平水土,俾民奠居而已;言稷之功,不过教民稼穑,免其阻饥而已。实业之事,将以转生货为熟货,以民力为财源,被之以工巧,塞一国之漏卮,使人人得饱暖也。言其功效,比隆禹、稷,岂过也哉!

夫一国之民,其待于实业之亟,不徒于工商之业为然;即在兵战,亦以此而预操胜算。不佞请为诸君言一史事:当十九稘初载,普鲁士受困于拿破仑,可谓极矣。土地日蹙,军费无穷,愤而求战,战乃益败。至一千八百六年燕那(Jena)之役,普之未亡,特一发耳。则有思墨达人,名杜励志者(John Nicholas Dreyse),年十九,业钥工,既卒业,南行觅生计,道经战场,死者从横卧草中。或犹执枪不释,杜则取其一微验之,知为欧洲最劣枪制,喟然长叹。言以此器畀新征之卒,当拿破仑百战精兵,辅以精枪,安得无败!则仰天自誓,归日必有以改良此枪,使为可恃之利器而后已。盖当此时德法二邦之国命,已隐决于杜励志之脑中矣!已乃入巴黎,事拿破仑之武库长,瑞士人名保利者,为之火伴学徒。以其勤笃,大为保利所倚信。一日保利言,大皇帝令改军枪旧制,不以前口入药弹,而从后膛,杜恍然若有所悟。嗣保利为后膛枪竟成,然制粗不适用也。而拿破仑犹奖之以赐金,加十字佩章,列为贵爵焉。吾闻汽舟、后膛枪二物,皆拿破仑所亲见者,顾皆以始制,椎劣未精,莫敢信用。向使当拿破仑时而其物皆美具,如后六十年,则以枭雄而操二利器如此,其势殆可以混合区宇而有余。英吉利区区三岛,欲始终倔强,与为劲敌,岂有幸哉!乃天若留杜励志之后膛火器,以为德复仇之用者。盖杜之枪制善,而拿破仑死于绝岛久矣。一千八百三十五年,杜为后膛针炮先成,又三十年而后膛枪成。维廉第一用之,造攻于丹麦,再克于奥国。萨多哇之役,奥之死伤逾三万,而德则不过九千。至于一千八百七十年师丹之役,德师长驱入巴黎,维廉加冕于华赛尔宫,凯归而为全德共主。此其成功至伟,虽远近因缘,不可一二数,而微杜励志制器之进步,其收功殆不能如是之疑神也。呜呼!实业可忽乎哉?

实业之利国,其大者如矿、如路、如舟车、如冶、如织、如兵器,所共见者也。乃即言其小小,至于缄线锥刀、琉璃瓷纸,今若取吾国所产,以与欧美之所出者较,则未有不令人伤心短气,不自知吾种将何以自立于天演物竞之场者。至于今,吾国日日人人,莫不扼腕扣心,争言变法。而每事之变,其取材于外国者,必以益多;其旧产于吾国者,必愈无用,将勉强迁就,而用其故者乎?则以物材器制之非良,其弊乃立见。即不然,则集资设厂,号为抵制,以自保利源。顾其中所用机器,则以重价购自外洋者也,匠师又以重束而聘自外洋者也,其所自保者,亦至有限耳!且此必强有力之官商贵富而后为之,其于遍地之小民,凡勤俭劳力以治身者,又无裨也!其于全国,岂有豸乎?故吾谓实业为功,不必着意于重且大,但使造一皮箱、制一衣扣、一巾、一镜之微谞,果有人焉,能本问学以为能事,力图改良旧式,以教小民,此其功即至不细,收利即至无穷耳。

夫吾国实业之闭塞，论其大归，不过二病而已：不知机器之用，与不明物理与化学也。是故实业之教育，必以之数者为要素。且其为教，宜力为其普通，至于普通，则无取于精微，但人人知其大理而已足。吾国近日风气，教育所亟，大抵不出政法、武备两涂。顾武备为物，其所待之外缘极多，必皆订合，而后有守坚战胜之可望。使外缘不相为助，而唯兵之求，恐事变推移，将徒得其恶果。至于政治为学，不得其人，则徒长嚣风，其于国尤无益。皆不若实业有明效之可言也。所惜者，吾国旧俗，如前所云，若有以沮此项之人才，使之最难成就也者。夫其人博学多通，然犹勤勤恳恳，于执工劳力之中，泥涂黻冕，奴隶轩朱，殷然以拯救同群，张皇民力为事者，此其人于西国已不易得，于中国乃尤难求耳。英人葛勒敦（Galton）有曰：国民总总，就中可望为出色人者，大约四千人之中，不过得一而已。若夫具矫然英特之资，其心必不愿为庸众人，无论己所操为何业，必求为社会所利赖者，则兆人之中而得一已无异比肩而立者。赫胥黎曰：论教育之极功，即在能为法以网罗此二种之人才，裁成辅相之，使不虚生，而以为通国天下所托庇。夫此二种之人，其出于何地，至不可知者也，亦如至愚极恶者然。生于宫禁之中可也，生于圭窦之中亦可也，故生学家以此为造物之游戏。设有国焉，其中之法俗，能使如是之才，上不为富贵之所腐，下不为槁饿之所芸，俾之成才，而任之以其所最宜之事，人类进步，终必赖之，不仅强一国盛一种而已也。且果使教育之家具真识别，而能得此二种之人才乎？则其所以培成之者，虽费至厚之资，犹不折阅也。何则？使人才如瓦德、如法拉第、如大斐者，而可以财易得，则英国虽人以兆金为价，其为廉犹粪土耳。呜呼！是三人者，皆实业家也。其诸吾党可以奋矣！

李登辉

李登辉(1872—1947),福建同安人,出生于印尼,毕业于耶鲁大学。1913—1936年担任复旦大学校长。在李登辉校长主持下,复旦公学改为复旦大学,在原来的文、理科基础上,新增商科,试办教育科。

教育之真谛[*]

　　教育之目的在乎教人应付人生之现实问题,教育二字之字义来自拉丁语源 Ex-duco 引出或启发。教育为身、心、精神三者之发展,而此三者又相互依存,任缺其一,其他二者亦难独完。三者之中,以道德或精神之发展最为重要,其是其他二者所由立之基础。人而无德,即沦为粗野之人,以其缺乏人之所以异于禽兽之高尚理想焉。

　　现代教育率多注意体育智育,而于人格教育中之主要部分即精神教育则不甚措意。此现代文化之破坏多于建设之悲惨现象之所由来。最近残酷之世界战争即造因于物质科学进步而道德与精神不完。智识之获得非即智慧之完善之谓。故受教育之人非必为有智慧之人,智识为心智之事,智慧则属良心或精神,故社会中最危险之人物非为目不识丁之莽夫,而为缺乏道德观念之受教育人士。盖此类人握有强大之武器可以害人。凡行巨骗、出卖国家者绝非无知之徒,而多系有学之士。

---

* 选自《国光英语》1946 年第 1 卷第 4 期,第 1—5 页。

于是教育乃成阻滞民族复兴之障碍物。虽然身受高等教育之学子须一律经由统一教育阶段,教育非必永为障碍焉。教育可以成为学生生活乃至民族生活中之关键,深远之道德变化可由之产生。教育可以成为家庭生活与职业生活间之桥头阵地,师生于此可通力合作,以谋应付人生之现实问题。

物质教育必须与道德及精神发展相辅而行,吾人理性、公道、正义三者之平衡始可确保,而唯此三者可以系维社会与世界于不坠。吾人需要革心尤甚于益智。革心为吾国社会与民族进步之基本条件,吾人必须履践大仁、大诚、大公、大纯四德。吾国之社会与民族复兴之机即系于斯。

使学生对是非善恶具有真知灼见,其道何由?吾人可以使学生获益之道有四。其一为教师之演讲。吾人所需之教师除稗贩智识外,须于其所授学科中,益之以若干道德教训之提示。教师必须于其学科中推演出道德原则,并以之提示其学生,每一学科自可以理智为范围。但教师必须提示学生,在理智范围之外有所谓道德感之存在,而在道德感之后有广大之上帝(上帝即本体)权能在焉。目前之教育制度局限于理智之范围,此所以学生离校涉世往往一败坠地,盖于人生真谛曾无所窥。故教师于其演讲中应使学生认识上帝,并认识上帝之即为本体。课余得暇,教师可更进一步与学生举行小组座谈或私人谈话,提供劝告,解答问题。现代教育之最缺乏者即为学校之不足以应付每一学生之个别问题。在某些国家,学校中实行荣誉制,即在考试时间,教师并不莅场监考,一任学生自行解答。此举显示教师对学生有信心,能信任。

上述三事皆有用处,但其作用究不敌教师之"身教"。学生每于有意无意之间模拟其师长之言行。此种模仿,好坏咸有之。故教育上之要图在乎教师应有感化学生,使之具有健全道德与精神之人格。学府之内,教师之雍容风度可以陶铸千百学子之生活,即使彼等于希腊文法扫数遗忘。一幽默者曾作合理之语曰:"君所言者,余未之闻也。盖君之为人,其为声也甚大。"教师对学生应负之重大责任即在服膺上帝,并确保自身之忠诚,大公无私,爱邻如己,以及洁白无瑕。

稽诸史乘,教育之最初渊源为宗教。其后教育摒弃宗教而代之以智育。教育理应成为追求本体努力之一部分,但学生离学校,对本体往往无所窥。

在现代教育上之此项缺陷,不难补救——扶助学生发展其道德感,由之而明辨是非。着手之道,在乎训练学生听从崇高智慧而不弄一己之小智。教师应教导学生服膺最高道德标准,然后学生对本体能有永恒之接触也。

我们所最需要的教育*

教育的作用是什么？我们可以从这名词的拉丁字源里，找出一个很好的回答。教育在英文里是 Education，即从拉丁的 Ex 和 Duco 产生。Ex 的意思是"从出"，Duco 的意思是"引导"，合起来便是说"引导出来"。畅言之，即是把个人原有的潜伏能力，导之使能充量发展也。所谓潜伏的能力，是包括身体、智力、社会和道德各方面的。教育的趋势，在理论上虽然是一天天注重在多方面的启发，在实际上的进步，却是非常缓滞，有时竟与这理论背道而驰。

在过去的教育设施中，尤其中国，太偏重于智育方面，以致把其他方面都忽视了。结果是，一般所谓受过教育的人，虽是智力发达很高，然而或是体质颓弱，形同病夫，或是思想空泛，不切实际，甚至于有文无行，变为腐化的官僚政客、学痞商蠹，更是自郐以下了。这种状况，在闭关自守的时期，已经是流毒社会，在今日国际竞争激烈的时代，假使一国的教育长此情形，国家自然是要落伍的。

---

* 选自《国立大学联合会月刊》1929 年第 2 卷第 7 期，第 1—6 页。

自清代以来，与外人接触日多，渐知道维新之必要，于是尽力模仿西方。但是那时只看西方物质文明之可惊，我们的模仿亦就着重在物质方面，所以那时大家都只晓得提倡"西艺"。至于西方文明之精神方面，虽是西方文明的精神精髓，却反因未受了解，而遭遗弃。我们改革的结果，只是抄袭了一些西方的皮毛，拾得一些西方的糟粕。今日的情形，尤其不幸。我们因为对于一切旧制度、旧道德、旧礼教的怀疑，把这些一股脑儿都打倒推翻，同时却又不能产生新道德的标准。一般青年所受的教育，都只有理智的片面，丝毫谈不到全人的发展。若是与西方比较起来，在西方国家，道德的训练，即使在学校未能完备，他们的家庭社会各种组织里面，尚可补救维持；而在中国，则无论学校以内，或学校以外，竟无一处与道德的训练有关。在先我们虽以精神文明自豪，鄙视外人为太重物质，而在今日，则物质与精神，两均不能如人了。

人类生活，包含德智体三元素，是缺一不可的。三者的发展，贵在平匀。忽略其一，未有不牵及其他之理。单重体育，只能造成蛮横的强力；单重智育，只能造成狡猾的自私。要养成才德兼备的人才，就非重德育不可。我们若以为单靠理智的磨练，就可令学子的志行高洁，那就大大地错了。世间最可怕的凶，不是专恃蛮力的人，而是足智多谋的人。他们逞其鬼蜮的伎俩，真可以杀人不必血刃；他们的智慧，适足以增长他们的罪恶。至于忽视体育，亦常致悲惨的结局，只需向现在学校一看，其中因体质亏损以致学成而不能用的，比比皆是，即可知轻视体育之害。我们不主张特别注意三育中任何一种，上面已说过，三育是不可偏废的，不过今日奸诈百出贪欲炽张的时代，对于德育，似不能不多加之意。①

　　近代教育的思潮,是由个人与社会对抗的观念,进而至于个人与社会调和的观念。教育的最高目的,是要把个人潜伏的心能,尽量引导,使之发展,以替社会谋福利。社会的进步,和个人的发展,是一而二,二而一的。个人中最有价值而应启发的心能,亦就是在社会上高贵的德行。这些是什么呢？我们认为最基本的有三件,就是独立、忠实和协作。

　　独立是不依赖的意思,我们给学生以种种练习,目的不是要他们把书中所载或教师所授的知识,一件件记牢,而是重在养成各自独立思考的能力。这明明是教育的一种主要目的,而往往不为一般教师所懂得。他们只愿把学生的脑子填满,便算尽其能事,实是可叹得很。我们要养成学生的独立,应明了独立不是一种单纯的德行,其中包含的心理分子很多。学生如要有独立的能力,他必须有一往直前的决心,吃苦耐劳的毅力,挨受诮骂的勇敢,百折不回的志气。但是学生中有几人够得上独立的初步,教师中又有几人能本着这个目的去教导学生呢？

　　现在的学生,大部分所做的工作,无非把教师指定的功课,很草率地略一涉猎,专为准备次日回答教师考问之用,书中精义,尚且未明,更不能说到独创的见解。至于教师,则因任课繁多,每日亦仅能把书本稍稍咀嚼,预备作为讲演的资料,亦是无暇深思。他们参考书籍,并非旁征博引,做他们学说的佐证,实则专如商贩之趸批货物,以备零售而已。假使教师希望学生能够独立,当然应从自己做起。在学校里的

---

① 按:"之"疑为"注"字之勘误。

独立，就是在社会里独立的基础。社会里的分子，能够独立，才能成进步的社会；国家里的公民，能够独立，才能有进步的国家。凡是一个教师，倘能引导学生为独立的思想者、独立的劳动者，他真可称为造福于社会了。

忠实是稳固健全的社会不可少的条件。其中心理的分子，是服从、敬重和爱心。有一句西谚说得好，要指挥别人的人，自己先得练习服从，这话确不错。我们亦可仿着这句的意思说：凡不能敬重别人的人，亦不会受别人的敬重。为办事上的效率起见，牺牲己见，一唯上级人员之命令是从，是有价值的服从；把别人的人格看得如同自己的人格一般应当维护，是有价值的敬重；把别人的幸福看得如同自己的幸福一般重要，是可宝贵的爱心。三者都是化小我于大我之中，便都是忠实的本质。

无论在一个什么机关，或学校里，倘要进行顺利，忠实是非常重要的。教师能得学生对他忠实，他的贡献才能宏大。反之，若是一个学校里面，由于师生间的关系太机械，于是从生疏而冷淡，从冷淡而隔阂，从隔阂而猜疑，从猜疑而种种不忠实之现象起，而至于决裂破坏了。教师应知除了知识传授以外，对于学生性情之陶冶，应当负大部责任。要造成忠实的学生，先就该做忠实的教员。

协作的观念，在教育学说里，还很新。这观念由于解决经济界里的劳资冲突而起，现在一切社会生活里，都有它的应用了。协作的利益是节省劳力，增进生产，集合力量。在学校里练习协作，最好的地方，自然是运动场。在各种球戏竞赛的时候，每组的球员，都要和谐地一致前进，各人有各人应尽的职务，各人应各尽他的能力，非但不能懈力，且亦不可争功。协作是要有同情和牺牲的精神，专以公益为重的。

所以运动除去锻炼体魄之外，还有它特殊的功用。

假使把今日的中国社会，解剖了看一看，恐怕最缺乏的就是协作的精神。无论大小团体，其中分子，总是各执一端，争执不下，从不晓得团体的利益应置在任何个人利益之上。因为社会中有这种缺点，更要在学校注重协作的训练。

德育的重要，可说是无可疑义的了。德育的设施，是绝不容缓的。假使教育事业要对现在和将来的社会有所贡献，不当仅注重物质的进步，而更当注重道德的进步。

现在大家既以我国旧有道德为陈腐，把它推倒，又复轻视西方的精神文明，不肯吸取，岂不是陷于绝境吗？假使我们不管它是新的，或是旧的，是东方的，或是西方的，只要择其善者取之，其不善者去之，集东西之精英，陶铸于一炉，造出更高一等的精神文明。这不是我们大家所应当共同努力的途径吗？

适应新环境的新教育*

我与教育界发生关系,迄今已四十余年。在此长时期中,历任大中小学教职,得目睹中国教育之滋长与发展,深以为幸。

自民国成立以来,在教育方面,力谋训练良好公民的责任,乃舍旧取新,积极推行现代教育制度。

三十年来,其显明之发展有二:

(一)现代教育之发展,由高级学校进为完全大学,由高等学程进为专门科学。

(二)发展体育,增进运动兴趣,因之强健学生体格,此我们在今日现代学校中所见到的。

此两种发展之目的,即欲以智体两育之训练,作为良好公民之基础。如谚语云:"健康精神,必寓于健康身体。"然则根据此二原则之现代教育,曾否实现如吾人所希望者耶!三十年来之试验结果如何?社会情形有否改善?政府各机关中贪官污吏有否减少?诚实廉洁之官

---

* 选自《国光英语》1946年第2卷第1期,第1—7页。

吏有否增多？贫民之景况有否改良？

三十年来，虽青年学子毕业学校，步入社会者为数甚多，而留学生出洋深造，习得专门智慧归国者，亦属不少；但其中除极少数人外，大多之受教育者，徒浪费金钱，谋一己之肥，而有时且以牺牲国家人民之利益换得之。

我国朝野，鉴于道德修养不能单由智育之发展而来，曾在各校设道德课程，培植学生优良之品格。但此种改革，不无困难，盖能担任此种重要职务之教员，不易觅得。道德教育不能与文法地理等课程对待智力者相提并论。教员之资格尤属重要，若教员内心诚挚真实，足为学生模范，则教导学生，满怀热情，富于灵感，潜移默化，庶可有助于学生道德之发展。

数年以前，我校中有一道德课程之教员，众意彼能担任此职。某日，我偶赴一饭店，见此教员与一妓女同坐。彼知为我所睹，不免赧然。实则此并非罕见之，事在教育界中迭有所闻。即如教员在晚上不准备明日功课，而遨游舞场或邀友赌博者，亦不乏其人。此种伪善之教员仅能造成伪善之学生！

我身为人师，理应在学生中以身作则，纪律严正，不跳舞，不吸烟，不赌博。学生违反此项规约者受罚，尤以舞赌两者为甚。我从不跳舞，但以前曾任意吸烟赌博，我于其时，岂亦曾念及与彼为同犯校章者乎？

后受上帝之灵，良心觉悟，深感本身有过，不能苛责他人。我自为法利赛人之俦。记得耶稣对法利赛人说："你们中间谁是没有罪的，谁就可以先拿石头打他。"如我不先训练自己，则无力训练他人。我乃痛改前非，弃绝烟赌。至今我能管教他人，大有效力。

自我加入新精神动员之重整道德运动以后，深知社会与国家情形之改善，其初步须由个人做起。目前社会上国际间之混乱，无非因组成社会及国际之个人本身自私自利之故，自私自利心为破坏性之社会力量的泉源。吾人违背博施圣训，侵占妄取，唯利是图，而其结果，使人生不能与有生气之加利利海清流相同，而与只进不出之死海中死水无异。

十年以前，我生命犹同死海，"受"多于"施"，"进"多于"出"，此实因自己认为个人高于一切，故凡有所为，辄唯个人之利益是图。

当我开办大学之始，服务精神并不能如为个人竞争心之同样热烈，我希望该校能成为全国最佳之学校，则我个人之荣誉地位同时并进。

此实为一错误之原则，非立足于磐石，仅奠基于沙土，我后深知之。我今发觉生命最大之成功，即为获得公忠无私、舍己爱人之最高理想。

我如何能得此理想？我不能以个人之努力奋斗得之，盖人天生自私也。我曾试以自我意志，以达无私，但屡试屡败，盖前之所作所为，自认无私者，实则不免于私，因存希望酬报之心也。

抑又有进者，今日混乱之世界，其所有之困难——乃人与人间，国与国间，互相仇恨，互相竞争，互相猜忌，全因缺少无私精神，贪得无厌，不互相施给于人之故。

吾人需要家庭、社会、国家、世界之真实和平乎？真实和平之种子在于你我内心。真实和平之种子，亦即为吾人日常生活之四绝对标准——忠诚、纯洁、无私、博爱。

李登辉致毕业学生词

成功的意义①

　　成功的企求,是人们常态生活过程中的原动力。趋向于成功的努力,可说是与理智同时发端。

　　这种企求,在儿童玩游戏、学习、争闹当中,已经有了表现。儿童的竞争效胜,无非为要得成功。人类原是有"自存"的天然倾向的,这便是努力于成功的基础。及乎想象的能力愈加丰满,人生的活动愈加复杂,成功的愿望也就愈成为一切生活的重心。尤其是行将离校的大学青年,在他们投身社会的前夕,精力充富,朝气盎然,正如新发于硎的刀剑,急于一试其锋。瞻望前途,更急于求得其种种理想之实现。

　　成功,谁不愿意?但是怎样才能成功?多数的人们,只怕都想不劳而获,坐享其成。最好是请命运之神,把胜利送给我们作为礼品。

---

① 1930年李登辉复旦大学毕业典礼训词。

于是就有无知的男妇，祈仙媚佛，妄作非分之求，而人与人之间的阿谀逢迎，亦无非当作成功的捷径。

成功的结果，固属可喜；成功的手段，却须慎重。这一点可说是关乎世道人心。假如只顾目的，不择手段，充其至极，必至于奸诈百出，唯利是图，道德沦亡，指日可待。其恶影响及于国家社会，惨毒尤不忍言。就在今日的中国，有许多号称革命领袖的人物，怕只是投机成功的专家！

真正的成功，只有智勇兼备，不折不挠的人，才能达到。愈是障碍重重，愈是艰苦卓绝。正如古人所言，"天将降大任于斯人也，必先苦其心志，劳其筋骨，饿其体肤，空乏其身，行拂乱其所为，所以动心忍性，增益其所不能"，又说"生于忧患，死于安乐"。侥幸成功，虽非绝对不可能，然而无论在个人，在社会，绝对不能有所福利。反之，饱经挫折的成功，非但增强个人的自信，而且造福于人类，或是精神的创作，或是物质的设施，都足以垂之久远。

在许多所谓的成功当中，只有一种成功，真有它的价值。这就是以牺牲、博爱换得的成功。这样的成功，才是万世不朽；这样的成功，可与日月争光。古今中外的贤哲，远如基督、孔子、释迦，近如华盛顿、林肯、孙中山、甘地，以及其他宗教、政治、艺术、文学的山斗，谁不是丢开了自己私人的成功，而肆力于大众的成功？唯其能忘却小我，致力大我，所以才能受万流景仰，百世师宗。

本届毕业诸君，离校在迩，其期望成功之切，自无待言。我对于诸君的前途，亦抱有无限的希望。我向诸君要进的一言，就是向着光明的大道，努力前驱。目前的得失可以置之不计，而民众的福利应作永久不移的目标。如是则最后的成功可操左券，那却是非图个人的光荣而已了。

牺牲与服务①

国家之需要人才,无如今日之殷切者。诸生于如此困难情形之下,终完成其学业,为他日服务国家之准备,此其欣幸,应较在平时之毕业为更大。

教育对于吾人功用大于一切,此一问题,今日较任何时代为显著。诸生今后如能发挥牺牲与服务之精神,以爱护其国家,则教育才不负于诸生,而亦不负于社会。诸生若仅知借教育以达其享乐之目的,则教育不啻已告失败。

今日诸生步出复旦之门,终生将留有复旦之符号。诸生与复旦之此种关系,将永继续。诸生一生中如有成就,复旦将蒙其光荣。若有挫折,则亦牵累复旦,同受其害。须知造就学生者为学校,而造就学校者则其学生也。

诸生当切记复旦之精神为牺牲与服务,出校以后务须发挥复旦之此种精神。尤要者为人须问心无愧,须如莎士比亚所云:"对己忠实,则黑暗中自有白昼,对于一切,不可欺罔。"

不诱于外物,方成其才②

语云:"今日之学生,乃明日之领袖。"是故无论在政治上、实业上、商业上,或教育意义上,学生将为未来之领导者。若然,则国家民族之前途,均唯尔等是赖。胥知国家之伟大及其繁荣,均视乎具有权威者及负责任者之品性如何而定,设国家之领导人物,道德高尚,诚实而不

---

① 1943年李登辉为复旦大学毕业纪念刊所作序言。
② 1944年李登辉诰复旦附中三三级商科毕业同学。

自私,并富有真爱国心,则国家蒙其利,而人民被其福;反之,设国家之领导人物,为腐败而自私者,贪得无厌,只知个人之利禄,而忽视国家与人民之福利,则此民族必日即于衰弱,而人民受其殃矣。

今日中国之贫困,由于曩昔在位者之目光短浅,腐败成习,此固尽人皆知者也;盖彼等常贪不义之财,蔑视大公无我之义,遂致国家日趋衰弱。语云:"物必自腐而后虫生之。"凡国家之危亡,其祸机恒由于自召也。

夫集个人而成家,集家而成国,然则国民者,诚立国之基本原子也。是以欲建设一强有力之国家,必先建立国民之道德性。先哲有言曰:"欲治其国者,先齐其家;欲齐其家者,先修其身。"信哉斯言。

常人以为仅凭智育,即足以成为一贤明之领袖,此种见解,实为谬误。盖仅具有广泛之知识,而无道德上之修养为之辅,其为用,或匪特无益而反有害。

今诸生在中学毕业以后,有将继续求学于大学,为将来服务社会之准备者,亦有现时即需就业者。但无论求学抑就业,吾信尔等,必将随时遭遇不良环境之引诱,如在教室中时,惑于多得分数,致不惜造成虚伪之成绩,做欺骗教师之行为;在就业后,或运用违法及不正当之手段,以满足其个人之私欲而逞其野心,是皆所谓诱于外物者也。

尔等现正徘徊于歧途,如对于不良之环境,能奋斗抵御,不为诱惑,则将来可成为一有用之人才,而生活于光荣及幸福之中;如为不良环境所诱惑,所屈服,则将成为一失败者,而生活于耻辱及苦痛之中。

尔等固均赋有成为未来领导者之特权,故家庭、社会、国家对尔等之期望甚殷,而尔等对于家庭、社会、国家之责任亦綦重,尔等应如何不使之失望,慎哉其各勉旃。

颜福庆

颜福庆(1882—1970),上海人。医学教育家、预防医学家。1904 年毕业于圣约翰大学医学院。1909 年毕业于耶鲁大学医学院,获医学博士学位。1927 年创建上海医学院并任院长至 1938 年。1949 年 7 月起一直担任上海第一医学院副院长。

中国医学教育的过去与未来*

  今年9月,是彼得·伯驾创建广东医院一百周年。伯驾是耶鲁毕业生,以一名传教士的身份来到中国。他的到来,标志着现代医学开始传入中国,至今已经整整一个世纪。在现代医学入华的最初四分之三世纪,医学教育和医学服务只是私人的事业,主要由各个在华医学传道团承担。他们应有的功绩必须得到承认和正确的评价。他们帮助中国奠定了现代医学的基础,长期以来一直在推动这项事业。事实上,直到今天,传教士和其他外国人办的医学院校和医院仍然在中国占据着重要的位置。

  我们高兴地看到,中国政府已经认识到管理医学事业的责任,为医学教育设计了一个全国性的方案。政府对医学教育的兴趣,首先表现在1933年5月颁布的一个官方文件中,文件敦促有条件的大学和

---

 * 本文原为英文,发表于《中华医学杂志》1935年第9期。颜福庆当时的身份是中华医学会医学教育委员会主席。本文由钱益民译成中文,收入钱益民、颜志渊著《颜福庆传》(复旦大学出版社,2007年)。

学院设立医学院。现在全国共有四个国立医学院，在政府的鼓励和支持下，他们取得了快速的进步。在本卷《中华医学杂志》出版以前，第五所国立医学院，即中央大学医学院即将开办。事实上，教育部计划在中部、西部、西北部等区域建立国立的医学院，每个省至少要建一所医学院。因为缺少资金，加上更为匮乏的合格的医务人员，阻碍了新的医学院的建立。对医学教育进展缓慢考虑最多的是教育部。为了满足迫切需要，教育部采取了补救措施，去年补助各私立大学，今年继续补助，按比例把相当一大笔补助费用于合格的医学院校。

近几年，为了早日实现其医学教育计划，教育部已经采取了一些重要步骤。在中国政府邀请下，1929年国际联盟派诺德·费伯（Knud Faber）来华，调查中国医学教育，并提出了一个报告。费伯报告和建议最大的成效是，极大地刺激了中国医学教育家的兴趣，使他们严肃地思考和计划。费伯报告的直接结果是，1933年教育部任命了一个医学教育委员会。委员会的几名中国医学教育家感到，必须坐到一起，组织起来，深入地讨论和思考医学教育问题。

今年6月，教育部颁布了一个医学课程标准，这是医学教育委员会要处理的一件困难而细致的工作。只要粗略观察中国的医学教育，人们就会发现，国内各式各样的医学院校都有，如此参差不齐的医学教育，在其他任何国家都是不允许的，因此任何一种医学课程标准，在实施中都会受到阻碍。课程标准的草案只是临时性的，肯定不完善，目标是给中国的医学教育提供一个标准，使现有的医学院达到所需的标准。课程标准开列的课程和设备，对教师和教育行政人员都是有参考价值的。强调医学中预防医学的一面，把社会学、心理学之类的课程纳入课程表，是为了培养更好的医生，因为未来的医学必须是治疗、预防和社会关系三者的结合,未来的医生必须掌握这些知识。医学教育委员会又设立护士教育、助产教育两个分支委员会,委员会的范围因此更加拓展。明年计划实施毕业后培训工作,并且把医学课本翻译成中文。在医学教育委员会的指导下,教育部已经任命了一名专职的执行秘书,以实现教育部的这些设想。

毕业后继续教育(Post-graduate teaching)在几个医学中心已经开始进行,或者叫"进修课程"(Refresher courses)或"医学毕业生实践课程"(Practical courses for graduates of medicine)可能更恰当。南京的中央医院就是其中之一,毕业生可以在内科、外科、妇科和产科、公共卫生轮转实习二年,对于本科教育中训练不够的毕业生,证明是有益的。卫生署在南京举行的健康教育进修课程,是毕业后继续教育领域另一个非常重要的进展。在北京,北京协和医学院多年来一直提供阶段性的医学各专科的进修。去年共有150人接受了这些培训。在上海,中华医学会与几个医学院和研究机构合作,为医学毕业生提供进修的机会。去年已经提供了五门进修课程,共有一百名毕业生报名参加进修。

另一个显著的特征,是与实验性的医学院相结合。迄今为止,中国所有的医学院还是沿袭传统的模式,许多医学院直接模仿外国的医学院,没有考虑中国的经济和社会条件以及中国特殊的需要。在实验医学院进行试验性教学,使未来的医生无论在心理上和专业上都能适合国人之需要,这是必需的。

从彼得·伯驾入华开始,医学教育家就开始了上述探索。医学教育最早是外国传教士开始的,接着有博医会之类的组织接手开展医学教育。中国人认识到自己应该在医学教育领域占有一席之地,那是后来的事情,但是毕竟已经提出来了。1932年,中华医学会与博医会合并,统称中华医学会,它不分国籍,把国内所有医务工作者团结起来。它下属的医学教育委员会、公共卫生委员会、出版委员会、学术委员会已经积极倡导并推动了医学教育。中华医学会的贡献显著,意义深远,但是它只是私人的组织,只能施加道义上的影响而缺乏强制力。令人欣慰的是,我们的政府已经承担起这个责任,正在以各种方式尽力推动医学教育。中外私人团体不仅应该与政府的政策一致,而且应该利用各自的影响来支持政府。

中国无疑急需更多的医生。大城市需要医生,内地和农村就更需要医生。我们需要愿意生活在农村、过乡村百姓同样的生活,并且甘愿领取贫穷农民能支付得起的报酬的医生。我们需要现有的医学院招收更多的学生。各地都在呼吁要创办更多医学院,但是除非我们能给予学生足够的训练,否则我们只能背上"江湖医生"、冒牌医生的骂名。我们需要更多的医学院,但是除非我们拥有合格的并且乐于医学教育的教师,否则我们只能延误而不是加速中国现代医学的进步。这一点,我们希望政府给予慎重的考虑。

中国医事事业之前途

本篇拟陈述近代医学自前世纪传入中国后之全部情形。吾人已熟知在此时代中，中国医学之进步，多由外籍教会医师先奠基础，继做长期之服务。此颇给吾人以特殊辅助。然前途之预测较难，因缺乏正确之论据也。

吾人所共承认者，即科学的医学在吾国已根深蒂固，此已立之根基行将发展为一国之医业系统。至人才之迫切需要，以应现存工作及新事业发轫之用，则又为显著之征兆。

为应此项迫切之要求，政府现已核准私立医校注册，并加办新医校，以求毕业生之加多。在此情形下，吾人应取如何之方针，实属疑难。一方面有此项需要，但另一方面，经济与设备之限制，又不能令固有之学校担负此较大之责任。即经济不成问题，而教师之缺乏，亦足以使新设之医校仍不能供此大量之要求。且用不良之人才，增办医校，则将使医界中徒增多数之庸医及商业化之医师，而医事之标准无从提高。结果，中国医药之进步加速或延迟，殊成问题。按照各国情形，倘训练不良之医师，一旦许之加入医界行医，则取缔庸医及商业化医药之工作，将更难着手。

在经济及人才可能范围内，建设新医校，实为一较妥善之法。此点凡从事于医学者，莫不赞同。据此，吾人深觉较优之医学专门学校，应作医学师范学校用，且宜注重教师之养成；待有充足之师资可用，然后新设之医校即可开办。就此信条，教育部医学教育委员会本年度已为志愿准备做先修科及临诊科之教师者备有津贴额。现已由政府选定数校，从事此项训练。

有人以为未卒业之医学生训练，应减少课程，并注重实际，俾时间减少，然不得超过标准之外。其可能之计划，即在未卒业学生课程中，将必修课程减少，愿做专家者，可于大学毕业后研究之。

最重要之问题，在准备一合于中国特殊需用之医学实习组织。第一，此项组织，应大众化。不论贫富，村居或城居，均能平等沾益。第二，国人经济能力低微，一切医治之需均应经济化。又预防疾病较之医治疾病，轻而易举，故预防工作应尽量扩大。第三，吾人应就目下有数之医师创办一能使人人做服务之医治组织。倘公共行医较私人行医能少耗医师之时间及精力，则公共行医为吾人所需。换言之，在人民经济落后，及可用之医师数目离公认标准尚远之吾国，为应全国所需起见，公医制岂非唯一合理之解除困难方法乎？吾人深觉公医制之采用，非出于选择，实因迫于需要；非属暂时之便宜，实为永久之设备。职是之故，中国卫生署发表下列数语，为全国医药之方针：公医为吾国民众医事最有效力之方法。为欲使公医达到保护社会安全之目的，则组织公共医事卫生事业，乃所必需。在一万至五万人口之中，须设立一乡卫生区，从事较简单之医事卫生工作；而在此种卫生区五区十区以上，应设立一县卫生院，从事基本之医事卫生工作。在每县之中，应有一卫生事业中心区。其中包括医院一所,简单实验室一所,及医事事业行政处一所,管理公医及卫生事业。依此,每省亦须设立范围较大之卫生事业中心,从事监督与辅助各县卫生事业中心之工作,并做下属各县之各种卫生工作。除上述各种地方组织外,应设立一全国卫生行政机关,以组织及监督全国各处卫生事业。在此种设施之下,能合理地,且有效地,使人人俱受卫生利益。欲求此项政策之实现,全国国内所有之合格医师及卫生机关,应充分利用,并须依照上述政策为工作之目标。最近从事社会复兴事业者,恒觉近十年来,吾国各种社会复兴建设偏重于某单位之实施,而未能注重同等之发展。然在医事,吾人决不能缺乏各方分头并进之发展。

吾人确认公医制度之欲成功,泰半须赖省卫生行政之有力组织与机能;在每省省会所在处,应设一省立医学专门学校。兹列表如下:

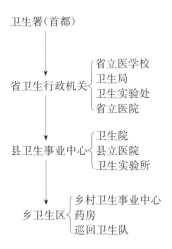

医学校之组织,应注意各项工作人员之养成,以应必需。省立医学校须担负此项工作之大部。其课程应时加改进,其范围应扩大。除

训练医生外,还包括卫生事业职员、护士、助产士、药师,以及各种技士之训练。至实际方面之训练,除泰半由省立医校及卫生实验处酌办外,乡县各区亦应酌办之。吾人当此医学课程标准尚未确立之时,宜先定目标,循序渐进。此种训练将包括于下列四项中:

(一)理论医学,包括先修及基本各科。

(二)应用医学,包括临床及药房之临诊教学与实习,并规定驻院实习时期。

(三)社会医学,包括防疫、公共卫生、社会学、心理学,并规定公共卫生职员之见习期间。

(四)技术人员之训练,如护士、助产士、药师及技士等。此种学校之组织,可借下表表示之:

校长
1. 理论医学教务主任
   a. 先修各科
   b. 基本各科
2. 应用医学教务主任
   a. 内科
   b. 外科
   c. 妇产科
   d. 专修科
3. 社会医学教务主任
   a. 防疫科
   b. 公共卫生科
   c. 社会学及心理学
4. 技术部主任
   a. 看护学
   b. 接产学
   c. 药剂学
   d. 临床实验学

吾人以为此项学校之学生应全体免费。但在毕业以后,至少须在一定期限内,在政府所立医事事业机关中服务。如有违犯此条例者,则追偿其全部训练所需费用。

组织此种医校之计划,已由医学教育委员专家、中央卫生署职员,及教育部医学教育委员会等讨论多次,原则上已得普通之赞同。然地点、经费及技术人员等问题,则仍在研讨中。吾人深觉此项学校之设立,殊为优越,若能成功,则给予中国医学界之贡献,诚匪浅鲜矣。

上述形势之解析倘属正确,则吾人可试作前途之预测。吾人能据理深信者,则科学的医学将从此根深蒂固,替代旧医。政府现已决心实行造福全民之全国医事方案,但因国人生活之低微,国家供给医事费用之有限,及工作人员之缺乏,故任何为大众之医事企图,应力求经费及人才之节省。以此,公医制似为应上述需要之唯一制度。此种制度,在迟缓发展进程中,当可实现——由私人开业,至团体组织上之医业,以达公医制。此种制度之采用,非由吾人所择取,乃情形及需要所迫成。政府为公医制所宣布之政策,其能加速国家为人民医事之服务,当无疑问。因此,为欲造就实行公医制之人员,遂不得已使医学校加增。结果,现有之医学校应改正其课程及教学方法,使相适应。

吾人在此民族复兴时会居于国内,应与时俱进,应注意社会进行之趋向,应做充分之考虑,且应勇猛精进,以求贯彻。

现代医学教育的趋势*

诸位：

　　这个题目很大，我不能在短时间讲完，所以只得大约地讲。

　　中国有科学化的医学，历史很短。最近几年中，才有发展的气象。医学教育，也渐渐地愈加需要。现在的趋势，当然在研究最完美的医学教育。

　　第一个趋势，是减少医科年限。现在的医科大学制度，大概须高中毕业后，再修三年医预科，四年医正科，及一年的医院实习，加起来一共要八年才得毕业。还要经长久的练习，才可以称一个十全的医师。这时间似乎太长。现在有许多专家，许多医学教育机关，都认为目前的要务，是讨论有否减少年限的可能。不久将有相当的改良。

＊ 1931 年 3 月 6 日晚 7 时，颜福庆应上海沪江大学医预学会之邀前去演讲。这篇是演讲记录稿，由顾学箕整理，发表于 1931 年 3 月 16 日的《民国日报》。顾学箕当时是一名高中生，受颜福庆演讲的影响，考取了 1932 年上海医学院首届六年制的新制学生，毕业也终身从事预防医学事业。

第二是培植服务公众的医生。现在中国的科学医生很少，而且大都是私人设了诊所，替人视[诊]疗。医院的设备，工场医生，及公共的卫生机关极少。所以现在的目的，要培植能为公众服务的人，理由有下列三个：

（一）私家医生，诊金太贵，只有富人独享的权利，平民轮不到的。

（二）私家诊所，没有病房收容不能出门的病人。而一个医生出诊，至多每天可以看二三十人。若然在医院里有了病房，每个医生每天可以看到一百多个病人。中国医生太少。关于这事，有下列统计：美国800人中有医生1人，英国1400人中有医生1人，法国1600人中有医生1人，德国1500人中有医生1人，俄国2800人中有医生1人，中国18000人中有医生1人。以这样少的医生人数，还是这样地不经济，若然科学医学全国都发达了，一定不够应付的。所以目前要设公共医院，多培植公众医生，才可应付。

（三）科学医学的诊断，不是看了舌苔，把了脉息，就了事，一定要应用种种器具。X光等等的仪器，不是个人能办的。所以只有在公共的医院，办了一副，许多人可以用。

有上面三个理由，现在的趋势，不是着重在私家的医生，而在造成能为公共服务的医生。外国的公共医生很多。我还有一个统计可以参考：美国的公共医生占全数医生的百分之五十，日本占全数的百分之二十六，英国占全数的百分之五十，德国占全数的百分之七十五，俄国占全数的百分之九十五。以上看来，日本的公家医生最少。中国没有统计，但照现在情形而论，一定比日本还少哩！

第三个趋势是注重在预防医学。一个人生了病，总有很大的损失，时间金钱最是显例。若然没有生病以前，就设法预防，不致生出病来,也省许多麻烦了。所以治疗固然很要紧,预防更要紧。现在的医学教育,就在这三点上着想发展。

末了我还想同诸位谈谈学医的目的,及选择医校的标准。

学医的目的,有许多人以为能多赚钱,我想他跑错路了。因为做一个真实的医生,是赚不动许多钱的;除非用不正当的方法,当然例外。要赚钱,还是学别的,比较可以多赚些钱。若然有人因为喜欢科学而学医,那我想也不是最好的目的:因为科学不是全能福人的,而医生是福人的职业。也许一个人懂了医道,做许多害人的事。若然有人拿服务人类,为公众利益为目的去学医,这才是最好的。取这种目的的人,才是人类的服务者。

学医须费这很久的时期,而又是这样地困难,可是也有别人所没有的利益。目前中国科学医生极少,而又很是需要。所以医界中绝无人满之患,将来有很多发展机会,为别种事业所不及。做了工程师,不好自己去造铁路;做了商人,不好自己去开大公司,一定得许多人的帮助才可以。医生的生活是独立的,不需大的资本,而可谋许多人的幸福。还有,医生的地位,最受人感激,受人爱护,精神上的愉快一定多的。

最后,就是关系选择医校的标准。最要紧的就是看看该校的性质,是否营业为目的,是否真正地培植医学人才。第二要看看该校设备怎样,因为学医不是靠了专门听讲,或是看教授的试验就可以的。学校没有充分的设备,学生也得不到充分的实验。第三就是考察该校的经费如何。这同上面一条相连的,没有经费,当然没有好的设备,也没有好的专家教授。这等学校,学生不会得着好处的。

上面不过拉杂地同诸位谈谈,希望以后再有机会同诸位讨论讨论。

医家之责任 *

谚云：药到病除。《易》曰：喜占勿药。是吾人心理，莫不以开方施药为医者独一无二之天职，亦为治病独一无二之法门。虽然其所谓医乃畴昔之医，非吾今日之所谓医也。医者之事务甚繁，治病仅其一端。病症之种类甚夥，药物何能百效。因药而痊者，为病无多。无药可医者，不知凡几。是以今日之医学家，当以我所知，力谋普及，防病于未然，不仅在治疗于已病。西谚有言曰：一两之预防，胜于一磅之医治。岂欺我哉。但预防之道，责任艰巨，非一手一足之劳，非一镇一邑之事。是在医界同人，合群策群力，以活人济世为前提，或著书，或立说，诠真理于报章，写实事于图画。在工厂者，播其道于工厂。在学校者，播其道于学校。在家庭社会者，播其道于家庭社会。分道扬镳，殊途同归。务使医学之精神，贯注全国。医者之责任，不綦重哉。兹将人类健康生存之法，举其荦荦大者，与诸君一商榷之。

一、注重于血统。凡人之精神体质，一恃未生以前之状况。换言

＊ 选自《中华医学杂志》1916 年第 3 期。

之,即半由天赋,半属人为。生而体质健全,精神活泼者,虽功名富贵,蔑以加焉。生而精神愚钝,体质虚弱者,出而与人类竞生存。自早为强有力者所淘汰。诸君疑吾言乎?试例诸植物。上海素以产桃著名,而今何如,非瘦小即虫蚀。而东邻日本,能顺其天而适其性,择其种而别其类,其桃硕茂,早实以蕃,且无虫伤蛀啮,无他,取种有良窳,培养灌溉,得其法与不得其法而已。再例诸动物。夫欲其马有千里之能,取种必良饲。赛马家罔不知之,驽骀下乘,奚可比拟。盖种有良窳,饲养有当与不当。物尤如此,而况人类乎?其显而易见者,姑不具论,即耳不闻目不见之良知良能、邪行秽德,亦莫不可由父传子,由子传孙。诸君亦知著名鸠克族乎?七十五年中,有子孙一千二百人。一千二百人中,有五百五十七人做不道德不名誉之事者。而此五百五十七人中,三百一十人为穷苦颠连者,五十人为娼妓者,七人为谋杀犯,六十人为盗贼者,一百三十人为普通罪犯。噫!此五百五十七人,岂非人类之蟊贼,社会之障碍,国家立法庭以裁判之,造监狱以拘禁之,设医院以医治之,立种种慈善专以饮之食之衣服之。所需经费,不下百三十万。故刑伤过犯,娼妓盗贼,在某国禁止结婚,盖恐谬种流传,愈趋愈下也。诸君亦知达尔文一家乎?四世有大格致家六人。由是以观,血统关系于人类之进化,至巨且大。而吾人父母,见不及此。于子孙婚嫁事,沾沾于家资之厚薄,门阀之高低,势力之大小。至体质良否,道德高否,皆计所不及,心所不辨。疾病中有痴癫也,神经性也,配泼拉(Purpura)也,杨梅毒也,皆遗传症也。数者之中,尤以杨梅毒为最,虽七世尚不能免焉,子孙何辜,罹此恶疾。苟吾人洞悉弊害,思患预防,何以至此。医界同胞,其速奋起,唤醒国人。

二、注重卫生血统之紧要,已详言之矣。但血统关系,远及子孙。

而现在卫生，直及于自己。卫生分两种，公众卫生及个人卫生。公众卫生，乃市政之事也；个人卫生，乃家庭及个人之事也。二者互相提携，互相联络，方有相因相成之妙。所贵于有政府者，不在朝下一令，夕设一法，使人民罔敢作奸犯科。即为已足，必也防疫疠，拯疾苦，使人民各遂其生，各得其所。苟政府昧于此义，一听人民之自为，无论百姓如何开通，社会如何进化，卫生事业，终成画饼。苟人民不明其紧要，不悉其利害，虽绳之以法，齐之以刑，亦未有能济者。追忆数年前，此间颁布卫生条例，人民大哗，群起反抗。自卫生处设立以来，欧西智识，逐渐灌输。而防蚊、防蝇、防疫诸要政，亦逐渐推行有效。向之有病隐匿而不敢报者，今则报之唯恐不早；向之抱病宁受罚宁致死而不来医院者，今则来之唯恐或迟。是可见市政提倡之力，亦可见人们步趋之诚。上有行焉，下必效也，二者并行而不相悖。然其所以人民明与此义而率由之者，其责任舍吾医界其谁属。卫生二字，在今日已成为普通名词。药水号卫生，衣服称卫生。叩其真义，知之者寥寥也。夫公众卫生，期其普及。及个人卫生，宜更认真。设公众无自来水之设备，则饮料必滤之蒸之或沸之而后饮。设公众无食物检查处之设备，则沽酒市脯，宜懔孔子勿食之义。蚊虻蝇虫，病毒之媒介也。公众不清洁，滋生必繁。则休榻必用帐，食物必用罩，慎以防之。秽水横流，垃圾堆积，公众无人清理而粪除之，则用药水以消其毒，灭其臭味，勤以治之。防天花则种牛痘，防伤寒则慎饮食。凡若此者，皆表明公众卫生缺乏之处。个人卫生，不可忽也。第知之非艰，行之维艰。是在得卫生之要旨，非图窃卫生之美名。空气必求其清洁，食物必求其精良，起居必求其有时，休息必求其有制。空气与饮食，尤为切要中之切要，特申言之。

（一）空气。人需空气，如鱼需水，得之则生，弗得则死。吾人日处天壤间，习焉不察。而空气之重要与价值，漠然忘之，淡焉置之。其所以然者，因空气非如饮食也。无饮食则饥，欲充饥必购食物，而空气不必购。空气又非如衣服也。无衣服则寒，欲御寒必购衣服，而空气不必购。人生世上数十年耳，每日工作数时，睡卧数时，休息数时。工作时休息时清气固在所必需，而睡卧时清气又何可稍缺。卧榻之侧，窗户洞开。浊气外流，清气内入。既清血脉，又沁肺腑，为益于身。有非言喻，或曰夜静开窗，冷气侵入，得无受寒乎？是未得清气之益，先受冷气之害。乌乎可？对曰：非也。君不见患痨症者乎？虽至病体支离，瘦不盈把。苟日夜无间，饱受清气；未尝不可转危为安，况无病苦者耶！益以清气，其身体之发达可想而知。

（二）食物。鱼馁不食，肉败不食，不时水果不食。人皆知之，无待烦言。但烹调之术，正自有说。油多则濡而不芳，糖多则腻而不爽。太浓太淡，不适于味。过酸过咸，有伤消化。海参燕窝，补品也。鸡鸭鱼豚，美味也。苟食之过多，徒见其害。吾人每一宴会，佳肴罗列，美馔纷陈，孰有不嗜焉者？苟不惯此，亦徒见其害。矧中国食法之腐败，尤为世界各国所诟病。无论三人一席，五人一席，匙耶箸耶，往来于公用之碗，涎唾与食物混合，病根即由是隐伏。至往来酬酢，尤多习染欧风，雪茄烟、白兰地、维司街，视为最不可少之品。甚者或谓白兰地、维司街可以止吐泻，可以止腹痛，可以治伤风咳嗽，可以转衰弱为强健。殊不知暂时提神，而最后乃乱我神经，损我元气，搅乱我呼吸排泄机关，加害我至实且贵之白血轮。尤可惧者，茶楼酒肆，戏馆会场，以及其他公共聚集之所，手巾公之，碗箸公之，烟管公之。而各项病症，如肺痨，如杨梅，如白浊，亦得以因其媒介而公之。夫十五岁至三十五岁,乃吾人大有为之时也,亦痨症最易侵之时也,以极危险之症,生于大有为之时,人类不幸,有甚于此者乎?杨梅为患,非独及于自身,且及于家人朋友,且及于子孙后世。是以父或母患杨梅毒者,其子女有未生即死者,有生未数日数月或数年而死者。有虽不死,而五官不备,百体不完,终成为世界之废物者。白浊症最普通,为人所最不注意,故其为害,又为人所不及料。婴孩生而即盲者,妇女不孕者,多由于此。以上所述,乃健康生存之大略也。是在医者将卫生条例,教育吾民。苟吾人明知之而故犯之,轻则生病,重则致死。所谓自作孽,不可活也。苟因道理不明,智识浅陋致罹于疾,吾医界不能逃其责也。

医者对于社会,固有应尽之天职。即对于医业,亦当担保护之责任。现值西医信用未坚、名誉未盛之际,宜如何各出所学,无诈无欺,以保权利、保声望为前提。况今日中国西医,所供远不适所求。凡托名西医者,乘此时机,以伪乱真,以紫夺朱,以皇皇告白,任意鼓吹,曰某也介绍,某也推荐。凡可以售其欺者,无所不用其极。迹其居心,无非私己,遑问病人,无非金钱,遑恤人道。于是而同胞无噍类矣,于是而西医之信用扫地矣,于是而为世界各国医家所窃笑矣。言念及此,可不寒心乎!医界同人,焉能袖手。一方面当忠告吾民,发其奸而摘其隐,一方面向政府请愿,设法以监督之,取缔之。庶无医生资格者,不敢施其技于光天化日之下也。吁!医界不祥,奸医作孽。而孰知登录商标药品,为害于我医界者,实有过之无不及也。此种药品,随时皆有,随地皆有。而又尽人皆能得之,皆药购之,加之连篇告白,以广招徕。非曰遐迩驰名,即曰屡试屡验。吾同胞吾医界之被其害者,真令人不可思议。中原之大,竟变为此项无价值之药品之市场。各国皆禁其出售也,而我国不禁。各国人皆知为骗局也,而我国人不知。此项

药品非徒无益,而且含有种种害人之物:

(一)头痛药。大半含有阿雪谭拉得(Acetanlide)。阿雪谭拉得,乃迁缓心力之品。凡心力不健人服此,其危险自不待言。而登录商标药品含有阿雪谭拉得者,反谓可以强心补血。岂非变白为黑,指鹿为马。

(二)咳嗽伤风药。大半含有柯揩音(Cocaine)。用是药者,不过鼻间及喉间黏液膜得暂时之补助。而积久成瘾,乃至一日不可无此君也。

(三)治痛治咳治痨症药。非含有鸦片、吗啡、黑罗音(Heroin)、柯代音(Codein),即哥罗芳(Chloroform)与酒精,哥罗芳与鸦片。虽能止咳于片时,而已病一部分之肺,转不能咳出,饮鸩止渴何以异是。兹将最普通登录商标药品举数种于下。

(1)韦廉士红色补丸。谓可以治病三十余种。其所包含者,为铁盐类粉质及糖类。每瓶售一元二角,实不值一分二厘。购此者,非但虚縻金钱,而且药不对症,一误再误,竟至于不可为也。

(2)散拿吐噬。吾国人视为无上补品。其所包含者为揩新(Casein)及苏打克力寿罗复斯发(Sodium Glycerophosphates)。每三两五钱,售洋一元。以洋一元,可得十三两五钱皮皮爱克司(B. B. X.)。此物与散拿吐噬同。以卖主射利之心稍薄,故售价较廉。若购揩新等物,自行混合,则较皮皮爱克司尤廉。可知售药者之欺人太甚矣。

(3)慕林(Murine)。莫不曰眼科之圣药也。其所包含者,硼砂及水。硼酸固贱,而硼砂尤贱,且硼砂性烈,于眼极不相宜。

凡此皆徒外来者暂置勿论。而国内所出登录商标药品,亦极可骇。即以崔氏瓣香庐言,计有四十三种。谓经上海工部局卫生处化验,证明其为无上妙品,并谓南洋劝药会赏以金章,巴拿马赛会奖以头等。

上列登录商标药品,乃其最著者也,其他不能悉举。此项药品,在中国销行一日,即吾人生命财产危险一日。往者已矣,来日方长,焉得不设法以阻止之!阻止之法有四。

(一)禁售伪药。夫取材以诈,法律固所难容。售药不真,罪过尤加一等。盖欺诈仅及一时,而假药危人生命。

(二)开导民智。苟民智不开,售假药者自售,买假药者自买,取缔又何益乎!吾人当将何药为无益,何药为有害,何药为何等价值,尽情露布,祛释群疑。一旦利害证明,假药自无人过问,亦即自归消灭。

(三)研究药物学。中国药物学,尚属幼稚。亟宜组织专门学校,收资格相当者,循序教授。请品学兼优者,主持一切。

(四)凡我医界者,皆有左右各药房之势力。设各药房所出药品,尽为欺人之具,自失我医界信用,营业上自大受影响。我即不攻击之,彼亦自起恐慌。

统观上述,吾医界同人,定当晓然于大者远者,不当务其小者近者。施诊疗病,乃小者近者之事也。其所谓大者远者,乃对于人民,尽开导启发之责,教其所不知,匡其所不逮,使健康生存之正义,充塞两间。对于医者,则以平日经验,胸中蕴蓄,为之镇中流而标正鹄,不许神圣不可侵犯之名誉,稍蒙不洁,不许有畏难之心、苟安心、登高垄断心,参错其间。但欲收福国利民之效,非市政设法以辅助之,不能进行无碍也。要之蚩蚩者氓,不明此理,徒法又不足以自行也。是在政府与人民与医界,团结一气,各尽其责,庶将来四万万之圆颅方趾,受福无疆。此鄙人所日夜焚香而默祷者也。

把医学科学提高到国际水平*

我一生服务于医学教育,四十七年来未尝中辍,兹愿就医学教育问题发抒己见。上海是商业海口,是国际贸易的中心,同时也是文化、教育、科学、艺术的重要中心之一,因此在整个国家中占着重要的地位。听了柯庆施同志的报告,明确了工业生产的方针是"充分利用,合理发展"。我想随着工业生产的发展,文化教育、卫生事业,必然相适应的发展的。我院师生员工,今后一定要加倍努力,迎接更繁重的任务。

今后我院的任务已经有了明确规定,到 1960 年在校学生数将达 4200 人,并须担任培养教学师资、科学研究和临床专业人才(包括研究生、专业进修员等)五六百人,还须增辟临床床位,建立专科医院,如胸科、精神神经病、流行病等专科医院,以期开展科学研究工作,适应教学和医疗的需要。

要发展医学教育,办好医学院校,我认为首先须注意到以下几点:

---

* 选自《解放日报》1956 年 8 月 18 日。

1. 要有远景规划

要把医学院建成为名副其实的高等学府,就必须有远景规划,应该依照总的学生发展数有一相应的基地,要有总的地盘规划,每年可随学生数之递增而逐步建造,其中主要的教学大楼及实验室、研究室、图书馆等建筑都须有较高标准,造价应较一般为高。为了节省费用,其他福利房屋和宿舍等,则可采用简约建筑,甚至临时建筑。能省的就省,必不可省的就用,总之都求其用得其当。

2. 要慎重考虑学制和教学计划

医学教育的学制和教学计划是属于纲领性的问题,应该有一个久远的计划,这就须慎重考虑。中央现召集国内专家在修改教学大纲并拟定十二年规划,制度和计划一经确定,就应该成为严格遵守的法令。如非必要,绝不轻易变更,不然就会导致混乱。例如1952年举办专修科,缩短了医药各科的修业年限,教员花了很大的力量为专修科编写讲义和教学大纲,单独搞成一套,开出了课程,有的甚至把好的学生录取入专修科,可是办了两三年大部分都停止了。这对于正常的五年制医学教育就影响很大。又如解放之初医科学制原为六年,后来从六年改为五年,其间曾经过很大的努力;近来又有意见要恢复六年制。每一种制度的变更,我们都必须采取一系列的措施来适应这一变更,这其中就牵涉很多,细节就很复杂,看似简单,配合它就须进行细致的规划。我认为目前不应普遍更动,最好选几所医校重点试行。

3. 要很好地培养师资

至于师资培养,也须有久远的计划。我们知道,培养人才是百年大计,不能一蹴而就,必须有足够数量的医药各科毕业生为后备力量以供培养,过去两年统一分配到各医学院校的毕业生极少,这就是培养人才方面的严重脱节现象。今天最大缺乏就是助教这一阶层,像今年依照教育计划,上海第一、二两医学院就需要 500 左右的毕业生作为师资培养(包括学院助教和临床医师),而现在所能分配到的则不足 100 人,距实际需要还很远。我院也担任着培养师资、研究生、专业进修的任务,数量不少,这工作是必需的,我主张也可选几校重点进行,对重点院校应给予相当设备和人力。

4. 医药技术人员不要随便调动

过去上海地区有很多技术人员派往外地。现在上海须大发展,就感到人才不够。据我了解,今天上海市技术人员和教师之缺乏已经达到相当严重的程度,医药师资护士和技术员则更缺,因此希望今后对上述人员勿予随便调动。

中央号召提高教学质量,指示首先要在办好学校、搞好业务的基础上来进行研究工作,以提高教学质量。这方针很对,可是目前存有严重偏向,教师们都要求提高业务水平,注重研究工作,准备做研究生、写副博士论文,往往把教学工作放在不是主要的地位。中级技术人员都要考大学,这些就影响到教学工作的正常进行。我觉得这一切都须有正确的安排,把提高本身业务水平和搞好教学工作很好结合起来,尽量避免矛盾,使能有效地达到提高教学质量的目的。

5. 学生课程负担不应过重

此外对学生负担过重问题,也须加倍注意。医科学生整个课程很重,六年课程压缩到五年,除了医学基础科学,还有政治、外文、体育,并须增加中医课程。因此无论怎样精简,能省之处就不多。中医课固然重要,但须逐步进行,授课钟点可酌予减少。

6. 学习苏联经验,须结合实际

再谈谈学习苏联先进经验,这是个很重要的问题。几年来在这方面有了很大成绩,今后还须进一步向苏联学习,但学习苏联一定要结合中国的实际。苏联专家的报告中介绍了苏联的宝贵经验,但也不一次地强调此点。我们要避免采用不科学的方法,把苏联先进经验强搬硬套。正如沈克非院长在"百花齐放、百家争鸣"座谈会上所说,我们应当认真学习巴甫洛夫学说,但不能把一切的医学科学变为一个大脑皮层主义。这是一针见血的批评,同时我们也须向其他国家包括资本主义国家学习。医学是世界人民的公器,它是几千年来人类所创造的综合成果,只要切合我们的需要,对我们有利,我们就加以接受。像我国现正号召向中医学习,这将形成一种风气。我相信,经过穷年累月,在辛勤劳动和艰苦发掘之下,我们将从宝贵的祖国医学遗产中取得丰硕的成就,以丰富世界医学科学。总之,在接受祖国医学遗产和进行世界学术交流方面,我们的斗争应该是科学与非科学的斗争,真理与非真理的斗争,只要是科学的,合乎真理的,我们就接受。

今天放在我们面前的工作非常繁重,尤其是医务工作者,因为医务工作者是人民健康的保卫使,而医学教育正是培养和训练人民健康保卫使的。我们培养出来的医生的质量好或不好,都直接关系到人民的健康和社会主义建设。我们深感本身责任重大,必须加倍努力,加强团结,展开批评,展开学术上的自由争论,发挥创造性的劳动,以期为祖国培养大量优秀的建设人才,为保卫人民健康,为把我国医学科学提高到国际水平,加速推进社会主义建设而共同努力。

朱恒璧

❦

朱恒璧(1890—1987),江苏阜宁人。著名药理学家、医学教育家。1918年在哈佛大学医学院进修病理学,1923年在美国西奈大学进修药理学。1927年出任北京协和医学院药理学副教授。1928年参与第四中山大学医学院(上海医科大学前身)的筹建。1940年担任上海医学院内迁至重庆后的首任院长。

朱恒璧谈办上海医学院的历史和经验(节录)*

（上略）到了上海，除了充实设备以外，就是罗致人才，如荣独山、郭秉宽等。上海有一些毕业生反对，说我请外面人来，反客为主，我们的地位在哪里呢？我说你们错了，请外面人来正是为了帮我们的忙，对我们有莫大的好处。我不许他们反对。当时他们反对黄家驷，我就不同意。我收罗了重庆的一批人，又收罗了上海的一批人。

第二是培养人才，有几个办法：一个是不许挂牌。挂牌是唯利是图，不能在学校专心致志培养青年。挂牌医生我一个不用，让专家们一心一意培养青年一代。石美鑫就是这样培养出来的。第二条是鼓励研究。我对前期教授说，一半时间研究。因为进行研究，推陈出新，教起书来就不是"本本主义"了。进行研究，思想活化了，点子也多了，教书也教活了。这对培养新的一代有很深的影响。所以，当初吴有训到上医来说："你们的办法很好！"他很赞扬。

第三是送学生到海外进行培养。援华会也好，罗氏基金会也好，

---

* 本稿根据朱恒璧先生家属提供的手稿节录而成。

上医派去的名额总是最多。朱益栋就是这样去的。到外国去了以后，他们能直接参加那边的研究工作，为什么？他们的基础打得很好，能够接受。基础打得不好，到国外留学就学不到什么东西。考取英庚款的留学名额，上医也最多，如林兆耆、张毅、张昌绍、苏德隆、周廷冲、吴在东等等。上医名额为什么考上最多，这与他们平时在上医得到的培养是分不开的。

第四是培养师资，着重基础训练。我领导上医的时候，高等数学是必修课程，我常常对数学教师孙增庆说："你要好好地教！"并了解他教的情况。不仅数学，物理我也不放松。就是在重庆困难局面之下，我还买了一套物理仪器，请交大物理教师周同庆来教书。这些基础知识对学生将来的进步关系很大，我是一点也不放松的。

总之一句话，办好学校就是怎么罗致人才、培养人才。

每年招生，上医没有走后门的。我们是"择优录取"。我的儿子朱天申考不上，我叫他到燕京大学去补习一年，是第二年才考上的，对我的儿子也没有一点通融。办上医本身没有什么秘诀，就是：(1)收罗人才，不管是哪一派，如郭秉宽是留学德国的；(2)培养人才；(3)涓涓归公。这三个办法，在那无官不贪、无吏不污的旧社会能够做到是了不起的。

1980 年

朱恒璧教授谈学科之间的联系、交叉和渗透是当今科技发展的趋势*

在19世纪末叶,生理学开始应用物理学的概念,如流体力学、光学、电学及热力学等均先后应用到生理学上。到20世纪物理学概念及其仪器已深入到生物学领域中,从而形成了生理物理学。而化学越来越与物理学接近,深入到电子水平,物理和化学是一种学科的两个侧面,互相交叉,互相渗透。物理是严谨的,数学是精确定量的,彼此有着极为密切的关系。生理学的发展,长期以来停留在描述阶段,自形成生理物理学以来,许多物理学家对生物学越来越感兴趣,生物领域中物理方法很快得到应用,尤其是光谱学在分子生物学上的应用尤为突出。当然这些方法的应用都需要数、理、化基础的。与其说数、理、化三位一体,更确切地说应该是生、数、理、化,现代科学的基础应该说是生、数、理、化。分子光谱学是研究电磁波与物质相互作用的一门科学,应用它可以弄清分子的化学结构,懂得了分子光谱学,科研的

---

* 本文为作者1983年春节和其长女朱天孝的谈话。

方向就出来了。譬如应用光谱学中的核磁共振,分子的化学结构就可以搞出来,应用核磁共振,中药的化学结构就可以搞出来,中药的化学结构全知道了,对中药的研究特别是提纯就容易了。掌握这种方法,无穷尽的科研题目可以提出来,光谱学中核磁共振也好,X线衍射也好,其中都含有参数,用普通计算方法就不得了啦,都离不开计算机的应用。分子光谱学不仅可用于药理学,也可用于其他分子生物学(各门分子生物学分支学科也是相互联系、交叉和渗透的),而分子生物学牵涉医药卫生所有学科的各个问题,所以我一直说没有一个学科是孤立的,都是互相联系、交叉和渗透的。知识面要广、深,不深也不可能广,许多人只知道基础学科的重要性,但重要在哪里说不出,他们不明白学科之间的联系、交叉和渗透是当今科技发展的趋势。

我主张浙江省成立一个大学,不要分为医大、农大,这样人力、物力都有,也有利于学科之间的联系、交叉和渗透,教学质量也会提高。只有一个浙江大学就行,医、农、理、工都有,它会大踏步前进,以系为单位比以教研组为单位好,各学科老师之间有了"共同语言",互相协助,教学科研水平就会很快提高。

吴南轩

吴南轩(1896—1980),原名吴冕,字南轩,后以字行。江苏仪征人。1916年考入复旦公学,1919年赴美国加州大学伯克利分校学习,获得该校教育心理学硕士、博士学位。曾任清华大学校长,中央大学、中央政治学校等校教授,1936年出任复旦大学代理校长,实际主持校务。1942—1943年出任国立复旦大学校长。

青年的情绪教育^{*}

在现代教育学说中,"生长"是一个最基本的概念。教育的任务在助长,促进受教者生活各方面之省中——体格的、智慧的、情绪的。

几千年来,主智主义统治着教育的领域,体格的、情绪的生长,不但在教育中取不到任何地位,而且为了智慧的生长——应该说知识的灌输——教育者不惜对受教育者的体格加以故意的摧残,对情绪加以多方面的压制。近代的新教育运动,一部分就是对于这种情形的抗议,但就在今日,主智主义,余威未替。譬如生在中国,你能举出几所知识、体格、情绪同样受重视的学校来吗?体育的重要性,目前已为大家所共认。我现在就谈谈青年的情绪教育。

据心理学者的研究,情绪的发作,可以损害人的身体健康,可以影响人的工作效率。但我们都不能从这中间抽出情绪应该抹杀、应该取消的结论。情绪是人类生活的原动力。没有情绪,生命不能有光、有热、有色。一个人生活之幸福与否,并不取决于其智认分量之多寡,而

---

* 选自《复旦青年》1940 年第 1 期,第 6—8 页,略有删节。

实以其情绪生活之是否丰满正常为尺度。所以情绪是不应该被压制与取消的,而且事实上也压抑取消不了。被压抑的正常情绪会在不正当的方向找到发泄,这是反社会行为心理学之基础。因此,压制情绪对社会是有害的。至于对人格之桎梏,摧残的祸害,那更不用说。

人的情绪生活应该有其发展或生长。就像体格的生长需要食料的喂养,木草的萌长需要日光雨露的喂养,人的情绪生活也需要着食料、日光与雨露。儿童及青年人的情绪生活,对环境有两项要求:一、安全(Security)——觉得自己是有人关心,有人需要,有人疼爱,有人保护的。二、发展(Development)——觉得自己有独立的人格,能做自己的活动,能发挥自己的能力,能表现自己的价值。具备这两个因素的环境,即是对情绪生活最滋养的环境。这两个因素的比重分配,应随年龄之增进而改变。年龄愈长大,对"发展"这一因素的要求也愈大。在普通的家庭与学校中,第一个因素并不缺乏,甚或有过剩的危险。但第二个因素,儿童及青年,应在别的方面求得其满足。儿童天性喜游戏,在游戏中他可以获得欢愉与满足,给予儿童以游戏的机会,就是给予儿童以情绪生活生长的营养。青年天性喜探索,喜冒险,喜新奇,喜强烈的刺激,喜戏剧(有声有色可歌可泣的生活)。而这种种,他只能求之于家庭及学校围墙之外的自由活动中。近年来世界各国的青年训练之轰轰烈烈,固然有着政治力量的领导与推进,但其本身实亦足以满足青年人的心理要求,因而为青年人所乐于接受。家庭及学校生活,一般比较平凡、灰色;而青年训练则给予他以爬山泅水、骑射游猎、旅行露营,给予他以社会服务、集团娱乐……这中间就有游戏,有冒险,有新奇,有强烈的刺激,有戏剧……

大家都很关心青年人的人格训练、道德教育吧。道德教育的核心就是情绪教育,明是非,辨善恶,这是智慧的任务。但善善不一定能行,恶恶不一定能去。要善而必行,恶而必去,需要有一种动力,这动力就是情绪。所以道德教育上的中心问题就是怎样使青年对善恶是非起适当的情绪反应。这一点在中国尤其应该注意。中华民族假使有任何缺点的话,那首先是人民对善恶是非不能起强烈的情绪反应。就说是青年人吧,也深中犬儒心理(Cynicism)的宿毒。至于善善而不能行,恶恶而不能去的毛病,尤以智识青年为甚。智识养成了青年的一种"经院意志"(Academic will)——能说不行,甚至不想行,能"知道"而不能"感觉"。要打破青年人的犬儒心理、学院意志,唯有假手于情绪教育。音乐、文学以及其他艺术,都足以加浓及纯化青年人的情绪。但主要的方法还在让青年多行动、多工作,从行动、工作中来体验生活、感受生活。

有一本讨论苏联教育的书,书名《苏联的人格教育》,内容乃全是苏联青年训练——共产主义青年团和少年先锋队的活动的叙述。在苏联青年训练等于人格教育,这一点值得中国谈青年训练及谈人格教育的人们深长思考。

目前在世界各国推行得轰轰烈烈,而在中国也正开始有人提倡的一种运动是心理卫生,心理卫生其实就是情绪的卫生。心理卫生学者对情绪的处置不是消极地压抑,而是积极地利导,使情绪能发而中节,能净化生化而为高尚的情操。

青年人日常心理卫生的方法,主要有下列几点。

一、做工作:不断做有意义而并不艰难的工作。青年人从工作进行的过程中,以及工作完成后的感觉中,可以获得乐观、积极、自信、自尊、愉快……种种良善的心理态度。目前的中国青年不愁没有工作做。抗建大业,千端万绪;而在青年的能力与环境所许可范围以内的有裨抗建的工作也俯拾皆是。有哪一种工作比这个更有意义呢?

二、有中心信仰:情绪应该净化生化而为情操,而中心信仰则各种情操理想之综合与统一。有了中心信仰,不但情绪生活有重心,整个生活也有了主宰。所谓"统一的人格",人格应该统一于一个中心信仰之上。上文说到工作的重要,而目前中国青年的一切工作就应附丽于这个中心信仰上面。

三、多接触现实:智识青年对世界的认识多半得之于书本,而其对世界的适应,也每出之以"空想"的方式。这倾向发展得过火,就易造成"白日梦"等心理病态,多与现实接触是最好的精神补剂。在与现实不断地接触和不断地搏斗中,健全的人格、稳定的情绪才能建立起来。就以智识而论,从现实中体验出来的智识才是真智慧;不但知之更深切,而且有情绪的衬托与附丽,与得自安乐椅中或书本上的知识大不同。

七十年来复旦立校特出的传统精神*

今人兴办一个学校往往说"立了一个学校",且必冠以"省立""市立""县立"或"私立"诸名词。立了一个学校"必有以立",则必有立校之道或基本条件。什么是立校之道或基本条件呢?是校地广大吗?是校舍宽宏吗?是图书充实吗?是仪器完备吗?或是其他物质条件齐全吗?我的回答:这些都是有利的条件,但不是最基本的条件或立校之道。要知道什么是立校之道或基本条件,请先听下面一段故事。

远在19世纪末(1891年)美国西部最著名大学之一——士丹福大学——创办人里伦·士丹福(Leland Stanford,1824—1893)生平以兴建铁路和经营矿务成了巨富。晚年拥有多金,想创办一个最大最完善的大学纪念其早逝的儿子里伦·士丹福二世。一日他拜访当时美国一位最鼎鼎大名的教育家哈佛大学校长查利·艾里博士(Dr. Charles W. Eliot,1834—1926)。他问道:"我有多金,要办一个和哈佛同样伟大的大学,究竟需要多少钱呢?"艾里博士答道:"创办一个大学如哈佛

---

* 选自《吴南轩先生逝世周年祭纪念专集》,台湾复旦校友会编,内部印刷,1981年。

不仅是一个多少钱的问题。哈佛大学有它历史的传统精神。"

艾里博士一语道破了所谓立校之道或基本条件。一个学校,尤其一个历史悠久著名的大学,绝不是大量金钱所可于短促时间翻版或复制的,因为这种学校必有它多年历史所孕育培养的传统精神。这是任何一个学校的,尤其是一个大学的生命或灵魂。它存则学校存,它不存则学校名存而实亡。

我们复旦母校自创办至今七十年了。我们今正为它"古稀"高龄举行盛大庆祝。庆祝方法多矣。我以为我们必须强调它七十年来历史所孕育培养的特出的传统精神。

一、由无变有的精神

"由无变有"是李老校长对我辈同学们时常耳提面命的一句话。这句话完全正确地说明本校一种特出的传统精神。有许多历史事实为它证明:从最早马相伯老校长和他的忠实生徒于右任等因不满法国神父办学方针脱离震旦创办复旦时起,即是赤手空拳毫无凭借的。然而一所未来的著名学府居然由无变有了。嗣后李登辉老校长既没有分文基金,也没有大资本家大笔捐款,然而江湾广大的校地和宽宏的校舍居然也由无变有了。抗战时期本校因不愿再在敌人铁蹄下开学,由沪迁庐山,再迁重庆,不但没有基金,且收不到学费,但北碚夏坝一个相当像样的战时学校也居然由无变有了。由无变有虽是本校多年来特出的传统精神,但我们今应特别提出注意的是这些由无变有的成果不是天上降下来的,或地面树枝长出来的,或幻术家魔杖一挥从帽子里取出来的,而是先经周详的策划、恳切的呼吁,再经辛劳的奔走,忍耐的洽商,终经严密的管理、彻底的执行一连串的过程而后产生出来的。必须有过人的睿智和非凡的毅力，才能经历这些一连串复杂和艰难的过程。睿智和毅力是由无变有精神的要素。我们学校的校友们富有这些要素，所以能创出许多由无变有的奇迹。无论奇迹怎么样艰难地产生，由无变有确是本校一项特出的传统精神。

二、向前开路的精神

许多人做一件事或办一个学校喜欢"率由旧章"。一件事以前人怎样做，或一个学校以前人怎样办，他们即"依样画葫芦"照做或照办，毫无独到创新之处。好像做文章，他们只是抄袭成篇；又好像行路，他们明白或暗地里"被人家牵着鼻子走"。我们复旦办学不是如此。譬如做文章，我们喜欢独到，"不落窠臼"；又譬如行路，我们喜欢创新，"自开蹊径"。试看几十年来我们向前开了多少路：在学术方面，薛仙舟先生提倡合作经济，郭任远先生提倡行为心理学——一切行为科学的滥觞，谢六逸先生提倡新闻教育，林继庸先生提倡军事或国防化学，孙寒冰先生创刊文摘杂志——《文摘》名词迄今被大家一窝蜂地采用。在学校行政方面，李校长推行学校民主，召开校务会议，提倡教授治校，他又主张男女平等，开放限禁，招收女生；温崇信先生注重培养学生人格教育，首创荣誉制的集中考试，他又施行在教授或导师指导下的学生自治。这些措施或制度虽在近年来已逐渐被推广普遍化了，然而在几十年前确是向前开创新路的。抗战时期李蕃先生主办统计学系和统计专修科，李亮恭先生创立茶叶学系和茶叶专修科。这些系科的成立，开创了中国大学课程史上的先例。以上种种皆是本校向前开路传统精神的表现。

三、国家至上、民族至上的精神

假使我们这些由无变有和向前开路的精神只是为了我们自己，为了我们一个学校，那么这些精神是落空的，没有重大意义和价值的。因为这些精神不只是为了我们自己，不只是为了我们一个学校，而是为了大众，为了整个国家，为了全体民族，所以这些精神有了重大意义和价值。我们表现国家至上、民族至上的精神，尤其在国家民族遭遇危机和紧急关头的时候。在五四运动时期，本校何葆仁、程天放两位同学先后担任全国学生联合会会长，领导全国学生爱国运动。在抗战初期，本校林继庸、程炳德两位教授在上海组织义勇队，赴前线英勇抗敌。在抗战中期和末期，本校全体师生在重庆大后方尽最大努力从事多方面建设准备，务使"抗战必胜、建国必成"的国策能照预期一一实现。这些皆是我们奉行国家至上、民族至上传统精神的表现。

四、牺牲小我、成全大我的精神

最后我们要问我们何以能保持由无变有，向前开路，及奉行国家至上、民族至上诸种传统精神呢？因为我们另有一个不顾自己、牺牲小我、服务公众、成全大我之最基本精神。有了这个最基本精神，其他三项精神才能表现。领导我们学校表现这个最基本精神的人即是李校长。我久称他为一位"最忘己的人"（a most selfless person）。他生平不但不好做自我宣传，且绝口不道自己。我记得有一次同学多人还请他老人家写一本自传或一篇回忆录。他正色回答道："许多比我能力强的人没有留下记录，我为什么要留下任何记录呢？"他之绝对不重视自己或小我，而只是鞠躬尽瘁地为学校为大我的精神由此充分表现出来。一个人只顾小我，牺牲大我，人格萎缩，人格贬损；反之，一个人牺牲小我，成全大我，人格延伸，人格升华。这种道德的修养多年来由李老校长领导躬践履行，对于全体师生校友有了示范作用，蔚起一种最优良的校风、最特出的传统精神。

　　以上补充叙述七十年来母校立校四项特出的传统精神，在举行母校七十周年校庆的时候，反嘱老复旦或小复旦师生或校友们皆应不但注重珍惜保持它们，且应努力发扬光大它们哦！

章 益

章　益(1901—1986)，安徽滁县人。著名心理学家、教育学家。1922年毕业于复旦大学，1926年获西雅图华盛顿州立大学硕士学位。1943—1949年出任复旦大学校长。

中国新教育理论建设刍议[*]

今日中国教育理论之建设,一面应适合目前之急需,一面尤须开新生活、新文化之出路。故教育理论之根本主张,既不得空泛夸张,昧于国家实况;亦不得偏激狭隘,陷入头痛医头、脚痛医脚的流弊。过去数十年中,教育主张之提出而成为短期潮流者,层见叠出。所谓军国民主义教育、实利主义教育、国家主义教育,均失于褊狭,故不旋踵而烟消云散。所谓民本主义、实验主义之教育,则缺乏具体的目标,对于种种急迫问题,无所补救,亦将失去国人的信仰。吾人此后所急需的教育理论,必是一种标本兼顾、论断折中的理论。

社会全部的重新建设,乃今日刻不容缓之要图。在此建设过程中,教育应为其中一个主要因素。教育工作的范围,与社会建设的范围,应等其边际。质言之,社会建设有精神的与物质的两方面,教育亦必于双方同时着力。今日中国的实况,是物质凋敝,精神疲苶,心物双方,同趋竭蹶。这样的情况之下,所需的教育,必以能够培养精神与物

---

[*] 选自《政治评论》1935年第156、157期,第10—29页。

质双方的元气为主。而尤其应当着意的是，这双方的培养，必须同时平匀并进，否则将无以异于过去已经失败的诸种主张。吾人屡言精神与物质两方面的建设工作，似乎未能避免二元论的嫌疑，其实唯心或唯物的一元论，俱是武断，宇宙的重心，乃在心物的适当配合，绝非偏重于一面。吾人但知心物两方之密切联系，而二者之间尤贵彼此互为调剂。采取此种近于常识的立场，实有益于教育理论的建设。

新的教育理论，不必与历史绝缘；反之，举凡中外今昔之教育理论，均可供给新理论以重要参考。但亟宜审慎者，即不得以中西学说，截取片段，勉强拼合，冒以融会贯通之名。以前"中学为体，西学为用"的主张，未尝不想熔冶中西于一炉。然其缺点是，对于中西双方的精华，未能善为抉择；对于双方的矛盾，亦未能认识清楚，更不能加以适当的调和。新教育理论必须继承这未竟的工作，解决其未能解决的难题，方能获得稳固的基础。

在文化的演进史中，东方把握住精神的重心，西方把握住物质的重心。东方以"克己复礼"为主，建设了伟大的精神文明。西方以"征服自然"为主，建设了伟大的物质文明。"克己复礼"的文明，所重视的是敦人伦，调和人与人间的关系，莫善于礼让为本。一切反而求诸己，则各人尽各人的义务，更何争端之可言？推此态度以及于物，乃至对于物质的享用，一切力求恬淡；关于饮食、衣着、宫室、车马，稍稍讲求，就有纵欲之讥。所以生产受不到鼓励，而生产力的发达是成为不可能的了。"征服自然"的文明，对于自力所造成的物质成绩，欣然自喜，得寸进尺，更努力于物质的追求，其态度常是乐观迈进。因为物质的丰饶，所以享用上的舒适，亦就视为当然，而对于节欲崇俭的思想，反深惧其矫情过分，足以颠覆经济的平衡。然以其征服物的态度，推及于人，于是争雄竞长之风起，乃不得不明定人己权界，以为限制。所以西方道德，乃以尊重他人权益为基调，至于纯粹出于片面克己工夫的道德，是不会产生的。东方以对人的态度推及于物，失之于退缩；西方以对物的态度推及于人，失之于强暴，都是有所畸重。其所以畸重之故，盖由于对人对物，均持同样态度，故得于此即失于彼。使能对人取退让态度，对物取进攻态度，岂不二美兼收，二弊同汰？然而东西文明，各执一偏，各成其畸形状态，几令人误以为二者之矛盾，绝无调和之余地了。

其实不然。一面坚持"克己复礼"的精神，一方面努力于"征服自然"，未尝不可。盖努力于物质的创造以满足一己的欲望，固有悖于"克己复礼"的精神；努力于物质的创造以增进他人的福利，则正是"克己复礼"应有之含义。前所谓对人对物，于对人一端，应区分为对自己与对他人。对自己固然可以"饭无求饱，居无求安"，对他人则应该"遍置广厦千万间，尽庇天下寒士皆欢颜"。如欲遂此志愿，除努力于"征服自然"，增加生产，更何道之由？

在历史上，西方亦曾发生过禁欲主义，然在生产发达之后，此种思想即归消灭。中国儒者亦曾提倡"利用厚生"之道，然因缺乏科学技术，故徒托空言。其实"利用厚生"的主张，济之以科学的生产技术，即是为谋他人福利而征服自然，此种主张与克己复礼之精神，实是辅车相依，并行不悖。今宜借西方科学文明之激荡，恢复我固有的利用厚生之旨，且充分吸收西方的科学，以作其利器，而宏其效用。今日举国人民大半在饿殍线上勉强挣扎，若不从速衣之食之，任其辗转沟壑而死，则无论如何高唱道德礼义，将无殊乎狂呓。但从事物质建设之人员，若无高尚博大的品格，热烈浓挚的感情，以为之济，亦必流入自私自肥之途。故必须一面刻苦淬砺,律己以严,以发扬东方的美德;一面努力生产,博施济众,以讲求西方的实效。这应为调和中西的总原则。

或以为东方尚柔,西方尚刚。柔为乏力,而刚就是力。因此刚柔不能并存,这是未能体认东方文明的精髓。中国修身之道,实以力为中心。《易·象》云:"天行健,君子以自强不息。"《中庸》云:"至诚不息。"又云:"故君子和而不流,强哉矫;中立而不倚,强哉矫;国有道不变塞焉,强哉矫;国无道至死不变,强哉矫。"《论语》云"弟子入则孝,出则弟"等等,结尾说"行有余力,则以学文"。可见孝弟仁爱之道,处处都需用力。"冉求曰:'非不说子之道,力不足也。'"亦可证明进修非力不可。中国的力,用之于人事,乃成道德;西方的力,用之于自然,乃成科学。无论中外,力是生活中万不可少的基本成分。今日国人之通病,盖在奢于物质的享受,而怠于物质的生产;侈言行动上的解放,忽于行动上的规律。于是在物质方面,则生产衰落;在精神方面,则秩序凌乱。是东西优点,两均失之。而究其根源,完全是力的消失。今欲着手于社会的全部建设,必须恢复人事物质双方所需之力,而教育者则应为产生力的新工具。

然而反观近数十年来之教育则何如?教育非特不能培养力量,反足以斫丧力量。世人皆知中国教育之失败,是由于中国教育制度之不合中国国情。若以制度仅指形式的组织而言,则此种批评,实失于浮浅。若以制度包括形式与精神,以及建成此制度之基本理论而言,则庶乎近之。今请申言其旨。

今日弥漫于中国的教育理论,大部是来自西洋。这种理论的产生,是在西洋科学昌明、产业发达以后,所以带着特殊的西方色彩。其表现于实际教育的影响,首先可从教育目的上看出来。在西方,产发达之后，随之以人权运动，其结果是把个人的地位过分抬高。19 世纪至 20 世纪的初叶，教育思想，尤其是英美的教育思想，几乎完全为个人主义所独占。无论以"修养陶冶"，以"社会效率"，以"平匀发展"，以"完全生活"，以"改造经验"，以"满足欲望"为教育目的，都以个人为重心。而儿童本位的教育，几乎完全被曲解为个人主义的教育。这样的思想被搬运到中国以后，恰与科举遗蜕的个人主义暗相契合。受教育的机会，既决定于个人的经济社会地位，受教育的归结，亦就是个人的飞黄腾达，安富尊荣。日萦回于学生脑际的，唯有个人的出路。这种汲汲于一己利害的思虑，使自我无由膨胀，而患得患失的心理最足以消耗心力于无形。此现代教育足以斫丧力量者一。

由于生活样式之日趋繁杂，以及知识内容之日见丰富，其影响达到教育中的课程编制。所谓现代的学校课程，是企图把人生活动的各方面收罗齐备，使在学校中都有与之接触的机会。所以课程中的科目，日新月异，门类繁多。课程的编制，杂取多门，如饮食店之配合菜单；再进而设置选科，如饮食店之随意点菜。学生置身其间，耳迷目眩，到处浅尝。对于知识内容，固不免一知半解；对于求知的方法，亦未窥门径；对于求知的兴趣，更无从培养。其上焉者，亦不过撷拾许多片断事实，堆集心中，徒造成心理上的积食不化。人生要义，反被疏忽。这种课程的编制，徒以无谓的琐屑，浪费学生的精神。此现代教育足以斫丧力量者二。

由于教育史上所谓心理化运动之结果，教育者颇经心于儿童研究。了解儿童，诚为教学上一大助力。然心理学的发现，亦有诠释失当之处。今日言教学方法者，常侈谈兴趣。一种教学方法之良否，悉以能否激发学生兴趣为准则；而兴趣之意义，又被误解为学习者片时的满足。于是形成一种软性的教学。为教师者，采用种种方法，以博学生暂时的兴奋；学生习于此道，对于稍感枯燥之教材，咸有不肯问津之势。其流弊足以造成浮躁之学风。潜心钻研者，殆成凤毛麟角。今日学生，选读物则择其轻松简易，而深邃精微之学理皆趋避之不遑；选教师则择其谈笑风生，而博学沉潜之士反不受人敬仰。皆可谓误解兴趣之贻害，使学生习于松懈，无复磨炼之机会，其固有之精力，由散漫而至于消沉。此现代教育足以斫丧力量者三。

教育之日趋软化，既如上述；另一方面，则又日趋僵化。例如班级制度之推行，课程标准之划一，入学升学资格之严加限制，处处只求形式齐整，不惜束缚精神以迁就形式。抑且上课时间，长至无可再长，学生之生气，完全断送于僵硬的课室工作之中。教学方法，既多用讲演，绝少激发学生心智之机会；教材又多侧重课本。号称"生产教育""科学教育"，无非纸上谈兵。此种办法，趋向于造成庸才，对于天资颖异的学生，毫不顾及其特殊需要。因此而埋没人才，使社会蒙其损失。此现代教育足以斫丧力量者四。

现代教育一大特点，为其设备之完善，图书仪器，以及体育器械及场所，均为施教所必需。除此以外，一切校舍内外，亦求其富丽堂皇。此在西方富足之国家，已视为当然。我国新式学校，设备虽距完善尚远，然其中陈设器皿，以及学生服装，已超过一般市民生活之水准。而服役有校工，饮食洗濯有定所，一切洒扫烹饪之劳，可以毫不过问。学生居于是间，岂能不习于逸乐，尚何刻苦之可言？无怪其一出校门，满眼都一无是处。盖学校生活固不必使其困苦难堪，然与一般社会生活程度，不能距离太远。否则宴安鸩毒，未有不令人志气消磨。此现代教育足以斫丧力量者五。

依现行学制,规模较大、等级较高之学校,仍以设于城邑都市者为主。与伟大的自然隔绝,坐令受诸自然感化启示之力量,无由产生。而都市环境,耳目口腹所接,刺戟纷繁,心神瞀乱,物质的欲望日增,消费的质量愈高。心为形役,意沮情乖。此现代教育足以斫丧力量者六。

资本主义化之教育,以经济力为获取教育权利之主要条件。虽贫寒子弟中不乏出类拔萃之人才,但以学校费用非力所能胜,只得望洋兴叹。此辈的聪明才力,若能加以适当培养,收获必丰。在现状之下,只得任其埋没。即以一般资质寻常之人而论,虽无特殊之长,然若受着相当栽植,其工作效能亦必增高。以现在失学者之众多,每人工作效能提高些许,集多数人之进步,其数量即甚可观。今者教育为少数资产阶级所独占,多数人的才力均听其浪费。此现代教育足以斫丧力量者七。

大量制造,伸张到教育领域之后,学校中人的关系,一天天机械化。师生之间,无殊商人之与顾客,知识为商品,学费为货价,彼此交成而退,丝毫不发生人与人常相接触所应有的自然情谊。昔时师生间人格感化之力量,久矣去不复闻之。此现代教育足以斫丧力量者八。

教师之所以异于教书匠者,以其具有浓挚的兴味、创造的精神也。教师贵有活泼生气,方足为学生表率。今日之教师,在物质生活方面,则薪薄欠久,常有饔飧不继之虞;在工作方面,则任课钟点过多,班级太大,再加以种种规章之束缚,毫无回旋之余地。在此双重压迫之下,无怪其神色萎靡,敷衍职务。如此疲惫之教师,焉能造就健强的学生?此现代教育足以斫丧力量者九。

行政组织,为求表面的功效起见,规章繁密,表格冗长。一切设施，必按法令条文，责其符合。有属于地方特殊情形不得不予通融者，亦宁愿削足适履。下级机关对于主管机关之呈报，遇有不得不做例外之处，若据实以陈，往往难免驳斥，其黠者则作伪相蒙，反可幸邀核准。且主管机关对于隶属之学校，常存不敢信任之心。学校教职人员，亦渐失去研究创造之兴趣。实验的机会减少，官厅的繁文增多，教育行政，过分呆板。此现代教育足以斫丧力量者十。

一切制度理论、文物信仰，既皆取法于西人，西人即处于师尊领导的地位。我人对之，除顶礼膜拜而外，更无批判之可言。此种心理，自小学以至于大学，印入极深。我们对于西人将永远追随于其后，不能有迎头赶上之一日，因此，自信力的失去，成为国家建设中的致命伤。

西方的教育理论与实施，自身原已含有许多缺陷。即在西方，对之诟病者已不乏人。及其移植中土，因种种条件的不合，而其害益甚，其弊益彰。总括说来，不外乎心为物蔽。夫物的运用，谓之建设，是为心之营养；物之停滞，谓之欲望，乃为心之赘瘤。在西方，物的运用与停滞，尚得其平，故虽有流弊，而不阻其前进。在中国，则物几全处于停滞状态。其重大的压力，乃为心所不能胜。所以中国建设的问题，不在对物畏避，而在如何把捉之、控制之、运用之，使为心之奴仆，而不为心之赘瘤。

但所谓东方精神文明，亦非无可訾议也。中国凭旧有的精神文明以立国于世者数千年，其间虽因军事上的失败，而数颠覆于蛮夷之手，然终能将异族侵略者陶熔同化，其力量之伟大，自属无可否认。然中国之社会，长久滞留于停顿的状态之中，一旦与新的势力接触，立见其不能适应新的要求。这当然显出旧文明的缺点，亦是毋庸讳言。今分析其不能适合现代需要的原因，可举四端。

一、中国的旧道德是各个的而非合群的。所谓休养的工夫，只是一切反而求诸己。所谓"君子素其位而行，不愿乎其外"，"失诸正鹄，反求诸其身"。曾子一日三省，就是做的此等工夫。格物致知，正心诚意，固然是一人的事，就是齐家治国平天下，亦是靠自己的人格完美，就能收感化之效。自处于表率的地位，以服务人群，是旧道德所含有的。但处于平等的地位，大家来合作互助的精神，则少有发挥。此种特点，非吾先民之见理不明，实亦受生活情况之限制。在小农社会里，人事清简，生产规模狭隘，根本没有团结多人共营生活的必要。六行中虽包括"睦、姻、任、恤"，然只有"孝、友"，推行最广。所谓任侠仗义，只见于游侠之流，不为儒者所称道。儒家所信奉的道德，以天命为根本。董子谓"道之大原出于天"，天如何可以看到？盖觇之于人事。人事中既少合作之需要，道德中亦就没有合作的地位。试看互助之义，乃倡于西方产业发达以后，更可证明中国人不讲合作，是由于生活使然。但今日人事日繁，无论政治经济社会各方面，非有合作的习惯不为功。而我人只重私德不重公德之风气，积千百年后，已成为民族特性，是不容不汲汲改造的。

二、中国的旧道德是主观的而非客观的。何谓主观的？礼是也。何谓客观的？法是也。西方以守法为道德，中国则重守礼。西方习于守法，凡国家之典章法制，小而至于一地方之警章，一团体之规约，若能恪守无违，即为社会赞许。西方训道德为民俗，而法律又往往采取民俗而著之条文，故"法"与"德"，可以彼此沟通。中国之所谓礼，不如法之具体，并不以形式为主要。孔子说："礼云礼云，玉帛云乎哉！"礼的基础是情，所谓"发乎情，止乎礼"。以情为始，以礼为终。何谓情？即是心之所安。宰我问三年之丧，自承可以食稻衣锦，孔子回答他的话是,"女安则为之"。这虽带有气愤的口吻,但其本意,未尝不以为内心的制裁已失,亦就不必斤斤于表面形式了。大凡客观的法易晓,而主观的礼难知。孔子历来斥为非礼的事,有许多是精微难辨的。况且人的性情各有不同,其心之所安,亦随之而不同。所以真以内心的制裁为基础的礼,极难得一共同标准。若非修养有素,简直没有进德之门。这对于道德教育的推广,是一层极大的障碍。至于矫情作伪,欺世盗名,亦可说是缺乏客观的道德之弊害。

三、中国的旧道德,是消极的而非积极的。中国的思想,若只有儒家一派,则社会中会造成如何的风气殊难妄测,但可断言其不至限于消极。然数千年来,真正支配人心的,除掉儒家学说以外,还有佛老的思想。道家以清虚为上,释家以寂灭为宗。历来朝野大夫,受其影响者,代不乏人。此种避世的思想,在民生困苦的时候,特别受人欢迎,它固然可以给人们以精神上的安慰,但对于现实的困难丝毫不能解除,反足以阻碍人们与恶环境奋斗的毅力。

四、中国的旧道德是士君子的而非一般人的。旧道德的性质,是需要高深学养为基础的。《中庸》云:"君子之道费而隐。"虽说"夫妇之愚,可以与知焉,可以能行焉",然而"及其至也,虽圣人亦有所不知焉,虽圣人亦有所不能焉"。其非一般人所能达到可知,并且旧时的道德亦未以之期望于一般人。所谓道德,是治者的道德,故修齐治平,成为一贯。孟子说:"无恒产而有恒心者,惟士为能。若民,则无恒产,因无恒心。"孔子亦有"富而后教"的主张。管子亦说:"仓廪实而知礼节。"是对于一般老百姓的看法,很唯物的。故云:"众庶凭生。"至于以心胜物,则只有士君子可以办到。其所以特别着重少数的士君子者,盖以为士君子是造成善良风气的动因。所谓"君子之德风,小人之德草,草上之风必偃",就是此意。可是时至今日,社会所需要的不是消极服从的大众,而是积极团结以共赴艰巨的大众。他们所受的道德训练,当然不应与社会领袖所受的训练,有两歧的标准。如何使道德普遍化,亦是当前切要的问题。

中国旧文化是以心胜物的,发挥和运用精神的力量,以致力于人事,调节人的关系,中正温和,丝毫不存暴戾恣睢的气息,这是它的特点。其所树立之德目,如"忠孝仁爱、信义和平"等等,亦是至高无上。但此等德目的内容,自须随着时代的进展而随时修正。今日的生活情况,已与往日不同,而此后从事物质建设的结果、生活情况必更将大异于今日。由于新的生活状况之要求,道德亦必做相当的适应。此后的道德,必趋向于合群化、客观化、积极化、普遍化,是不容疑义的。今之谈文化建设者,或醉心欧化、舍己芸人、或拘泥古法、妄自尊大,盖始终未能明了心物之间应有和谐的、进步的、不断的相互调节。

于是可以看出,中国虽经过什么"维新运动""新青年运动""新文化运动",而教育之不能有助于国家建设,依然如故。旧的行为标准是因为不适于变迁后的生活情况而崩溃了,新的行为标准又尚未树立起来。教育只是还在黑地里摸。我们保存国粹,谁知国粹不经改造是不合今用的。我们模仿西洋,谁知效验未见,反倒把许多毛病学了过来。这困难都生于未能把捉住当前问题的核心,就是中华民族的生存问题,就是中华民族物质的与精神的生存问题。我们在生产衰落到极度的时候,还吵着要提高享用程度;我们在整个民族濒临灭亡的时候,还忙着争个人的解放和自由;我们在必须群策群力共赴国难的时候,还迷恋于独善其身的修养;我们急于摆脱国际帝国主义的压迫,恢复我国旧日的光荣,但是毫无计划与步骤;我们恨不得一举手把中国推上资本主义或是社会主义之路，但是忘记了西洋任何形式的社会经济组织，既不必为我国的理想目标，而即使以彼为目标，也缺乏实现此目标的必需条件。

中华民族的生存问题，不是暂时的，而是永久的。其第一步虽是解救目前的危险，而其终极的目的，还是建设一理想的社会。这个理想的社会，自然是物质生活与精神生活两俱丰满，而彼此调和；民族自由与个人自由两俱保证，而尤重互助。我们必须将解救目前危急与建设终极目的，连成一贯，逐步推行。这需要不断的努力。这努力的方向，必须固执之，坚持之，使不致中道而废。然而在前进的路途之中，着力之点，则视前进的阶段为转移。具体说来，在理想的社会里，物质与精神，民族与个人，都是维持一种平衡的。但在目前，则不得不加倍激发精神，以补物质之不足；牺牲个人幸福，以救民族之危亡。待至物质建设多一分成功，精神上的刻苦即可稍减一分；民族地位多一分稳固，个人的幸福即可多尊重一分。直至适当之平衡为度。盖应付非常局面，需要非常手段，然而非常的办法，当然只可作为过渡的。在这逐步前进的路途上，需要极大的动力，教育必须负起推进这动力的责任。如何的教育才能负起这责任，是此刻亟待研究的问题。

中国教育之改造，必以培养精神的力与物质的力为中心。其全部理论，即以此为基点。现在先说如何可使教育培养精神的力。一曰芟除其驳杂。人类心力，本无定量，所以发动之者，全靠环境的刺激。所谓"动而愈出"，最可用以说明心力的性质。在缺乏刺激的时候，心力降至最低度，几于过着蠢如鹿豕的生活。上古之民，"其行填填，其视颠颠"，盖由于环境中缺乏适当的刺激，以发动其心力。在今日，一般饱食终日无所用心的人，他们的精神生活，亦是降至最低潮。然而这并不足以证明他们是天然无力。在常人的平淡生活中，若是受到非常的激动，亦会生出他们自己所意想不到的力量，所谓"急则智生"。西方之精神病理学者，亦常应用非常的刺激，以唤起患者自身未经发动的力量，以作治疗之方，往往见效。可见刺激是发动心力所不可少的条件。

心力之发动，必有待乎刺激，固如上述，但是施用刺激有时亦可消耗心力。"五色令人目盲，五音令人耳聋，五味令人口爽，驰骋畋猎令人心发狂。"纵情声色犬马之好者，确常堕入精神萎靡之境。同为刺激，而效果各得其反，其故安在？或以为刺激之种类不同，有好的刺激，有不好的刺激。不好的刺激，如声色犬马，可以消耗心力；好的刺激，如诗书礼乐，可以培养心力。此犹未能尽发其理。孔子说："诵《诗》三百，授之以政，不达；使于四方，不能专对；虽多，亦奚以为？"《诗》为孔子极端赞美的教材，而有时亦不能启发人的心智，其患盖在太多。《诗》三百里面，所发挥的意思，不止一端；在这件未能明了之前，又忙着讲那件，岂能不手忙脚乱，一无所得？"子贡方人，子曰：'赐也贤乎哉！夫我则不暇。'"夸美纽斯论教学要旨，以为在一事未明之前，慎毋再习他事。中外哲人，都主张致力宜专，若是不能集中注意于一事，任其心神外骛，则心力非但不能激发，反而要被消耗了。

今日学校教育，是把这个道理完全忘记了。其驳杂的程度，又远非《诗》三百所能比拟了。学校教育商品化的趋势，使数量的重要远超过质量。学业进程，中小学以时数计算，大学以学分计算，其名目虽然不同，但不外乎把学业划成若干等分单位，只以习完若干单位为目的。而每一单位，又只求其能于达到某一种计分的合格标准，师生双方，即已尽其能事。至于所习的学科，对于学习者的人格，发生如何的变动，是在所不计的。教育者努力于教育科学的研究，对于成绩计分的方法，精益求精。计分的方法愈精密、愈客观，而教育的效果愈着重于枝节烦琐。所谓客观的测验方法，更鼓励学生孜孜于细碎事实之记忆，对于一学科的综合的认识，更加忽视。于是教育日趋于外在的目标，根本谈不上行为的改造了。因此兴味与努力的问题亦就无法解决。兴味在教育上应占有重要的地位，这是无可疑义的。然而纯正的兴味，乃发于教材本身意义的彻悟，"发愤忘食，乐以忘忧"，才是纯正兴味的表现。纯正的兴味和努力，是彼此提携的。现今教育的重心，既移放到外在目标之上，学生之兴味，集中于分数之如何增高，学分之如何修满，乃至于文凭之如何获得，凡此种种，皆与学业本身无关，兴味在彼不在此，如何能使学生对学业努力？其所以必假手于外在的动机以求学生片时的兴奋，病根盖种于此。

其次是课程的编制，以学科的分列为原则，每一学科之组织愈益完密，而诸学科之分野愈益显明，彼此的联络愈益疏远。小学施行级任制度，一人兼教各门，其学科中间之缺乏联络，尚可借人的统一以作救济。中等以上学校施行科任制度，此学科的教员不知彼学科的教员所做何事，各科的关系完全断绝；学生终日周旋于各自独立的知识体系之间，正如盲人摸着象鼻、象身、象牙、象足，而始终不能知道象之形状。教者既不以各门学科之融会贯通为意，怎能希望学生自动去融会贯通？昔郑板桥有句云："臣幼读书史，散漫无主张，如收败贯钱，如撑断港航，所以遇烦剧，束手徒周章。"为学散漫不能一贯之病，可谓自昔已然，于今为烈。凡此课程编制，以及计算成绩的方法，俱来自西方。彼由于生产关系的演变，影响及于教育制度，成此蹒跚臃肿之结果；中国的生产进展，未达西方的阶段，而亦必以仿行此制度为得计，诚令人索解无从。今言救正之道,当然不能把课程内容勉强删削,使其恢复到简陋的地步。但是学科间的联络,是必须注重的。全部经验的完整,全个人格的完整,为生长发展过程中所必须尊重的事实。于必要时,宁可牺牲一学科的体系条理,宁可犯了反复重叠的毛病,不能让个人的经验支离破碎。连带地,成绩计算方法的机械性,必须减少。假如考试是必需的,那么考试的对象应是学习者的理解与实用能力。这种考试虽暂时尚不能取得客观正确性,但较尊重琐碎的客观考试方法,尚觉此胜于彼。

复次,则思想信仰,亦应树立重心,方可免于纷眩。所谓纯粹的虚心态度,固可欣羡,但仅为一种理想,于事实上盖属少见。主奴之间,轩轾不甚显明者,即已难能可贵。且绝对没有立场,实亦无从把捉现实。譬如摄影,若镜头摇动不定,则影像必至模糊;譬如杠杆起重,亦必需一支点。《大学》云:"知止而后有定,定而后能静,静而后能安,安而后能虑,虑而后能得。"倒不一定是演绎法的理论,推而至于观察考验,何尝不需一暂时假定的立场?此立场固须时时修正,但在某一时间空间之中,则必有一立场较诸其他立场更为切实合理。例如目前中国思想,应根据互助而否定斗争,应根据建设而否定破坏,应根据民族重心而否定个人重心,或家族重心,或国际重心。此等基本的信仰,必须确立,则心力的发扬乃能循序渐进,不为外务所吸引。教育中之宜芟除驳杂者以此。

二曰砥砺其气质。芟除驳杂者,是消极地去掉教育上的障碍。砥砺气质乃是积极的教育工作。质是指人格静的方面,气是指人格动的方面。将人格静的方面磨炼起来,动的方面激发起来,才是教育应有之任务。然则其道何由?曰,在"明诚"。《中庸》云:"自诚明,谓之性;

自明诚,谓之教。"诚是精神的动力,发挥这动力,就是明诚,就是教育。什么是"诚"? 诚有三方面的意义:第一是对己,"诚者,自成也"。这意义就是自约自主。人类在教育尚未开始以前,已具有许多冲动、许多反射和许多无定向的运动,这些可算是教育的原料,若是没有这许多的动力做基础,教育必无从下手。我们现在都已明了,把人性比作一片白蜡的譬喻,是完全错误的。教育不是把某些能力凭空送给个人,而是利用学习者自身的反应,而加以指导;若是学习者压根就不发生反应,那么行为的改造就成为不可能。但是人类原始的动力,是极其散漫的。它最缺乏的是联络、组织与调整。由于散漫的原因,人的最初行动是反射的、机械的、冲动的。在外显的行为中,是没有技巧足以操纵环境。在潜伏的行为中,是欲望极盛,此起彼伏,叠为雄长,矛盾冲突,个人行动毫无持久的动向。至于符号的行为(思想),尤其无从进行。这种混乱的状态,在婴儿及幼童时期,充分表现。教育借助于环境,循序渐进地引起儿童的反应,逐渐把这些反应联络起来,从散漫的变为有秩序的,从矛盾的变为有调节的,各部分反应之间的相互牵制,维持一种动的平衡。外显反应的调整,成为习惯技能;潜伏反应的调整,成为态度、倾向、情操、理念。调整先起于部分的行为,逐渐扩大范围,最后包括行为系统的全部。其结果是行为系统中的活动,完全和谐,完全自由。这就是通常所谓的意志。意志达到最高度的自约自主,就叫作诚。"诚者不勉而中,不思而得,从容中道。"这是何等的自由!

诚的第二方面是对人。对人应该怎样? 就是内外一致,就是对人与对己俱是一般。"所谓诚其意者,毋自欺也。"不自欺乃不欺人。"小人闲居为不善,无所不至,见君子而后厌然,掩其不善,而著其善。人之视己,如见其肺肝然,则何益矣。此谓诚于中,形于外,故君子必慎其独也。曾子曰:'十目所视,十手所指,其严乎!'"虚伪矫情,徒见其心劳日拙,而本性终须流露。"幽暗之中,细微之事,迹虽未形而几则已动",终是瞒藏不得。所以说,"莫见乎隐,莫显乎微,故君子慎其独也"。诚的效果如何?"唯天下至诚,为能尽其性;能尽其性,则能尽人之性;能尽人之性,则能尽物之性。"诚到极点,才能对人了解,才能对人同情。所以诚是爱力的起点,在人类缺乏热情的时期,尤须着重明诚工夫。

诚的第三方面是对物,就是追根穷源的精神。"有弗学,学之弗能,弗措也;有弗问,问之弗知,弗措也;有弗思,思之弗得,弗措也;有弗辨,辨之弗明,弗措也;有弗行,行之弗笃,弗措也。"诚是件件都求彻底,正和一得自喜、自画不进的人相反。追根穷源是不怕用力的。"人一能之己百之,人十能之己千之。"这种勇往直前的精神,用之于科学,何愁科学不昌明?用之于政治,何愁政治不澄清?用之于法律,何愁法律不公允?用之于一切建设,何愁建设不成功?"至诚无息"者,像这样打破砂锅问到底地做去,如何能息,如何肯息?

诚的意义,依上面的说明,一是自约自主,就是自立的力;二是内外一致,就是团结的力;三是追根穷源,就是创造的力。这三种力,是民族复兴的要素。现在要问诚怎样才能达到。

这进行的程序,可以约略说明。要培养上述三方面的诚,最初都是从不自觉的习惯训练入手,渐渐地成为自觉的。反省的学习,最后必须构成理念及原则,方能于大成。"我欲仁,斯仁至矣。"此地的"欲",就是理念的确立,是有极大力量的。比如培养自约自主,最初仅是些筋肉的习惯,随后才成为观念上的自主。以习字为例:起始执笔,完全靠试错的作用，才能写成字体。但不久对于执笔的姿势，渐能借助于机体感觉，而运用自如。举凡手指的安排，执握笔杆的部位，腕臂的运用，都供给些模糊的感觉，颇有益于筋肉的控制。字体结构，渐能平匀。但此时若无观念上的指导，则于转折、勾剔、顿注之间，尚未能完全正确。至于希望书法精进，则尤非有明白的理念不可。这时须多看字帖，无非借此以确定学习者的书法理念，依此理念以作练习，及其终极，方能鸾翔凤舞，下笔有神，这是写字达到最高的自主了。再以守秩序为例：起始令儿童出入教室，必依先后顺序，可以完全机械地施以训练。及其成为习惯，颇能安然行之。但若不构成守秩序的理念，则除此特别养成之习惯以外，其他有关秩序之事项，儿童未必注意及之。甚至即此养成之习惯，亦不能尽其效用。出入教室虽依顺序，但乘坐校车，仍然争先恐后，推挤向前；开会发言，仍然七嘴八舌，同时开口。这困难盖由于不能将习惯概括化、理性化，所以停留在机械的层面。一面固须将习惯的应用推广，一面尤须注意理念的构成。若是养成守秩序的理念，则对于一切扰乱秩序的情境及动作必是自然而然地生出厌恶之心；而他自己亦可以处处遵守秩序，丝毫不觉勉强，这是守秩序达到最高的自主了。

　　自约自主，靠理念的确立而达到。要达到内外一致和追根穷源，亦需要理念。忠实不欺，固然可以成为习惯，但若缺乏忠实不欺的理念，就难免忠于此而不忠于彼。追根穷源，固然出发于人类天然的好奇心，但若缺乏适当的理念，则好奇心不能持久，亦不能用之于艰深的问题。所以"明诚"的本意，是"先明乎善，而后能实其善"。"明乎善"就是成立理念，确为"实其善"之前提也。

　　上面说明"诚"的本质就是力。力的产生，固然须借助于环境的刺激,但刺激的作用,是只能启发力量,不能制造力量。一面有环境供给刺激,一面还是需要学习者自身的奋勉。新教育没有什么神秘的法术,可使学习者不劳而获;假如有的话,亦不愿使用,因为"力的人格"是必须由学习者自己建设起来的。但这并非将教育者的责任减轻。必使全部教育设施都成为诚的表现,才能希望学习者去明诚。全国的教育系统,若能通盘筹划,使各地方、各等级、各类别的教育机关,都能平匀发展,没有畸轻畸重之病;并且衔接沟通,提携呼应,齐向一个共同的教育目的努力推进;至于教育内容,则教材教法,俱与目标相符,用人行政,俱无浪费之弊。这是教育本身的自约自主。教育政策,若能不事张扬,不说空话,尤其不轻易变更;即有变更,必出于详细审度社会国家之需要,而后着之于法令,及乎每条法令公布之后,必认真实行,务求贯彻,且时时察其利害得失,给以必需的修正补充;担任行政教学之人员,亦必协力奉行,其有个人认为尚未妥善之处,必提供意见,以作当局及教育界人士之参考;在同一教育机关之中,其主持者与协助者,亦必同心勠力,以求最高的效果。这是教育本身的内外一致。无论机关之大小高低,一切工作人员,除尽其常规的责任以外,俱能本着科学的精神,不断地研究其自身的工作。小而至于一表格的编排,大而至于目标的决定,无不经过考查、分析、比较、实验的工夫。处于首领地位者,固应博访周咨,广开言路;处于辅佐地位者,亦应知无不言,言无不尽;至于教学精神,尤应以激发钻研的兴趣,指导探讨的方法为主。这是教育本身的追根穷源。如此,则受教育者终日沉浸于诚的空气中,则希望他去明诚,大概不是一句空话了。

三曰转变其动向。前面指出中国旧道德的四项缺点,必须借教育的力量来加以纠正。重私德而不重公德的倾向,必须以民族主义的教育来挽救。教材中关于民族过去的光荣,以及吾先民的言行理想有切合于今日需要者,必充分发挥;尤其是历史、公民、文学等科的教学,必须富有生气,庶能激发学生的民族意识。在不致引起盲目崇拜的范围以内,对于他民族奋力自存的经过,亦不妨用作印证。不过徒有教材,尚不足发生高度的效果。又须于教法方面,多多致力。现在的教法,过分奖励个人的竞争,鲜有培养互助合作的方法。今后的教学,必以能发扬社会性的方法为主。凡能采用分工合作的原则以施教的方法,应尽量推行。课外活动,亦必以训练团体生活为主,现行教育考核成绩之方法,是以个人竞争为基础的,如能取消现行的计分制度,亦是灭除社化教学的一重障碍。

欲使士君子的道德推广成为大众的道德,必须从纯粹主观的道德化为比较客观的道德,这两事是连带的。前面已经说过,主观的道德之缺点,是在没有共同的具体的行为标准,而"法"则是供给这个客观的标准。所以法治的精神,在新教育里,有提倡的必要。将来的生活,比较今日必更为繁杂,而教育的范围,亦必日渐推广。为适应一般人的需要起见,必须以法济礼之穷。我们秉承"徒法不足以自行"的古训,所以必须造就拥护法治的人民。这并非将礼治完全抛弃,实际是把礼与法的鲜明界限慢慢地踏平而已。培养法治的观念,其责任偏重于教材;训练守法的习惯,其责任偏重于教法。还是需要知行并重的。最近倡行的新生活运动,其中所提倡的礼义廉耻四端,颇有客观标准化的趋势,这是旧道德适应新环境的必经过程。

如何将消极的道德转变为积极的道德,特别有待于科学教育,将于下节中讨论,兹姑不赘。

总而言之,今日所应培养的精神,必是适合于解决今日问题之精神,而对于来日情境之变迁,亦必预为准备,于必要时,且从而促成之。所谓"从根救起"与"迎头赶上"之旨,盖不外乎此。抑且处于今日物质凋敝之中国,若必于形势方面求教育之进步,势必令人望之气沮,故不得不运用精神力量,发挥吾先民以心胜物之美德,以济此时艰也。

　　其次再说如何可使教育培养物质的力。一曰改善科学教育。西方的物质文明,既以科学为骨干,则我人从事于物质建设,必须抓住科学,自无待言。但是中国提倡科学教育数十年,其成效则甚微薄,其故盖有二端:一则于清末开始之西艺教育,根本把科学误认作实用的技术,只知应用科学的结果,不知创造新知的方法。重结果轻方法的教学,把活泼泼的科学,化为一大堆的死知识。二则中国旧有的八股气习,还未解除,学科学亦和读经书一般,只重文字,不重精神。于是科学教学可以背诵出之,而科学的精神是被剥夺尽了。其实科学并无一定的内容,而教学亦不必拘于形式。科学固不能与仪器分离,科学教学并宜多有实验机会,然亦常有应用仪器不得其法反使学生印象模糊,不能明了者,亦常有举行实验时秩序凌乱,或依样画葫芦不求理解者,则实验徒滋纷扰。今为普及科学教育计,凡设备完善之学校,应善为应用,勿徒事装潢。遇有设备不全之学校,则不如以日常接近之材料,由教师执行简明干净之表演,助以适当的发问,以激发学生之反省,尚足与科学精神相合。为便利教师起见,将来的科学教本,一部分最好依此原则编订,充分搜集常见之自然现象为教材,以纠正时下好高骛远之弊。西方教科书中,尽多引用复杂的科学事实,则以彼邦物质文明已经发达,科学结果之应用于家庭以及公共场所者,随处多有,儿童对之久已熟悉,一经研究,更能明了。中国则环境中缺乏此类材料,徒恃书本以授予儿童,自然不能接受。而自然界常相接触之事实,反略而不谈,其不合理是很显明的了。及至科学教育的精神真能发挥,则首先可以打破国人模棱两可、笼统马虎的习气,再则遇事必加深究,颓废之风亦可纠正,至于物质的创造,正其余事耳。

二曰注重繁荣农村。中国自古以农立国,在最近的将来,仍将以农为主要的生产劳动。挽救目前危机的最低限度,亦要能使本国的农产物自给自足。可是最近数年,粮食入口数量,竟一跃而为入口货品之第一位。此其危险,岂待说明?农村崩溃之原因,至为繁杂。客观方面,一为天灾,二为战乱,三为苛征杂税,四为帝国主义之经济侵略,五为生产技术之陈旧,六为地方土劣之压迫,七为流通资本之竭蹶。主观方面,则因农民之愚昧怯弱,散漫无组织,对于客观的毒害,毫无抵抗能力。今欲以教育力量复兴农村,此种教育工作的范围,自非放大不可。寻常教育的作用,只注重主观方面之救济,今则必须同时解决客观方面的困难。今日之农村教育,应包括政治、经济、保卫、科学等方面的建设。目前治标之策,自不得不以接济金融为先。故农村贷款及举办仓库,为刻不容缓之事。然根本问题,尚在如何增进农民生产技术,改善农民生活,提高农民知识,训练农民组织能力。现在二事急应提倡者,一为鼓励农业副产品,特别应着重于土机织布。盖农民日常生活所需,原极简陋;衣食而外,他种费用甚少。其必须仰给于都市者,厥为布匹。洋布之大量输入,以销行于农民者为大宗。今若举国农民咸能自织而衣,则农村金融外流之一大决口,可以立时堵塞。故土布运动,关系甚巨。二为推广合作事业。合作社之组织,不仅使贷款易于进行,生产运输消费等实际问题易于解决,而且可以训练农民之团体生活习惯,养成互助美德,恰可针对农民散漫弱点,可谓最善的农村公民教育。至于识字与卫生,在寻常教育中最被视为重要者,在农村教育中则宜附带于其他活动之中,使农民自然认识其需要。盖农民所受压迫已多,凡彼等所认为不急之务,若强加其身,徒使农民感觉滋扰,故应以自然地引起其认识此种新需要为施教初步。

三曰改进手工业。今欲提高生产,在新的生产事业尚未发达以前,旧有的生产事业必须保存之、改进之。今日中国,除极少数之工业中心外,全国的工业仍属手工业范围。教育为适应社会需要计,自当注意及之。但现在一般职业学校,对此则甚忽视。例如造瓷、造纸、造墨、制漆、制糖、炼油、雕刻等技术,尚未与教育发生关系。将坐令精美的手艺渐次失传,陈旧的方法无从改进。而从普遍的需要言之,则如上述之纺织运动,亦尚未能普遍推行。环视日、法诸国,工业发达程度远在中国之上,尚孜孜于手工业技术之研究,我国工业几全属手工的,反任其自生自灭,丝毫不用教育的力量来推行改进,其错误甚明。今后对于每种重要的手工业,最好一面筹设专门研究机关,使其技术成为科学化,一面于普通学校中,视其所在地之特殊需要与机会,酌设手工制造科目。凡不能升学之学生,习之可得谋生技能;升学之学生,习之亦可明了地方生产实况,两方都有利益。而且根据土布运动者的实验,若管理得宜,产布成本可以减少,产布品质可以提高。前以无知识的农民为例,泥于古法,不知减轻成本,提高品质之道,今有知识界为之倡导,略加改革,已能见效。推而至于其他手工业,盖莫不能得到相当的改进。然后以之与舶来品抗,成功的希望较多。故手工业与教育结婚,是急应促成的。

四曰培养开创能力。职业教育在中国已提倡多年,然尚无成功之可言,其失败之关键,盖在职业教育只知训练生产的技术,而未注意到如何使此技术获得施展的机会。西方国家,其各种生产事业,规模业已大备，主持其组织者，已有人在，故学校出身之技术人才，只需具有一技之长，不必明了其事业之通盘计划，即不难人尽其用。在中国，则新兴生产事业，尚在萌芽期中，其稍具雏形者，概集中于少数都市。偏僻之区，尽多开发机会，苦于无人问津。学校教育模仿西洋成法，专重技术的训练，及其毕业离校，只得向大都市中已经成立之少数机关谋出路。于是人浮于事，失业恐多，而需要开发之地，此等学校毕业生，又不足任其艰巨。故人事供求，失其平衡。职业教育之错误，亦应负一部分责任。今后之生产教育，必以培养能开创小规模之地方生产事业者为主。故技术而外，对于体格的锻炼，品格的陶冶，普通知识的灌输，地方实际情形的熟谙，均须同时注重。在今日中国，教育必须注重生产，固不待言，而生产教育之意义必须推广，亦是不容忽视的。

五曰力求生产教育之普遍化。今日教育最宜切忌的是两歧的趋向。一方面造就所谓普通人才，一方面造就生产人才，二者判然两途，这种办法和思想还是承袭昔日士大夫阶级教育的遗毒。现在不劳而食的人是不应该有，教育就不应该还从事于不劳而食的阶级之造就。即如社会领袖，亦以受过生产训练者为宜。若在受教时期，即将此等未来的领袖，与一般民众之间，划出一道鸿沟，殊不合于民主精神。生产活动既如前节所述，其意义经过扩大，则对于领袖之培养，亦无过分狭隘之嫌。盖生产教育包括知与动的两面，低级学校多重动，高级学校多重知，逐渐转移其重心，则无碍于高深的学养。前曾言及学校课程中各项科目应切实联络之重要，今若以生产为中心，使各项科目环集于四周，或供给生产者所需的专门知识，或陶冶生产者所需的人生态度，或训练生产技术，或锻炼生产者的体格与品格，或练习生产者的劳作习惯，或指导生产者的休闲活动，或指示生产者与其他生产者以及消费者之间的关系，或指示生产分配与消费的合理原则，或训练生产者的组合能力，或指示生产者以其所处的物质环境与社会环境的性质等等，则课程的脉络流通，自可成为一贯了。总之，生产教育广义化以后，就该求其普遍化。现在学制中所谓普通教育与生产教育的壁垒，一日不拆除，生产教育亦就一日不得收效。

六曰生产教育应包括分配与消费的训练。消费与分配，必使合理，在产业发达以前，消费必力求节俭；在渐见发达以后，又必须注重分配。于是民生主义中之"平均地权"与"节制资本"的两大原则，就要努力奉行，以杜绝资本主义之流弊了。

综上所言，培养精神的力与培养物质的力，虽是分而论之，实际上是彼此照应，互为表里的。比如培养精神的力，注意于合群化、客观化、积极化、普遍化，皆有利于促进生产，或为生产发达后生活之准备。对于物质的力，绝未忽视。而培养物质的力时，仍以利他克己为中心，亦是处处顾到精神的力。因为民族的复兴，既成为教育主干目标，其一切设施，俱以促成此目标为衡准，所以自能贯彻一致了。

最后，对于推行教育的政策，还有四点须加注意。中国教育的对象，是大多数的民众，不仅是少数的学校学生。教育的性质，必须适合于这多数人的需要，使他们愿意接受，能够接受。教育制度，亦须做适当的改革，把重心移到民众身上去。这是教育的范围应该推广，此其一。中国社会还未像工业化以后那样繁杂，所以教育机关的组织亦应在相当限制内求其简单。庞大的组织非但浪费金钱，而且运用起来，反而不便。学校内部活动，亦不必多设名目，应重实际。又因教育的机会尚未普及，对于人民以私力经营教育事业，或私人自己进修者，俱应予以鼓励，不宜过分以资格为之束缚。非正式的教育机关，亦宜予以协助提倡。这是教育的形式资格应该减少,此其二。中国地大物博,各地方的需要不同,力量不同,机会不同。教育制度应有相当适应余地。在大的方面,如教育宗旨、教育政策等,固应由政府统制;至于入学年限的长短,教材的选择等,则应予地方以伸缩机会。所谓教育统制,应注重通盘筹划,而不是刻板划一。这是教育统制中宜保留弹性,此其三。中国自来尊重学术,流风余韵,至今未衰。一般人民俱以能求学为乐,其所以甘居愚昧者,实因现代教育与若辈生活需要距离太远,而教育费用亦非多数人所能负担,故入学者稀少,失学者众多。今若求教育之普及,教育自身首应改造,使其成效为一般人所能明了,同时亦必以受教育不妨碍生计为主。这是强迫推行教育中应该保存温和,此其四。中国教育理论建设之大要如此,其详细子目则尚有待于进一步的探讨。

在前文里,有许多推崇中国旧有学说的地方,这并非主张复古。因为旧学说有精到之处,理应加以阐扬;其错误之点,则亦必加以纠正。对于西洋理论有许多批评的地方,这并非反对维新,因为对于新的学理,只有批判地采纳,才是真正的采纳。从事于教育理论的建设,以及一般文化理论的建设,非破除这笼统的积习不可。

教育与社会*

学校与社会应该打成一片的呼声,在今日可谓甚嚣尘上。稍读一点教育理论书籍的人,都能说得朗朗上口。我们追溯这种思潮的起源,在17世纪社会的唯实主义者,固已做过一番有力的倡导;但这样的理论在今日能有如此影响,第一要归功于杜威博士。杜威曾用一个譬喻,说明与社会分离的学校教育之弊。他说,在某城里有一游泳学校教学生泅水,却不叫学生下水,只在陆地上把泅水的动作重复练习。后来有人问一个学生:"你到水里时怎么样?"那学生回答道:"沉了。"学校生活如果和社会生活截然分成两橛,其毛病正和陆地上练习泅水一般。(Dewey, *Moral Principles in Education*, pp. 13 - 14)这个譬喻果然说得巧妙,意思亦很明显,是人人都能懂得的。

但若追求杜威主张的意义之所在,其实并不如此简单,杜威在痛论学校与社会分离之弊的时候,自然不是凭空发出无的放矢的议论。他自然是观察到学校教育确有与社会分离的现象,所以才有感而发。

---

* 选自《教育学期刊》1933年第1卷创刊号,第1—14页。

但是他果真以为教育是可以脱离社会的吗？在别的地方他明明说过，"我相信学校本来是一种社会制度。教育既然是一种社会的程序，学校不过是群居生活之一种型相"（*My Educational Creed*, p.7）。又说"仔细考察各时代的教育制度，都是以社会情形为重要的枢纽。不只制度的形状是如此，就是教授的学科和教授的方法也是如此"。前句话是单说理论的，后句话是根据实际的。无论在理论上或在实际上，他实在已承认社会与教育是无时或离的了。一面在承认社会与教育之密切相连，一面却忧惶教育是离开了社会，这里的矛盾性若无适当的解答，教育与社会的关系是绝对无从了解的。

先从理论上说，教育可分广义的教育与狭义的教育二部。广义的教育包含全部社会生活，无所谓与社会分离的问题，此地毋庸赘言。现在专说狭义的教育，就是有形的或学校的教育，能不能与社会分离开呢？一个社会的形成，依照杜威的意思，不仅在于各个分子能得空间上的接近，而重在各个分子之精神交通。举凡目的、信仰、愿望、知识，俱可借精神交通而渐形一致，然后成为社会。但各种社会制度虽都带着精神交通的作用，却各有其另外的主要功能。唯有学校教育是人群活动中专以精神交通为主要职务的活动，所以亦可以说是人群活动中最富于社会性的活动了。（参阅 Dewey, *Democracy and Education*. Ch. I.）固然在学校之中，施教者与受教者之间精神交通不能常常发生预期的效果，或者会产生和预期相反的效果，又或施教者虽尚未能对受教者的经验发生任何影响，而施教者与受教者之间却会生出许多的交通感应，各人的经验都因此发生剧烈的变动。这种种情状，只可说是教育计划上的失败，至于学校教育的社会性，并不因此而动摇。因为在这种种情状之下，精神交通的方向与结果，虽不免颠倒错乱,但精神交通的作用是依然进行的。所以学校教育就是社会活动之一部,学校存在何处,社会亦就存在何处,当然亦无所谓分离的问题了。

非但学校教育的程序就是社会的程序,而且这种程序与其他各种社会程序有许多交相错综的地方。如何发生交相错综呢?就是以个人的经验为关键。假如学校教育程序之中,只有学校里的各分子交相影响,那么虽然可以说学校的本身就是社会,但终嫌其囿于一隅,不与外界发生关系。然而事实并不如此,学校与其他社会制度之间,实有无数的溪流往来沟通的。这些溪流就是学校中的个人。我们时常说到学校和社会相隔绝,实在是把抽象与实体搅混在一起。学生和教师其实都是些抽象的名词,他们的实体原是一个一个的人。不过从施教和受教的关系上说来,称之为教师与学生而已。这一个一个的人,在进了校门的时候,固然是学校中的员生,可是在校门以外,他们却是家庭中的分子、乡里中的邻人、街市上的游侣、俱乐部里的社员、政治上的公民、商店里的顾客,以及其他临时或永久的集团的构成者。他们在这些学校以外的社会生活中,所受着的经验上的扩充与改变,所养成的习惯、态度、观念、标准与知识,没有一件不跟着他们带进校门。在学校里各人发生精神交通的时候,这些习惯态度等等,就起了作用。学校里的生活内容,处处都表现出这些校外经验的痕迹。每个个人可以看作一条小溪,把隔墙红叶从溪流里携带过来。除非每个教师与每个学生都患着人格分裂的精神病,出校时是一重人格,入校时又是一重人格,这两重人格各不相通,才能说学校与社会是真正的隔断。

说到人格的形成,尤其要联想到社会与个人关系之密切。若问社会在哪里,就只存在于每个个人的人格里;若问个人人格是什么,就只是社会制度的结晶。没有社会,只能有生物的人、生理的人,最多也不过是野蛮原始的人。若要有具今日人的意义的人,非等到有了长久的社会历史、丰富的社会接触以后不可。认真地说"社会存在于个人之先"这句诡词,是含有真确的意义的,假如没有社会,个人能够说话吗?他能说某一国的语言吗? 当然不能。就在今日,聋人必哑,正因语言不是天赋的而是社会的产物。他会鄙薄那些骄倨淫乱贪污的人吗? 当然不会。他根本就没有良心这一回事,因为良心原不是先天具有,而是造成于社会的经验。他会穿着衣冠吗? 当然不会。衣冠是许多前人的发明累积下来的作品,绝非一人所能独力创造。人类中的一个与众隔离的个人,怕只成为课程的蛮夷,哑口的禽兽罢了。

先民中最初的第一人,无论他是有如亚里士多德一般聪明,或是像猩猩一般的智力,实在无关紧要。压根儿他就不会应用语言。即使他能用语言,亦没有什么话可说。他的意识内容,只限于直接由感觉所供给的印象。他对耳目所及的外界事物,固能觉知,他对于自身的饥饿、痛苦、以及本能的冲动,固然亦能感觉到,但是自我的意识必须由与人结合而生。社会造成个人的人格,造成他的兴味、情操、意见和艺术。我们的观念无一得自遗传,我们只遗传观念和活动的能量。倘如这些能量不因社会的接触而促进,不借社会演进的结果而成为丰满,则他们不啻是种子放在瓶中,不会萌芽结实的。(参看 Hayes, *Introduction to the Study of Sociology*, pp. 44 - 444)

从上面的讨论,可见个人人格的内容是充满了社会的作用。在人格发展史中,社会是主要的因素。我们整日价把社会装在自身里,却并不觉着,正如我们整日价生长在空气里,却不知道有空气一般。我们并不因为不知四周有空气而不吸空气,我们也并不因为不知自身里有社会而与社会而脱离。我们群居的时候,固然是在社会里;我们独处的时候,也何尝不在社会里?社会好似影子一般,我们跑到何处,它跟到何处。不,它比影子还更近。影子在身外,而社会则已溶化在我的一切行动、思想、语言之中。所以若说个人离开社会,或是教育——一群个人的社会化活动——离开社会,实是名词上的矛盾。

再论一件事,说明社会与个人的互相混合,就可不必多所词费。这就是语言的效用。芬耐教授说得好,"语言文字不仅发表人的思想,它实造成人的心意,至少它是规范个人心智生长的模型。一个民族的语言文字,反映出那民族的文化。因为每一概念,都有一字来代表它,只要学会一种语言文字,你就学会了那文化中的知识资料。……把个人的词汇扩充,就可扩充个人的心意,因为一个新字学会时它就带来一个新的观念。……在使用一种完成的语言时,我们就把那民族累积下来的智识成绩承嗣下来了"。他又引涂尔干的话说"我们日常生活中用以思维的概念体系,是用本国语言中的词汇来表达。每一字译出一个概念……概念是普遍的。……一个概念不是我的概念,而是我与他人共同持有的,无论如何,概念是我所用以与他人交通的。我不能使我的感觉从我的意识中传达到他人的意识中……借概念,人的心智才能交通。概念既为人所共有,亦就是社会的产物。每当一种思想或行动为各个意志,或心智所不能不一致地接受时,这种加于个人的压力,显露出团体的干涉"(Finney, *A Sociological Philosophy of Education*, pp. 151 - 152)。概念所有的作用,亦就是语言的作用。我们无论在说话或静思,总得应用语言,尤其在现代教育里,无时不应用语言,所以无时不受社会的干涉。哪里还可以说与社会脱离?

现在从实际上看教育能否与社会隔绝。翻开一部教育史,无论是中国的或是西洋的,几乎没有一时期,教育的制度理想或设施,不是反映出社会的背景。斯巴达的存在,完全建筑在武功之上,所以开世界军国民教育之首端。古希腊的音乐、艺术、文学、哲学,造成当时教育丰富的内容,至今还受人们的景慕。而考其所以能有如许的创造,却因为有那十五万奴隶从事于劳动的生产,才能让那四万自由公民优游于文雅的活动。可是因此却令劳动与教育分了家,直到一二千年以后,还不能打破这分界,可说是世界的不幸了。希腊前期生活简单,所以教育内容注重行动的训练。教科以乐歌、舞蹈、体育为主。及其后期,生活日繁,个人活动的范围推广,于是注重心智的启发。学校课程渐以文法、修辞、逻辑为中心。罗马人擅长大规模的组织,在政治、法律、军事、建筑各方面,既已表现出伟大的组织力,在教育方面,亦能采取希腊遗型,从事于扩充完备的工作。其后罗马帝国渐趋颓废,芜政丛生,人民怨苦,就有基督教应运而生。以来世的享乐,慰今生的疾苦。教育内容,亦就完全以宗教为依归。中古时期,学校中所谓七艺,实只为研究神道学的阶梯。高级教育的目标,唯以培养教士为主旨。其教育方法,亦只注重权威的服从,信仰的坚笃。与此种宗教教育并行的还有武士的教育,完全是封建制度的产儿。及至文艺复兴时期,社会的风气趋向复古,教育亦就以考据训诂、钻研章句为能事。直到15世纪以后,宗教的羁绊渐松,独裁政治的反响渐起,探险的成绩渐多,科学研究的兴味渐盛,民族的意识渐浓,教育才随之而变动。于是在目的方面,才注意今世人生的需要;在方法上面,才有所谓唯实主义、自然主义、心理化的运动等等发生;在课程方面,才增近代方言、自然科学,以及其他实用学科;在组织方面,才有普及教育、国家负担教育责任的趋势。而在今日资本主义社会之中,教育又日见其资本化了。

在西洋,教育既受社会背景的支配,在中国又何独不然?周代以前社会简单朴厚,教育不重文艺,所以"大司徒以乡三物教万民而宾兴之"。所谓乡三物,就是六德、六行、六艺,大半都是注重行为的陶冶、品行的培植。又因为是封建社会,所以教育偏重贵族。在传记中,常看见偏重贵族教育的话。如《周礼》说:"师氏,以教国子弟,凡国之贵游子弟学焉。大司乐[掌]成均之法,以治建国之学政,而合国之子弟焉。大胥掌学士之版,以待致诸子。"又如《礼记·文王世子》也说:"凡学世子及学士,必时。"都是指诸侯乡大夫的子弟的教育。春秋战国时代,中央统制力衰微,所以私人讲学之风最盛。汉代崇尚德治,民风敦实,所以选举制度可行,士子亦重气节。太学生"危言深论不隐豪强,公卿避其贬议"。其后教育的目的依然着重选拔政治的人才,可是人心不古,选举的方法行不通,九品中正之法又行不通,自隋以后才不得不用考试之法,而教育内容亦渐渐偏重文艺了。这时求官者众,而官的位置甚少。唐代开元中,内外官万八千余员,而合入官之资格者凡十二余万人,大率十人争一官,有出身二十年而不获禄者。不能获禄无以谋生,于是奔走权贵之门,以求速用。常有戴破帽策蹇驴,携其所为文以干谒当时之王宫大人者,名之曰"求知己"。如是而不得见,则照从前一样,再做一次,名之曰"温卷"。若再不得见,就执贽于马前,自赞曰"某人上谒"。士风之坏于此可见。(王凤喈《中国教育史大纲》,第138—139页)比汉代的学风,高低不可以道里计。其实都是社会情况的反映。从此,总可以看出社会对于教育的影响了。

非但从一种社会里生长出来的教育,不能同那社会分离,即使把甲社会所产生的教育制度移植到乙社会里,那教育制度也会吸进乙社会的气味。中国采自欧美的新式教育,岂非硬生生把一个毫无历史关系的制度放到中国社会里来?这里值得我们惊奇的,不是这制度不合于中国背景,而是这制度马上对它的新环境做许多让步和容纳。例如清末学校,毕业生奖给出身,男女入学机会不平等,授课时拿着教科书按字面逐句解释,小学里依然注重背诵,自然科学不重实验,劳作工艺、职业等科有名无实,体育不普及,学生不能团结自治,等等,哪一件不是道地的中国本色?为什么如此呢?这道理很浅显,因为制度虽然是西洋的,施行这制度的人却是中国人,中国人就是中国社会的产品。说到此地,难道还能不信学校与社会是息息相关的吗?

然则社会与学校分离之说,从何而起呢?我们还是从杜威自己所说的话里寻求。他说:"学校教育一和社会分离,就与日用生活现代精神隔绝,迂远而不切事情了。大凡各种制度和机关成立以后,一定有一种习俗惯例发生。这种制度机关,当初因为一时权宜去应付事情,日子久了,便慢慢地变成习惯,以后做事便完全不能脱离它的成规了。学校是一种机关,也不能逃了这个例。所以一个学校里的教授法、科目编制法等等,也因历来相传,不容易变更。有时政治上、经济上、社会上的情形完全变了,但它一律不管,仍旧照它的老例去做。"(杜威《教育哲学》,南高师范丛书第四种,第30—31页)杜威的社会观,是动的而非静的,这是了解他的思想的前提。他承认学校与社会,原先本是互相联系,不过时代是变迁的,社会是前进的,而社会中各种制度的变迁速率颇不齐一。学校的完备组织,固然有它的好处,但亦就成为变动的阻碍。学校内部的惰性,较学校以外的惰性大,犹如大水桶里放一小瓶,桶里瓶里都盛着水,若把水桶转动起来,桶里水旋转的动流,速于瓶里的水。于是学校的内容,虽则改变,然而较校外社会的改变缓滞得多了。两者之间,便发生悬隔。学校教育中最难变动的,杜威特别注意到教材和教法。关于前者,他说:"学校教材之缘起,都有社会的背景,都是应社会需要而生的。"(同上书,第35页)然教材一经采择之后,尽管社会的需要已经削减或改变了,教材仍旧保留下来。尤其是教材组织的方法,不仅使教材内容渐成僵硬,而且妨碍着教法。教材的内容,虽是基于前人的经验,但是经过选择,经过组织,成为有条理、有部署的学科科目以后,这种论理的组织不与心理的组织相符,以致儿童学习的时候,处处碰到不自然的隔阂。其结果是,学校教育,成为:(一)没有生气,(二)不切实用,(三)没有兴趣。于此可以明了杜威的矛盾言论的来由。当他说学校教育是社会过程的一种型相时,他心里是想着整个的学校教育过程;而当他说到学校与社会分离时,他是单想着教材与教法。他心中的对象"范围广狭不同,所以他发出两歧的言论"。

其实,学校教育何尝限于教材与教法两点,又何尝以此两点为其主要部分!姑不论一般的学生在普通所谓上课的时间,不过是虚应故事,在教室外面的活泼生气,一进教室便已消逝于无何有之乡。其所学的功课最多亦不过黏附在他的人格外层,绝不能吸收到他的内心深处。就是一般的教师,除掉极少数的例外,又何尝能把他所教的教材和他的人格溶化在一起!可是在教课以外就不同了。教师们"燕居"的生活,最足以流露出他们的本来面目。你去听听他们同事间的闲谈,他们饮食起居的嗜好与习惯,他们对于一切政治经济社会问题的意见,他们对于其他阶级中人的态度,无处不映照出时代的趋向。我国社会的窳败陋劣之点,如怠职、结党、倾轧、投机、凌乱、欺诈、浪费(物质的与精神的)、颓废、虚弱、依赖等等,以至于无穷的其他,在教师与学生的生活里,何处不有表现?这里表现出来的性格,才是他们的本性,才是他们真正生活的实质,这才是学校教育的结果或者亦可以说学校教育的无结果。教师与学生正和一般人一样,都是社会与时代的产儿。其罪恶固然每人应当负责,但不能尽归之于个人。旧囊里不能藏新酒,腐恶的社会亦造不出优良的人格。近来批评教育的人,只知指摘学校的无效果,殊不知在中国现在的社会氛围之中,要办成满意的教育效果,比任何他国为难。所以我们的问题,一面固然要像杜威所说,尽力把课程改造,使它跟得上社会的变迁,把教法改良,使它经适合于心理的发展;一面却要努力把学校从社会的恶氛围中拉出。我们的问题是非常诡异的。我们既要学校与社会打成一片,同时又要学校与社会远远分离。换句话说,我们要和学校教育打成一片的,是比较普遍的、比较抽象的社会,就是一般的社会过程。而我们所要使学校教育脱离的,是中国今日现实的社会。更具体些说,学校教育应当根据社会进化的原则及方法,造成能够应付实际社会问题,促进理想社会之实现的人;同时保护着他,在他的人格尚未坚凝之前,不让他受着现实社会的熏染。

这样的教育目标,诚然是十分难于达到的。最大的困难有二:学校不能存在于真空之中,学校亦不能如囹圄一般,完全与周遭的环境隔绝。此其一。即使第一点不成问题,假定学校能够不受社会恶影响的侵入,然而这样培养出来的人才能否应付日后他所要参加的社会呢?依照医学上种痘的原则,种过痘菌的人,才有抵抗天花的力量。向来不与恶社会接触的人,只怕一蹈进恶社会的门,其堕落也许比素来习于此种生活的人更快哩。此其二。

在这里对于前途的展望有两种可能的结论。一种是倾向于唯物的。从这一立场说,"教育为'观念形态的劳动领域之一',即社会的上层建筑之一。照唯物史观来说,社会的经济构造是现实的基础,而法制上、政治上、宗教上、艺术上,以及哲学上,简言之,就是观念上——的各种形态(即所谓观念形态)都是建立在这个基础的上层建筑。教育就是这样的上层建筑之一,也就是这样的观念形态之一。上层建筑对下部基础的依存关系是这样:物质生活资料的生产方法(即经济构造),决定社会的政治的及精神的生活过程(即上层构造)"(李浩吾《新教育大纲》,第111—112页)。"教育这种上层构造,自是依据经济构造以成形且跟随经济发展以变迁的。"(同上书,第254页)在社会主义的社会未实现以前,教育是阶级性的教育,是专为支配阶级利益的教育,是与劳动分了家的教育,是教育权跟着所有权走的教育。教育这一观念形态在各种观念形态之中,特别是不能独立的。"它虽和政治同为上层建筑之一,但它更较为第二义的,更较为派生的。因为它不仅由生产过程所决定,也由政治过程所决定。"(同上书,第270页)并且教育又没有自身的内容,"而是以其他的各项精神生产(上层建筑)的内容为内容"(同上书,第21页)。中国今日教育之不良,都有它经济的基础,都是残余的封建制度,崩溃了的自给经济,帝国主义侵略下次殖民地所必有的现象,所以按照唯物史观的程序,必须待经济的社会的革命完成以后,"经济的基础发生变动",这上层的观念形态,才能"徐徐地或急速地发生变革"。

与上说恰恰相反的是一派改善的(Telie,预定期望的目的,然后照此目的改进社会,使目的能实现)社会哲学。依这派的看法,"用教育来预定将来的社会构造及活动,多少随着我们的意志,这是可能的,把今日的学习过程的内容改换了,明日的社会过程的内容就照样改换。

素来是，今日的学习过程无意间被昨日的社会过程所预先决定，但也可由大教育家的自觉意志，有心地决定今日的学习过程，至少可以一部分做到"（Finney，*A Sociological Philosophy of Education*，p. 116）。这一派的论者，以为少数社会领袖的责任是非常重大的。"大教育家千万不可不打定主见，赶快画好新教育制度的图样，来促成最合宜的新社会秩序。因为新秩序能否顺利进行，全靠先建设适合于那种秩序的学校。学校怎么样，新的世界亦就怎么样。"（同上书，第130页）

究竟学校是可以创造社会的，还是学校受制于社会，尤其是它的经济基础的，这两者都有对，亦都有不对。改善派的社会哲学，虽极力鼓吹学校应负改善社会的责任，但并没有具体的方案提出。其所提及的办法，不过是推广教育、广播文化。然而文化是什么？文化就是现有的制度、思想以及其他社会成绩的总和。用现有的制度、意识来改革现代的社会，犹如托着自己的鞋底来举起自己的身子，其没有结果可知。包亚士说，越是智识阶级，越是为传统思想所束缚。广播文化的效果，无非增加智识阶级的人数，不一定能改善社会的。

假如照唯物史观的说法，无异是一种经济的定命论。不等经济的基础改变了，绝无改革教育的希望。那么只有消极地袖手旁观，任其自然地变化了。然而唯物史观的论者，并不能忘情于宣传。他们非但不肯静候经济基础变动以后的教育进步，反要用教育为作战的工具，以催促旧经济基础之崩溃。在这里，他们似乎又承认唯心的方法是有效的了。

要测量地球的重量，必须寻着一个支撑杠杆的支点。这支点寻不着，所以地球的重量就无从揣测。但是改进现实的社会，却不需跳出现实社会圈子以外，先决定这个前提。于是前节里所说的两点困难——学校无法与环境隔离，果真隔离了的教育又不足应付环境，就不成问题了。既不要学校跳出社会以外，又要学校不受周遭社会的熏染，这只有一个办法，就是使学校内部的生活，更加紧凑，更加紧张，更加真实，使学校自身的社会性质更加浓厚。学校内部的社会原是具有优越的条件的，学校的物质环境多少总优于它周遭的一般环境。以它各个分子接触之密切而论，实不在库烈教授所谓面对面的团体——家庭、游侣与邻里——之下。其所以不能发生那种团体的深刻影响者有数种原因：（一）各个分子间，尤其是师生间的自然的接触太少，或者完全没有。（二）教学时所发生的接触太不自然。（三）在学校里生活的时间太短促。即使丢开时间这一点不谈，单从前两点看去，至少在表面上，学校中的各分子，岂不是充满互相影响的机会？然而大家彼此在应该发生最大最深刻的影响的时候，就是所谓教学的时候，彼此间的接触确是异常肤浅、异常地做作。师生两方面，都好像袍笏登场串演戏剧一般，彼此看不见真面目，何能期望有内心的激荡与沟通？每一节课上的时候完毕时，都让一个绝好的机会消逝了。在下课以后连形式的接触都不能够有，何况自然的交互影响？然而人与人的交互影响，到底是无时能免的。学校里应当发生的影响既不发生，于是不应当发生的影响就充分地发生了。于是就有前几页里所述的现象。所以救济现在学校教育的对症良药，既不是把学校勉强与社会隔绝，亦不是胡混地把学校与社会打成一片，而是把学校以内的社会加紧它的作用，使各分子间的摩擦加重，然后才能产生出热力，把它的内部分子施以锻炼，并且把它的光明喷发出来。物理界还有一个例子可用作比喻。当一架电扇不转动时或转动很慢的时候，它对于四周的空气无甚振动。你用水洒上去，扇叶上立刻沾湿了。但当电扇的转动加快，你再向它泼水便泼不进去，而它却能激动四周的空气。学校的生活松懈，外界的恶影响就乘机侵入了。倘若它内部的生活紧张，它非但可以抵御外面的氛围，而且可以把它的精神散射出来改变它的环境。

这是专就方法而言，若说到学校教育的内容，就是它所传授的知识，培养的观念，构成的信仰和态度，以及价值标准等等恐怕还脱不了时代的范畴。在这里，唯物史观的认识，大部分是不错的。某一时期的意识内容，常是暗中受下层基础的限制，而学校教育的资料又几乎全是支配阶级所御定。这种事实非常微妙，在受教者或者甚至于施教者的方面，都无从觉知。这又与芬耐所谓时代意识的拘束力(Obsession of the Zeitgeist)甚为吻合，这最足为社会进步的阻碍。要补救这一点，唯物论者主张把教育权夺取过来，交给普鲁阶级之手。改善派的社会哲学者，则主张请社会科学家寻出最妥的出路，然后请教育家去努力推行。两方的主张虽然完全不同，其实都犯了同样毛病：他们都以为人们中间有一特殊的部分。当然双方所指定的特殊部分是处于迥然各异地位的人，特别能够担当改造现局的责任。这是由于把社会看得太静止了，太单纯了。假如我们记着，社会的现象虽然在大体上是有统一的趋势，然而在统一之中实含着无数的矛盾与冲突，而在社会的多方面进展之中，其步伐速率亦是极其参差不齐的。在全人类的大社会里，由于民族性的不同，物质环境的不同，政治组织的不同，生产方法与分配的不同，以及个人性格的差异，在同一时代之中，虽然因为互相交通之增多而日趋一致，可是极端相反的意识仍然可以比肩并立。再则物质进步的速度既不与生活方式的改变成绝对正比例的关系，生活方式的改变又非思想观念信仰等心理的改变所能追随，由此而生的参差尤多。假如我们再记着，历史的演进，不是发生于绝对的安静稳定，而恰恰是被这些矛盾冲突所促成。假如我们记着这些事实，那么我们就不希企根据一部分人的判断与主张来实现一个整齐稳定的理想天国了。我敢说，改善派的社会学者们，他们自己就不能同意于什么是最合理的社会。而唯物论者所信托的普鲁阶级，到了取得教育权以至于政权之后，所造成的社会亦还是有那时候的矛盾与冲突，还是需要随时修改的。

归根结底，教育为谋社会的进步起见，受教者除掉承嗣社会遗产以外，还要能够客观批评这社会遗产，以求达到更完美之境地。如何能够批评这社会遗产呢？就是要认识到社会的矛盾性。站在甲的立场来观察乙，站在乙的立场来观察甲，不仅取其所长，舍其所短，并且可以看出双方之所不能见。这是在不能跳出社会的圈子而取得客观地位的唯一方法。这也是充分利用社会的成绩而不为这成绩所束缚的唯一方法。如此，则教育的内容虽不妨取材于一般的文化，然因对它取了一种新态度，它的实质和作用却与往时完全不同了。

教育与文化*

　　有组织有计划的形式教育,是人类文化发展到相当丰富而繁杂的阶段以后,才产生的活动。在原始的或近乎原始的社会中,生活简单,社会中的幼年人随着长年人一块儿参加实际生活活动,不知不觉地学会了一些简单的生活知识和技能,以及信仰和行动的规律,不久便成为社会中成熟的分子。这时候,教育和生活是一而二,二而一。一切的学习,都是附带在生活之中。后来社会逐渐进化,创造发明的成果,一代一代地累积起来。文化的内容日渐繁富;文化的环境和人的本性,两者间距离渐大。个人在实际生活里,非但没有机会和社会的文化得到面面的接触,即使有了接触,若无特殊的说明和指导,个人对于社会的文化亦不能了解,彼此间难免有格格不入之势。因此就需要在人生的初期,划出一段时间,将单纯化了的、平均化了的、系统化了的、理想化了的社会经验介绍给个人,希望个人能够明了并且参加于这社会经验之中;同时,亦希望社会经验既被个人接受之后,得以流传至久

---

*　选自《教育学期刊》1934年第2卷第1期,第1—18页。

远。这便是形式教育的工作。如白特勒所说:"教育是一个人适应人类之精神的产业。"所谓精神的产业,就是文化。我们可以说,人类有了文化,这才有正式教育的需要。

同时,教育的发展,亦是以文化的发展为条件的。教育过程,时时需要借助于环境。环境中发出刺激,引起学习者的反应,由此方能将他的能力逐渐发展,逐渐组织。教育的效果,固然受着学习者天赋的限制,然亦以环境的性质为重大的条件。在洪荒草莽时期,人类目相接触的,只有未经开辟的大自然,即有聪明才智之士,充其量,亦不过是发明了"钻木取火,构木为巢"。可是在今日的文明环境之下,一个十余龄幼童的知识已足以超过四千年前他的最聪明的祖先。这并非是人类生理的遗传有何进步,却是由于环境的性质,今昔不同。教育既不能进行于真空之中,教育的根据必须取材于环境,环境中文化的水平愈高,则供给于教育的材料愈富,而教育的成果亦就愈大。所以无疑地,一时代的教育,必为该时代的文化所限制。

如此教育和文化的关系,是十分明了。文化的进展非但使现代教育成为需要,并且使现代教育成为可能。

这样来解析教育与文化的关系,虽然可使我们对于这个题目得着若干认识,但是不能使我们满足的。文化这名词的意义必须加以确定,然后我们的讨论对于教育的实施才能有所提供。确定文化的意义,殊非易事。由于这名词用得太滥了,要从许多纷乱的意义中寻出一点头绪,是不容易的。本文将专就其足以影响于教育的方面,指出文化的产质。

(一)文化具有复杂的多方面的内容。一种关于文化这个名词的普通错误,是把它用来代表它自身的某一方面,而将它的其他方面忽略了。例如有些人会将文献当作文化，有些人以为文化就是人生态度或是某一时代或阶级的意识，又有些人以为文化就是道德。虽然这些都可包含在文化之内，但任何一项都不足以代表文化的全部。即如白特勒的分类，将文化分作科学的、文学的、艺术的、制度的、宗教的五个部门，亦尚不足赅括文化的全部。正如卫莱所说，除掉知识、信仰、艺术、道德、法律、风俗等一切无形的精神产物以外，还应该加上一切衣服、宫室、舟车等有形的实物。文化必须包含人类一切精神的建设和物质的建设。所以说，"文化就是一个社会所表现一切生活活动的总名"是很不错的。

首先，文化的复杂性，不仅因为它可以分作许多的部门，而且即以同一部门而言，在任何时代、任何民族之中，亦绝不会整齐一致。例如中国现代的意识至少就可以分为迥不相同的三种。一部分人追念封建的文化（意识），一部分人倾慕着资本主义的文化（意识），又有一部分人则怀想着社会主义的文化（意识）。而在风俗习惯方面，虽然每一民族中间都有大致通行的习俗，然而仔细调查，就可发现许多惊人的差异。这不特中国如此，任何民族盖莫不如此。无论何时何地，因为个人的年龄不同，性别不同，经验不同，社会家庭以及经济的背景不同，他们的信仰、观念、知识、习惯，是绝对不能够完全一致的。我们假如说起某民族的特殊文化，这不过指其大致趋势与他民族不同之点而言，至于本民族中是否个个人都于此趋势相符，是丝毫不能肯定的。

根据文化的复杂性，教育应该首先注意多方面的适应。这不是一件很难的事。反之，这正是顺适人之本性的办法。文化为人的产物，亦是以人性为出发点。正因人性中是有多方面的潜能，所以才有这多方面的成果。种族的努力既已平匀地分配在多方面，个人亦该以种族为楷模,所以一切偏颇畸形的教育,或是偏重知识而忽视习惯,或是偏重实用而忽视趣味,都是违反文化的意旨。反之,多方面匀称而调协的发展,是教育应有的任务。

其次,我们既认识文化之不能成为绝对的整齐一致,则教育者对于文化内容之差异,必须具有相当的容忍。寻常主张以教育为同化之工具的人,大概都觉得同化为团结之先决条件。其实同化是否即能团结,殊属疑问;而团结则除同化以外,殊多促成之道。况且文化的本质,已明明昭示我们以绝对一致之必不可求,教育者尚断断于如何统一意志,如何善道思想,宁非缘木求鱼?教育者倘能坦白地、诚实地提供事实,以供青年判断之根据,其结果往往优于强力的制裁。这是基于文化本质之认识,比较合理的办法。

(二)文化是基于生活的急切需要而产生。有许多学者,喜欢把文化与生活需要分拆开来,以为文化和生活需要是漠不相关的。这是一种不可恕的罪过。韦伯便是如此说,"生活成了某种高出于'必要'与'效用'的事物时,我们才只见着文化"。罗素在这里,亦犯了同样的错误。他说:"文化是对于不为自存直接需要的事物之追求。"他以为科学发明增加财富,因而增加闲暇,因此才有文化的产生。这种见解不啻把一株植物所开的花瓣,当作植物的生命之根源,同样的滑稽。我们不能把一棵树从干或枝的某一点上划分出来,将上面的称为树的生命,下面称为非树的生命。我们亦不能将人类生活活动的某一点作为分界,指着上面的称作文化,指着下面的称作非文化。在这里,布哈林的意见正确得多。他说,"'文化'这个词,是从一个拉丁的动词来的,有'耕种'之动作的意义。因而从广义讲起来,文化这个词,是指着'凡有人类的工作'的意义。换言之,是指着无论用任何方法为社会的人所创造之一切的事物之意义。'精神文化'亦就是社会生活的一个产物,它是为社会之一般的生活经程所造成的……它应当作一般的生活经程之一部分"。生活经程是从简单到繁杂,从基本到末端,连续不断的活动。什么是基本的活动呢?就是获取生活资料以满足生存要求的活动。由于生存的要求,乃产生获取生活资料的劳动,创造获取生活资料的技术。及至生活资料既经获得,于是形成某种享用的方式,以及享用的态度。而伴随着生产劳动及享用附带地确定了的,是人与人间之种种关系。这些便是所谓文化的内容。因为直接延续生存的活动,是最基本的活动。所以每次基础发生动摇,上层的结构必先后随之而动摇。任何时代的文学、艺术、道德、观念等等,所谓精神文化之精华,都反映出这时代的基本生活状态。至于政治社会的组织与当时的生产关系,更不能说是没有相关。前文已说过文化的复杂性,此处应当补充的是文化各方面的密切关联。而在此密切联系着的各方面之中,愈是直接与人类生存有关的,愈是基本。文化的建设的改造,首先应该注意基本的生活状态。

因此,教育对于文化之贡献,应当从生活的基本通程入手。质言之,就是教育必须首先解决人民的生存问题,亦就是人民的经济生活。现代教育的弱点,是撇开了经济生活,置之不闻不问,听其自然变化,而专汲汲于学术理想的传播。结果是,劳而无功。西方人的经济生活变迁极速,而教育仍然用产业革命以前的道德观念教导后代,所以发生事实与观念之间的矛盾。中国人的一般经济生活尚滞留于小农和手工业的阶级,而教育里偏是极力宣传产业革命以后制度的理想,所以只能造就一些不满足于现实的青年,而丝毫不能有改进社会的实力。中西教育所走的路径虽然相反,其实都误认文化与经济生活无关，是犯了同一的毛病。

反之，教育对于经济生活可能的贡献是很多的。提高生产技能，鼓励生产劳作，促进生产与消费的协作组合，增进农工的知识，改善分配的制度等，都是教育分内的事，亦是教育所应该集中精力以努力从事的目标，这样的工作是精神改造的先决条件。

（三）文化是含有继续进展的动力。文化是人类的创造，这创造包含创造的成果和创造的动力两方面。成果是静止的，比较具体的，所以容易认识。动力是流动的，比较抽象的，所以不容易认识。譬如科学一般，常人每以为物质的发明，如电灯、蒸汽机等，是科学。其实科学的精华，在于它的方法和态度。同样地，我们每以为社会通行的礼仪、书中写着的文字、眼中看着的建筑是文化，而忘记了礼仪、文字、建筑等的沿革变迁也是文化。只从空间着眼，看着目前文化的成果，自然误认文化是一种定型。必须用历史的眼光，从时间着眼，方才看出文化的进展。顾彝若诠释文化的意义，极为精到。他说："文化这名词，第一含义就是进展。这名词使我们想到一个前进着的，正在发展与改进的路途之中的民族。"一方面是社会的进展，社会情况的改进，人与人间的关系逐渐更臻完美；一方面是个人生活的进展，人的心智官能的进展，人的本身的进展。重视文化的成果，只不过使我们感叹我们的祖先所给的精神遗产的丰富。体认文化的动力，才使我们凛然我们现代所负责任之重大。

将文化视为静止的成果，对于教育理论，足以引起严重错误。有些教育者，以为教育就是将个人领到种族所已达到的学识与技能的程度，就算毕事。教育是使"个人成为累积的文化的继承人"；"教育个人以种族经验，所发明的智慧"；或是如拉利的意思，"教育必训练青年，使能够将遗传下来的道德与精神生活,成为他们自己的生活"。这些教育者明明假定人类的文化,已臻最高之境,不必再有所增进,所以个人的职志,只在能够继承。倘若我们稍稍留意到人类的缺陷,就可觉到人类需要改善的地方正是多极多极。人类的需要,还有许多不能满足;人类的能量,也还未尽量展布。所以个人非但要学会人类已有的发明,并且还该自己做一个创造发明者。学校必须鼓励学生,培养学生,去增进先人所遗留下来的成法,去创新地应付他目前的问题。只能墨守成法,故步自封,绝不是适应环境之道。"进步的领袖,固须熟谙掌故,洞悉时务,尤须充分保持天赋的适应性,庶可不受成法所拘,运用其全部之智力,以解决当前的艰巨的社会问题。"

总而言之,我们看出文化的性质是多方面而繁杂的,是基于人生切要而发生的,是继续演变进展的。所以教育为适应文化起见,应该:(一)注意匀称调协的发展;(二)容忍观念上不可免的差异;(三)首重民生之改进;(四)培养前进的动向。

上面所讨论的文化问题,都是就人类的一般文化而言。原来文化是人类普遍公私的产业,除非在原始时代,鸡鸣犬吠相闻,老死不相往来的情况之下,各区域的文化必然地相互影响,而渐趋于混合。然而各民族因为历史的地理的经历不同,每每各有其文化特点,于是有所谓民族的文化。在教育上,常以传播民族文化为一种重大任务。尤其在(一)一种政治组织未获统一的国家,借教育的力量,鼓吹民族文化的优美,以发扬民族意识而力求团结;或是在(二)数个民族混合构成的国家,其各民族的文化原不一致,不得不借教育作同化的工具,庶几政治的结合得着稳定;或是在(三)受强邻压迫、新受败创的国家,为雪耻复仇的准备起见,极力追溯民族以往的光荣,鼓吹自身的美德,以淬励同仇敌忾之心。第一类的例子,有统一以前的德意志与意大利;第二类的例子,有沙皇时代的俄罗斯及美利坚合众国;第三类的例子,有惕尔锡订约以后的普鲁士。单从政治的效用讲,上述各国具有相当的成功。但是过分夸张本国的文化,既易造成狭窄的国家观念,亦易陷入复古的倾向,是不免成为进步的阻碍的。

在最近,中国教育思潮里,渐听到复兴固有文化的口号。文化复兴,是民族复兴运动之一部分。在此强邻压境、国难日深的时期,似乎也算得一种适应时代的呼声。而在我国屡次模仿他国而不能见效以后,方始觉到自己囊中原有法宝,何必求教他人。这也算得抄袭政策之后的一种反响(虽然"复兴"这口号,也还免不了抄袭德意志、意大利、土耳其的嫌疑),无论如何,复兴文化的教育,总是教育上的一种新主张,是值得仔细研究的。

关于"文化复兴"这个名词,我们需要分析下面数点:(一)文化,照上面所说,是一种进展的动力;复兴,是一种回潮的作用。向前与向后,同时并进,正如鲁阳挥日,是否可能?(二)文化复兴既是复兴本国的固有文化,而反对模仿或采纳他国的文化。首先须问,固有文化是否自足的(self-sufficient)?它的效用是否历古不变?在今日一如在往日的适宜?(三)文化既曰复兴,则是昔日曾有一度最高兴盛,有如黄金时代,其后日渐衰落,今日的复兴就是恢复往日的全盛。事实上,我国文化是否曾达到过鼎盛的高峰而过后才见衰落?(四)复兴文化之文化,是指哪些事情?

现在先从第四点倒说上去。文化的内涵,原是繁杂,暂时只得将它的略分析逐端加以考查,先假定主张文化复兴者所说的文化是指物质的发明。在这一点,我们自然觉得万分忸怩。中国物质文化的落后,当然是尽人皆知的事实。这里除了效法外人,有何办法?然而复兴论者,却可提出指南针、火药、印刷术这类的古代发明,来嗟叹后代的不争气。似乎物质的发明,前代确曾到过高峰,后来才停滞不进。这可算是一种昧于史实的见解。依据科学的考据,中国物质文化也是依照演进的公例,逐渐前进的。这进步虽是缓滞,然甚平稳。单举造瓷为例,据丁文江氏综合多人的考证,推溯出显明进步之迹。汉代只有低温度的陶器,无釉。汉末始有淡绿软釉。唐代釉彩渐行,但仍属低温度铅矽养盐。第九世纪初,乃有高温度碛釉真瓷出现,但极稀罕。至宋代定窑出品,乃为精美之真瓷。此时瓷多白色,或加单色釉,色融釉中。明代真瓷渐广,他种瓷器,渐归淘汰。此时釉下蓝花初次创制,然釉上加以金属酸化物制成之五彩珐琅质,尚未发明。此术起于17世纪,然盛于18世纪中叶。故造瓷术经千余年而渐完备。假如逐步演进的趋势如此,所谓复兴,有何意义?

至于社会制度,亦不是绝对停滞。丁氏说:"历史上显明的事实是,大致来说,中国文化在过去四千年中,是慢慢地但是平稳地向上发展。政府逐渐脱离神权,趋向现世;行政效率渐高;残暴的方法渐见减少;人民生活渐宽裕;知识学术渐趋精准,渐见广播;社会组织渐见繁杂而少僵硬。……进步诚然是甚缓,且屡受阻挠,但其活力始终未失。大致说来,中国的进步,较之现代的欧洲,反更为连续。"所以在社会制度方面,除非恢复帝制,不知复兴尚有何解?

若说复兴学术思想,亦成疑问。至少在思想的方法方面,是近代较胜远代的。有清一代,考据音训,集前代之大成,俨然具有科学的精神,然以思想内容的丰富而言,则周秦之交,确是我国的黄金时代。其后自从汉武尊崇儒术,罢黜百家,思想归于正统。思想上的收获,渐趋单调。后来虽有释家的思想输入，曾在中国思想上发生一度的波动，然再不能有先秦时期的自由生动了。所以若说文化复兴，只有思想学术的解放，恢复上古的自由，或是尚稍有意义。然而提倡文化复兴之辈，正以思想统一为莫大要图，现在反说恢复绝对的自由，只怕非彼等所乐闻吧！

悬揣文化复兴论者的主张，似乎还是偏重于恢复旧有的道德。的确，中华素称礼教之邦，假如我们一无他长，至少还有许多旧道德可以卖弄卖弄。如何要说复兴呢？那自然是从前曾经有过各种的美德，后来一件一件地失去了，所以才有复兴的必要。诚然，这就是复兴论者所持的理由。据一位作者告诉我们，我们的祖先原是具有"特别优良"的民族道德。"举几个例来说：（一）中国民族有重公轻私的美德。"怎样见得的？就是因为我们有所谓"'大道之行也天下为公'，所谓'先天下之忧而忧，后天下之乐而乐'，所谓'国将不国，何以家为'，所谓'四海之内，皆兄弟也'，等等的格言，都足为民族道德的解说。这种大公无私的精神，充满了大众的血液"。（二）中国民族又有"勇敢坚毅的美德"。因为中国曾经产生过"田横、班超、诸葛亮、文天祥、史可法、顾炎武、林则徐、孙中山，可以说是中国民族的代表人物。他们的勇敢坚毅的精神，为大多数的中国人所具备"。（三）中国民族又有"知行合一的美德"。因为曾经有"洪秀全金田起义，以革民政；孙中山领导革命，以建民国。都是知行合一的表现"。"可是不幸得很，自从民族经济及政治的权力落入国际帝国主义者的手里以后，民族文化便大大地衰落了。因为资本主义势力的澎湃，便养成了中国民族自私自利的卑污心理。其次因为几次对外战争的失败，和国内军阀官僚的屠杀，以及外国人恃强的欺凌，便养成了中国民族怯懦轻浮的习性……第三是畏难苟安,知而不行的习性。这也是由于政治经济衰落以后,每件事都是失败,便逐渐养成这种习性。"

够了,上面抄了这大段的妙文,可以表现出一般文化复兴论者所用的逻辑。他们的理论是非常巧妙的。只需把一切美德归之于"从前",一切恶习都归之于"以后",于是文化的衰落既然"证明",文化的复兴自然成为金科玉律。在我们的论者举出各种格言以"证明"重公轻私的美德的时候,当然不承认"明哲保身","金人三缄其口","各人各扫门前雪,莫管他人瓦上霜"等等,也是中国旧有的格言了。当他们列举田横、班超等人以代表中国民族勇敢坚毅的美德的时候,当然不承认中国民族中也有曾产生过赵高、刘歆、张昌宗、张易之、冯道、秦桧、严嵩、魏忠贤、洪承畴、吴三桂这一班人了。而依他们的时代顺序,那么洪秀全与孙中山的革命,当然都在国际帝国主义者开始侵略中国以前了。复兴论者虽然极力铺张过去的美德,现在的衰落,其如事实上是每一时代都有美德的表现,同时也都有恶俗的表现,除非鲁莽决裂,怎样证明他们的理论呢?

况且道德的名目尽可以先后因袭,而这些名目的内容是非常流动的。非特时代变迁,道德的含义随之而变迁,即以同时同地,甚至同出一人之口,而道德的意义就可以有许多的变化。例如"仁""孝"为儒家的基本信条,而孔子自己的解释就随时变动。孟懿子问孝,子曰:"无违。"樊迟问孝,子曰:"生,事之以礼;死,葬之以礼,祭之以礼。"子夏问孝,子曰:"色难。"子游问孝,子曰:"今之孝者,是谓能养,至于犬马,皆能有养,不敬,何以别乎?"到底是注重随顺父母的意志呢,还是注重守礼呢,还是注重态度呢,还是以心里的敬念为要呢?这孝字的中心,就很难把捉。至于"仁",孔子也有多样的定义。有时是"克己复礼",有时是"爱人",有时是"居处恭,执事敬,与人忠",有时是"己所不欲,勿施于人"。这意义似乎比"孝"字更难确定。从孔子到今日数千年来,时代又有过多少变动,还拘泥着旧时标准,胶柱鼓瑟,像孔子所称赞的"三年无改于父之道",才算孝子。在今日看来,岂非笑话?反之,若是将许多德目的内容,随着时代的变迁而加以适应的修正,则面目犹是,实质已非,又怎能算是恢复固有道德呢?

最后,我们假定文化复兴是指人生态度或人生观念的复兴,看有什么结果。如此主张者,有梁漱溟先生的言论,可做代表。他说"我平日常说'文化复兴',意指中国人生态度的复兴"。梁先生分析东西文化之异点,在东西人生态度之不同。虽有好些地方,梁先生为求理论上的一致起见,举出"礼"和"理"为中国人行事的原则,未免忽视事实,中国人的不讲"礼"和"理",不难找到证据,然他主要的判别,的确是有过人之见。他说西洋人注重对于"物"的问题,所以采取"人生第一态度,是两眼常向前看,逼直向前要求去,从对方下手改造客观境地以解决问题,而得满足于外"。中国人注重对于"人"的问题,所以采取人生"第二态度,是两眼常转回来看自家这里,反求诸己,尽其在我,调和融洽我与对方之间或超越乎彼此之对待,以变换主观自适于这种境地为问题之解决,而得满足于内"。因为中国人持第二态度"所以科学不能产生",所以"流于消极怕事,不敢出头,忍辱吃苦,苟且偷生等习惯心理","故由此养成国民的妥协性与麻痹性……试问如此态度,在上之权威其何推翻"?

照梁先生的分析,明明指出中国人所持的第二态度,太过分了,以致形成中国今日政治经济社会的沉疴,很应该纠正一下,参取一点第一态度才是正理了。然而梁先生的前提虽是正确,他的结论却是出人意表。他绝对不主张参取丝毫西洋的见解。他的理由是中国人已经走过了西洋人的头,万没有回头来仿效西洋人的道理,亦没有仿效西洋人的可能。凡是说中国是落人之后的,他非痛斥不可。他说,"中国数千年文化,与其说为迟慢落后,不如说为误入歧途。凡以中国为未进于科学者,昧矣,谬矣! 中国已不能进于科学。凡以中国为未进于德谟克拉西者,昧矣,谬矣! 中国已不能进于德谟克拉西。同样之理,其以中国为未进于资本主义者,昧矣,谬矣! 中国已不能进于资本主义。……中国之于西洋……正唯其过,而后不及"。

其实,梁先生亦曾主张过,"我们此刻无论为眼前急需的护持生命财产个人权利的安全而定乱入治,或促进未来世界文化之开辟而得合理生活,都非参取第一态度大家奋往向前不可"。就在现时,梁先生亦还说:"唯人生第一态度隐昧开不出,就耽误了中国人。"但这个意见,梁先生却自骂为"真是糊涂"。究竟是前期的梁先生糊涂呢? 还是后期的梁先生在"极高明"的"中庸之道"里又多翻了几年筋斗,而弄得糊涂呢?

梁先生的糊涂,大约可以分为两点:第一,梁先生咬定第一态度和第二态度是有高下先后之分,而第二态度是较高较后,所以说,"我国数千年赓续活命之根本精神,固与'西洋'大异其趣,而高出其上,其何能舍故步以相袭"? 然而在同一文中,梁先生曾极力辨明东西文化之比较,重在"不同",因其"不同",而后"不及"。东之于西,既已承认是不及,又何以说是高出其上呢? 在行文上虽是一段有趣的怪笔,在理论上总是牵强的。第二,梁先生咬定人生态度是无法向下改移的。因为第一点,梁先生已把东西上下之分排定,所以紧接着有此见解。然既说无法向下改移,当然是人生态度一天一天有进步才对,何以又说,

"中国的人生远从两千年近从八百年递演至此,外面已僵化成一硬壳,内容腐坏酵发臭味……盖不独于今日为西洋所丑化了的中国人不足以见所谓中国人生,即倒退六七十年,欧化未入中国之时,固已陵夷至最后一步不成样子"呢?

并且梁先生亦并非绝对不承认人生态度改变之可能。他明明说,"人心岂能终于这样抑郁闭塞呢?无论锢蔽得多久,总有冲决的一天,果不其然,当中世之末,近世之初,有'文艺复兴''宗教改革'两件大事,而西洋人的人生态度就于此根本大变了,完全转过一个大相反的方向来"。他接着又说,"他既郁蕴有非冲决奔放不可之势,一旦得人生思想之新解放,恰不啻由代表第二态度之人生观,使这种冲决奔放得一根据,得一公认,而恰好在人生第一问题下正切需这第一态度以开发其第一期文化,种种恰好凑合,集全力地奔注于一点,如鱼得水,如虎生翼,安得不飞跃起来"?在前一段,他说人生态度的转变是"冲决奔放"的果,在后一段,他又说人生态度的转变是"冲决奔放"的因。到底人生态度是因呢,是果呢?此中矛盾不攻自破。并且梁先生对于中古的西洋人则说抑郁闭塞之极,遇着"文艺复兴""宗教改革"两件大事,人生态度就根本大变。中国人今日亦可说抑郁闭塞之极了,所遇着的大事,有如闭关主义之失败,国际帝国主义的侵略,社会经济政治各种组织,明明都已发生重大变化,何以人生态度独是绝对不能变动呢?

除非把眼睛闭起来,不看事实,我们怎能不承认中国人的人生态度,是已经有了变动?生活情况改变,人生态度势必跟着改变,是必然的事,也是既成的事。不过我们的改变的程度还不彻底,改变的方向也未尽对,所以造成社会上的不宁。所谓不彻底,是只有少数人在改变着,而多数人还没有改变,或是改变得太慢,所以一个民族里有数种不同的意识形态存在着。必须促成多数人的意识上的改变,使与现代生活情况相合,这是教育应负的责任。

怎样说改变的方向不对呢？这是因为我们虽采纳了西洋人的人生态度,却是采纳了他的糟粕,而失去了他的精华。西洋文化的两大特点,是科学与民主政治,这是大家久已公认的。因为科学的昌明,而物质的享用增高,享乐主义遂为新道德所首肯。所以生活上的舒适,在西洋人生观里,非但是许可的,并且是应该的。中国人日超于摩登生活,就是采纳了西洋人的人生态度之末端,却忘记了他的根本——物质环境之征服。以前中国人的态度是不想去征服物质环境,只着力于克制自己的欲望,所以虽不能增高物质的享用,然亦不感到精神的痛苦。可是老抱着这样的态度过下去,物质的建设能力永远不会进步。一旦看见别人优裕的生活,就不禁慕羡而仿效起来,这是势所必然。在这时,想要回到先前简陋朴素的生活,是绝对不可能的。黄老学说、西洋基督教绝欲主义、清宗的教条、甘地的土货运动,曾经发生过多大的效力？正当而合理的出路是,把西洋人对于物的人生态度,爽性全部接受过来,不要只学他提高享用,而亦学他征服自然,学他科学的精神和方法,在教育里极力提倡起来,才是道理。

西洋人第二特点,是民主政治。民主政治里,人民的政权和政府的治权,界限划分清楚,彼此不准越出范围。规定这界限的是宪法。不过单有宪法是不中用的,必须有爱护自身权力的人民在宪法后面,宪法才无人敢来破坏。中国人羡慕西洋的民主政治,于是也要求成立一个宪法,在前清末年早就产生立宪运动,民国以来,又历次有制宪运动。我们虽有过好几次的宪法和约法,但是纸面上说得天花乱坠,事实上政府从来未把宪法的规定放在心上。人民这方面呢,也就甘受蹂躏,不去抗争,其中是什么缘故呢?就是大多数人虽希望享受贤明政府的利益,却未知道使用监督政府的权利。中国一般民众,至今不知道他们自己该有多少权利。受着上面的虐待,只能吞声忍受,所以中国人必须仿效西洋人到底,觉悟到自己的权利,才能监督政府,反抗强暴者的侵略和压迫。只知争得宪法,而后而没有决心拥护这宪法的民众,宪法只是一张废纸而已。唤起人民认识自己的权利,这又是一种人生的态度的改造。

　　改造成"权"的人生态度。不是凭空所能办,必须有其物质的基础。试看西洋人权运动之起源,可以略知"权"的概念如何产生。英国的大宪章,不是一般民众所要求,而是发动于生活优裕的贵族。欧洲民主政治的革命,必待17世纪以后才能爆发,是因为这时有中间阶级的兴趣,而鼓吹民权最烈的学者,亦不是贫无立锥之地的穷民。换句话说,必须生计问题相当解决以后,觉到自身的尊严,才有"权"的观念,赤贫之民压迫过分,只会暴动,却不会明了自身的权。在饥寒交迫之下,嗟来之食,亦就不暇选择,而俯首接受。管子说,"衣食足而知荣辱,仓廪实而知礼节"亦就是说生计解决,才能自尊。如此说来,造成"权"的人生态度,必以解决民生问题为先决条件。在教育里,固应唤醒人民"权"的观念,而尤不得不以采用西方征服自然的态度以增进民生了。归根结底,西洋对物的第一态度,中国民族是应该酌量采取的。

　　上面说明文化是繁杂的,是进步的,是基于生活切要的。依此三点,说明中国文化无论哪一方面,不是绝对停滞的,不是自足的,而历来的缺点是太不注重对物的态度的。所以不能说什么复兴。反之应该继续素来前进的精神,采纳西洋的优点,使现代中国文化获得新生命、新活力。"素来中国虽少与其他优秀的文化接触,然只需有了接触,经过相当的长久,它必能撷其精英,化为己有。采择之后,它恒能将外来文化之优点,与原有文化,熔冶于一炉。"这是过去的中国文化之赞美,看以后还能如此否?

"谁还追恋着过去文化的丰满稳定,咎责造成现在变动的叛徒;谁还希冀恢复旧日的情况,这种人,好比那行将沉没的海船上的傻乘客,还在埋怨那餐室里为什么不按时开饭,为什么不让他将他的行李从容地搬上救生船。"

假如上面的讨论,还不能显示教育对于文化的任务,让我们再做以下的总结:

(一)消极方面,教育不得为文化进展之阻力。

(二)积极方面,教育应认识文化进展的动向。

(三)教育应认识并参加文化进展的现阶段。

(四)教育应辨别现阶段文化之优点与弱点。

(五)教育应准备改进的心态。

(六)教育应以参加改进为嬗递文化的手段。

青年修养*

各位！今天承中华职业教育社的吩咐，来与各位做一次谈话，题目是由中华职业教育社预定的——《青年修养》——关于演讲的大纲已经发出来，想各位都已拿到手里，兄弟就按照这个程序来与各位讨论讨论，现在先把修养两个字来简单地解释一下，好作后来讨论的头绪。

"修养"是对于现在个人所达到的境界，感到一种不满足，想把它提高，因为要提高，而自愿做一种的努力——从自身的不满意向上努力。但是努力须定一种理想，向着这种理想的方向去努力，使得自身所有的潜伏性能格外充分地发展出来。对于那个理想，逐渐进行，更为完美，更为充足，而且要继续不断地向上努力。能够这样，才算是修养。至于修养的方法，也有种种，现在且分别来讲一个大略。

---

* 选自《教育学期刊》1934 年第 2 卷第 1 期，第 1—10 页。

一、格言与修养

有许多人喜欢用格言当作修养的理想,根据格言作为个人修养的标准,用格言做修养的范围。简单地说,就是把别人眼光所看出的,来做我们自己修养的目标。因为他们对于人生的见解,比我们自己的认识来得透彻,比我们自己的目标来得正确,这是格言对于我们修养上的好处。但是一方面也有它的害处,比如我国的格言里边,固然有许多很可以作我们人生行事的范围标准,但是也有许多格言的出发点并不是为人群谋福利,而只以个人为前提,这是很容易使我们的行动发生错误的。比如中国格言里有一句话说"明哲保身",就是说聪明的人要保守自己的身子,换句话说,一个人不要太傻,对于任何事情,总须以个人的利害为前提。因为这四个字害了中国好多青年,大家都不愿做傻子,只知顾自己的利益,不肯为人群谋幸福。还有所谓"邦有道则仕,邦无道则隐"。这就是现在的投机分子,只以自己的利害为进退。另外有许多的格言虽是很好,然而只专说人生的某一方面大标准,不能顾到多方面的整个人生,所以不足以终身受用。比如顾亭林说"天下兴亡,匹夫有责",就是说国家的兴亡,每个国民都负有责任的,这当然是很好的,然而这只是一种公民生活,而不能把整个的人生包括在内,因为一个人除了对社会国家担负责任外,还有所谓私人的生活、生产的生活以及家庭的生活,所以这种很好的格言还是不够用。又比如说"学问之道,如逆水行舟,不进则退",这句话对于学问的功夫说得很不错,但是偏而不全。因此我们若以格言做修养的标准,有些格言是以个人的利害为前提,会使我们走入歧途,有些是偏而不全,不足以当作全部修养的圭臬。所以我们要想选择适当的格言,做我们修养问题的标准,这是不够的。

二、德目与修养

德目就是道德的项目,例如仁爱、信义等。从前最受提倡的"孝、悌、忠、信、礼、义、廉、耻"八个字,近人提出的"诚、朴、雄、伟"四个字等,这些名词当然都是很好的,但是这仅是空洞的名词,我们在修养上根据这些空洞的名词,结果只是得到一种抽象的概念,对于实际上是没有多大帮助的。德目看上去似乎很简单确定,其实它的意义当是复杂流动的,比如"仁""孝"是儒家的基本德目,连孔子自己也是有种种的解说,并没有下一个定义。有人问孔子怎样叫孝,他说:"三年无改于父之道,可谓孝矣!"就是依照父亲的原则去做事,不可更改。又有人问孝,孔子说:"生,事之以礼;死,葬之以礼、祭之以礼。"这是注重"礼"。又有人问孝,孔子说:"今之孝者,是谓能养,至于犬马,皆能有养,不敬,何以别乎?"这是注重"敬"。还有所谓"色难",就是对于父母所表示的态度。这样看来,孔子对于孝的解释是十分流动的,并没有一定的意义。至于"仁",孔子也有各种的解释。比如孔子说:"克己复礼为仁。"又说:"出门如见大宾,使民如承大祭。己所不欲,勿施于人。在邦无怨,在家无怨。"又说:"惟仁者能爱人。"还有"仁者,其言也讱"。又说"居处恭,执事敬,与人忠"。在"仁"的种种解释中,包括了忠、恕、恭、敬、爱、礼、言讱等意义,给我们好几个概念。所以孔子对于"仁",还是没有确定的界说,仍然是流动的。现在有很多人说要恢复中国的旧道德,殊不知仅仅恢复几个流动的名词,是无济于事的。所以中山先生说,忠孝仁爱、信义和平八个字,是要随着时代的潮流,根据科学的方法,加以整理,才能发扬光大的。这样看来,我们可以知道,谈修养问题若专门提倡几个空字,而不穷究它的内容,是不足以真正帮助我们修养的。

三、英雄崇拜与修养

英雄崇拜的思想,在我们青年时期很容易发生,无论在文学方面及我们实际人生里边,都可以碰到所谓伟大的人物。对于这种人物,青年是崇拜得五体投地,奉作自己立身行事的楷模。这种英雄崇拜,比前两种修养的方法较有好处。因为英雄是一个具体的人,他的生活、经验、事业、言论、著述,都是一个全人具体的表现,以这种具体的人来做我们的模范,当然不会像格言的偏缺,亦不会像德目的空洞,但是英雄崇拜也有缺点,因为一个伟人是有好多条件、原因造成的。一面有他时代的背景,一面有他的个性,才会构成他那特殊的人格。缺少他的气魄才能,学他也学不像,有如他一般的气魄才能,而时代的需要若是改变了,就是学像他,亦不合时宜,不能成为伟大。如中国历史上最有名的、最为一般人所敬仰的关羽、岳飞。谁都知道,关羽是最忠心耿耿,真是英雄伟人,但是他的忠只是忠于他的主公刘备一人。在现在的时代,是要为大众谋福利,当然我们不能以关羽为我们修养的楷模了。再说岳飞,他是以民族为前提,替民族谋解放,打破外人的侵略,这是与现时代的潮流相合,但是我们也不能刻板地去模仿他。比如他正在前方打胜仗的时候,奉到皇上诏书就回来,这未免过于拘泥,过于服从,这是在现在的潮流,应该加以修改的。所以我们要想以伟人做修养的标准,也是不够的。因为不但时代不同,而且个人的人格才能也有不同。比如我们没有诸葛亮的才能,却想去做诸葛亮,这当然是做不到的。

四、修养之时代性

在以上所谓格言、德目及英雄崇拜,用作我们修养的标准,各有长处,各有短处,但都显示出修养是有时代性的,绝不是可以拘泥的。无论在古今中外,品格的好坏不是绝对的,而只是相对的,它是决定于时代的情况。在某一时代公认为优良的品格,换一个时代,就发现它的毛病。在中国历史上各时代也曾经提倡过几种特殊的修养,比如东晋的时候注重清谈,在那时,所谓上流的人必须言谈流利,在那时候的人,修养就是注重会讲话。在现在还有人喜欢在外边鼓吹,整天叫口号,但是现在的时代不需要这种徒口狂呼的人,而是要能实际工作者。又如宋代很注重理学,终日谈天说命,在那时候的人,一定要懂得性命之学,才算合乎时代。这在后来就成为酸溜溜的腐儒。在西洋方面,也有特殊的时代修养,比如在往日所谓智识阶级、贵族阶级,他们要懂得古代文字,讲话的时候,不讲本国的方言,而要讲拉丁文。在贵族阶级很讲究骑马、射箭、比武、会音乐、会跳舞、会向女人献殷勤,还有修道之士,要提高自己的德行,克服自己肉体的一切欲望,时常禁食,甚至有时筑一个很高的台,自己住在上头,并且用铁链锁住自己,好多日不食,像这类的事情,在现在我们就觉得很可笑了。难道一定要会说拉丁文才是智识阶级吗?难道一定要会骑马射箭,会跳舞,会音乐,会殷勤女人,才算是上流阶级吗?难道一定要自己刻苦到如同囚犯一般的地步,才能算修养自己的德行吗?所以修养是有时代性的。个人要能得到真正的修养,就是要适合现在的时代。

五、修养之途径

怎样才能得到修养呢？还有三个必不可少的先决条件：

（1）认识自己

就是发现自己所有的特长与弱点，要根据我的特长去发展，根据我的弱点去改正。此地所说的自己，当然是各人有各人的自己，应该分别认识的。但青年们所处的青年时期，有些特殊的地方，是众多的青年们所共有的，不妨现在讨论一下。青年时期有些不同于其他时期。首先引起我们注意的是生理上的变化。这时生理上的发育加快，一切器官统统渐次成熟，尤其是肺、胃、心脏、筋肉、骨骼等发育最快。因此，青春时期的体魄十分强盛，基本的工具已经全备，要做一番事业是可以动手的了。青春时期因为身体加强，所以精力最为饱满，而感情非常丰富，于是就发现了三种心理上的特征：第一，青年时期富于冲动性，受着刺激，立刻就发生反应。成年的人，他的经验世故很深，处处都有顾忌，抑制的作用胜过冲动，不免就惮于活动。唯有青年时期，他的经验阅历不十分的深，遇事总是勇往直前，毫不顾忌。第二，青年时期是利他的时期：很愿意帮助别人。刚才说过，青年是好动的。活动是他的生命。专为自己私利而动是狭隘的，为他人的利益而动是宽大的。青年们对于宽大的活动，感到有意义，感到有趣味，加以同情的丰富，更愿为他人效力，不像成年人只顾自己的利益。第三，青年时期社交性丰富，喜欢同别人往来，愿意同别人交接。因为青年渐趋成熟，受长辈的约束渐少，可以多与新的人物接触，这扩大的社会环境使青年十分欣悦地玩味人与人的关系。所以根据我们对于自己的认识，青年时期是富于冲动性的。这里面有好处也有害处。好处就是能勇往直前，不畏首尾，但是这种冲动是暂时的，而没有持久性，是散漫的而没有组织的。所谓利他心当然是很好的，然而往往不能辨别怎样才是最广义的利他活动，以及如何才是最有效的方法。所谓社交性丰富，这是愿意同别人合作，但是亦可养成滥交的错误，时常有走入歧途的危险。我们讲修养，就得要把自身认识清楚，去发现我们的长处，改正我们的短处。保持我们的动力，但加以组织，使受意志的指挥，培养我们的社会性、利他性，但以理知为之指导。

(2) 认识民族

青年不仅有他的个性，亦且最易受社会环境的影响。民族性是我们最重要的社会环境，所以我们要认识我们的民族是怎样的民族。我们对于民族好的性格，应该尽量地去吸收发展，所谓发扬民族的精神。对于民族性的弱点，应该勇于改正。中国的民族固然有优点，但是也有缺点，或者说弱点多于优点。现在举出三个人对于中国民族的分析来看。第一位是我们的梁启超先生，他说中华民族性，有六个特点：第一是奴隶性，第二是愚昧，第三是为我，第四是好伪，第五是怯懦，第六是无动。并且说中国民族缺乏公德心、国家思想、冒险精神、权利思想、自由思想、自治能力、进步精神、自尊心、合群力、生产能力、毅力等。这是以中国人的地位所观察的。第二位是日本人渡边秀方，他说中国民族的特性：第一信命，第二忠孝，第三文弱，第四实利心，第五自私心，第六保守，第七趣味性，第八矛盾性。这是日本人对中国民族的观察、分析。第三位是美国人亨丁顿，他对于中国民族的分析也有七点：第一缺乏组织力，第二自私自利，第三勤苦耐劳，第四惰性，第五省俭，第六爱近利，第七保守性。邱大年先生把这三个人的观察总括起来，可以知道中国民族的三大弱点：一是自私，二是文弱，三是虚伪。

因为大家自私，所以不能团结。日本的荒木陆相，前曾对国联调查团说：中国人好像一盘散沙，日本人好像黏土，沙粒虽硬，但是不能结合的。因为文弱，所以缺乏进取的精神，遇事总是得过且过。在"九一八事变"发生的时候，尚且有一位大学的行政人员摇着头说："多一事不如少一事，何必管这些闲事呢？"这可说充分表现出老子的"无动为大"的精神。因为虚伪，所以有限的时光都耗费在繁文缛节之中，不能对实际有所作为；并且大家不能相见以诚，亦是团结的障碍。至于我们民族的优点，有所谓爱好和平，也不过是对外来的侵略压迫的时候，作为掩饰怯懦的招牌。只有勤苦耐劳，或者可算我们民族真正的优点；然而一般号称上流阶级的人们，反把这优点丧失了。所以在我们修养上，应该把我们的民族性认识清楚。我们民族的优点当然应该保存与发展。至于缺点，亦不必强作掩饰，妄自夸大，应该坦白承认，而力求纠正。尤其是团结为公的精神，勇往直前的精神，相见以诚的精神，是必须培养的。

（3）认识时代

在前面我们已经说过，修养是有时代性的，所以在修养的途径上一定要认清时代。不过时代的认识，不能仅作片段的观察，必须注意历来各时代前进的趋向。历史的演进有许多弯曲波折，前进之中常有倒退的回流，例如现在的时代就是一个很奇怪的时代。从欧战结束以后，十数年中，各国的政治，纷纷采取独裁的制度。比如意大利的墨索里尼、德国的希特勒、日本的荒木，这三大魔王就是在想把趋向民治的进程扭转到独裁的反动政治。我们若只断章取义，似乎现在的时代，既是处处都在厉行独裁，我们也就该做成适于独裁政治的人民才对了；倘若真如此，那么我们就是坐上了高速度的倒车，其危险非把人类的文明摧毁不止。我们必须要认清人类前进的潮流。在人类进化以来,时代前进的动向本来是不容易解剖的,所以我们必须放开眼光,做精密的观察,才能认清时代,抓住时代。现在我们把历史上演进的主要动向总算一下,以作认识现时代的根据。第一,现在的时代是承受着长时期的奋斗与努力的结果,由空洞的玄想改到注重实证的思想,换句话说,就是注重科学的精神、科学的方法。从19世纪以来,科学的进步,真是一日千里,不过我们现在所自豪的只是物质的发明,其实科学在人事上亦有莫大的效用。他推倒权威,激发怀疑,提倡虚心的态度,以审查一切,分析一切,证实一切,务求人事的管理和自然的控制同样的合理。第二点,时代的趋向是要注重大众的利益。希腊古语说:"人为万物之衡准。"今日来解释,这人是该指大众的人,全人类的人。大多数人的福利,应该放在最前头,并且单说爱护人民的利益是不够的。历来仁慈的暴君,亦真能为国为民,但他们缺乏对于人民权利的自尊心,把人民当作犬马来豢养,当作驯羊来牧畜,就是足衣足食,亦不是令人感激的。现在该注意的是,不仅能达到民享,同时要注重民有和民治。第三点,时代的趋向是要手脑兼用。在以前所谓的"劳心者治人,劳力者治于人",这是很大的错误;现在的时代,是要手脑并用。要在劳心上劳力,在劳力上劳心。爱麦生(即爱默生)说得好,倘若一个人没有一些手艺上的技巧,参加一些手工的劳作,算不得是完备的修养。第四,现在的时代,是要消除机械的生活,注重前进的、创新的生活。中国古籍上载着汤之《盘铭》说"苟日新,日日新,又日新",颇与现代精神相合。美国诗人罗威尔《咏泉水》诗里有几行说:

一径运动着,

愉悦而欣快；
依然向上着，
从不感到疲乏。
在任何气候之中，
常是精神饱满。
无论涌上或落下，
运动即是你的休息。
你活泼的本性，
不受任什么的屈服；
时时刻刻变动着，
其实是始终如一。
光荣的泉水呀！
但愿我的心，亦是新鲜、变动、恒常、向上，和你一样！

确是理想的新人生的描写。第五点，现在的时代，是注重合作。进化论所倡导的物竞天择、弱肉强食学说，很易流为竞争残害的根据，是很不对的。最近社会主义的思潮，提倡合作，就是要"人人为我，我为人人"，以这种合作的精神，去代替竞争心。上面所说五点，我相信是历史演进的主要动向，亦是现时代真正的精神所在。虽然短期内处于一个反动的时期，但不久仍要继续着真正精神向前迈进的。所以在青年的修养上，应该要认清时代，就是习用科学的态度和科学方法，手脑兼用，通力合作，以谋求大众的福利，永远向前奋斗下去，这才是合乎时代要求的理想青年。

六、修养要义

　　前面所说的三段：认识自己、认识民族、认识时代，以做修养的根据，初听上去，似乎头绪纷繁，其实彼此都是相互关联的。时代的可贵精神：进取、合作、为大众谋福利，亦正是青年们所具有的优点；而我们民族的缺陷：自私、文弱、虚伪，正是把青年时期固有的美德丧失了。青年们倘若尽量发展出自身潜伏的性能，就一面可以纠正民族性的缺陷，一面可以把握住时代的精神。这样的修养是以青年自身原有的力量为出发点，既非凭空虚构，亦不达反自然的倾向，一定是可以达到的；并且这样的修养亦有一最高的理想，以做努力的目标。这理想是什么呢？简单地说，就是要养成社会化的人格，以社会的福利为前提，个人与社会打成一片。本来修养似乎是属于个人的，但是修养必须要参加群的活动，使个人与社会彼此融合，才能尽人格之发展。修养不是丢掉社会，而专门为个人的。歌德说："品格是在人世的波流中构成的。"个人越是能献身于群众，他的生命越是膨胀起来，更获得丰满的意义。进一步说，怎样才能使个人与社会融合呢？必须要养成客观的态度，有了这种态度，才能减少狭隘的自私心，开豁我们的胸襟。罗素说："一个人对于自身外的事物发生兴趣，在这限度内，他的生活就可成为客观的。"如其对于实际生活，发生多方面浓厚的趣味，因为有了趣味，就爱做事业，只要我们的事业能够成功，甚至把自己的身体忘记。比如一个人演说，一定要把全副的精神贯注在听众，把自己的举动忘记，才能从容不迫地讲；假使他只顾到自己的手脚怎样安放，自己的姿态如何，他一定就讲不出什么话来了。所以我们要把一生的力量集中在外界的事业，专心努力于事业，那么客观的态度就不知不觉养成了。在这时，事业是生命之所寄托，亦可说事业就是生命，自己身体的生命反而无足轻重，就是杀身成仁，视死如归，也并非艰难的事了。

最后，我想贡献一句具体的建议，以做今天谈话的结束。这就是：请每位寻出一件你自己所能胜任，而足以造福于人群的事，立刻动手做起来。这是个人修养最好的起点。

民国廿二年十二月九日

全国专家对读经的意见
——章益先生之意见*

我是相对地赞成读经的。我的理由是：(一)不读经无以认识中国思想的根源；(二)经书中的义理，有许多地方并不与现代精神相悖，而且有些精微的道理，是很值得发扬光大的。

但读经须有下面的条件：

（一）批判地读——须以合适今日之需要为主，不能当作宗教经典一般。

（二）选择地读——经书分量太重，其辽阔晦涩的部分，理应删去。

（三）经子并重——经子之分，本甚勉强，论其价值，不应有所轩轾。

（四）成熟到高中以上程度方可认真去读——经书是抽象的哲理，只有相当成熟之后方能了解。在此时期以前，偶然择其浅易的道理讲述则可，若从小即强令之读，就有宣传宗教的嫌疑。

---

* 选自《教育杂志》1935 年第 25 卷第 5 期，第 59 页。

陈望道

陈望道(1891—1977),字任重,浙江义乌人。中国著名教育家、修辞学家。曾翻译《共产党宣言》,主编《辞海》,著有《修辞学发凡》等著作。1952—1977年担任复旦大学校长。

上海复旦大学的今昔[*]

（为庆祝建国十周年而作）

复旦大学是一所包含文理各种学科的综合性大学，设在中国东南沿海拥有一千多万人口的大都市——上海。

综合大学负有两个重要的任务：一个是教育任务，要为国家大量地培养从事基础科学的研究工作和教学工作的专门人才；还有一个是科学研究任务，对于国家负有发展基础科学、提高文化科学水平的责任。复旦大学为了实现这两大任务，目前一共设置了中国语言文学、外国语言文学、新闻、历史、经济、哲学、数学、物理、原子能、化学、生物等十一个系，二十三个专业，五十五个教研组，数学、高分子、技术物理等三个研究所，语言、文学、历史地理、遗传学等四个研究室，此外还附设有工农预科和几个中学。

复旦大学到今年已经有五十四年的发展史，它在往昔的历史时期也有发展，而在解放以来的最近十年间，它特别显得精神饱满、思想解

---

[*] 选自《陈望道全集》第五卷，浙江大学出版社2011年版。

放,富有创造性的发展。

一

最近十年间,复旦大学的规模发展很快。全校的师生人数有了较大的增长,例如,大学本科学生就增加了 1 倍,教师就增加 1.27 倍。新中国成立以来毕业的学生(6494 人),等于解放前复旦历届毕业生人数总和(7815 人)的 79.13%。因为学校实施了向劳动人民开门的方针,解放以前没有可能进大学读书的工农子弟,现在广泛获得了深造的机会。目前,工农子弟在不断增长的学生人数中所占的比例已经达到了 32.78%。学校的设备也在这十年间不断地得到充实,例如,校舍面积就增加了 1.84 倍,图书数量就增加了 7.4 倍,仪器总值就增加了 14 倍。十年来,由于国家拨来的经费逐年增长,1958 年学校的经费已达 1949 年的 34.73 倍,其中教学一项经费增加了 16 倍多。

十年以来,复旦大学通过改进和充实教学内容,贯彻党和政府的教育方针,使学生在德育、智育、体育三方面得到了全面的发展;在开展科学研究和活泼学术空气,以及树立尊师爱生、教学相长的同志式亲密的师生关系方面,也都取得了一定的成就。

我们一直注意克服过去较为流行的理论脱离实际的风气。经过几年来的工作,特别是去年的大力改进,现在已经收到一定的成效。在广大师生之中,理论联系实际已经普遍引起重视,得到贯彻。例如,近一年来,文科各系已经结合下乡下厂劳动,开展了一系列的调查研究、编写工厂史公社史、办基层报等等活动,加强了理论和实际的联系;文史各专业的近现代方面的课程,已获得充实和加强,并开设了"中国现代文学""中国近代现代史"等专门化课程;自然科学各专业的教学，为了适应生产建设和发展生产的需要，也删除了一些陈旧的内容，开设了一些反映现代科学成果的新课，如计算数学、核子物理、电子学方法、放射生物学等等，并且还不断以最新的技术设备充实实验室，使学生能够掌握现代的实验技术。

在克服过去长期存在的理论脱离实际风气的过程中，我们也注意防止重视实际而忽视理论的片面思想。现在广大师生都明确认识到，联系实际并不是要降低学习理论的意义，而是要正确看待理论和实际的关系，做到名副其实地理论联系实际。最近一次全校讨论修订各专业教育计划的时候，我们就十分注意加强基础课，不少学术造诣较深、教学经验丰富的老教授，不但担任专门课，也担任重要基础课的讲授工作。

二

复旦大学和新中国的各个大学一样，近年来采取了一项重大的革新措施，就是教育和生产劳动相结合。为了实现教育和生产劳动相结合的方针，一年来，学校举办了半导体、无线电电子学、高级玻璃仪器、化学试剂、电解、细菌肥料等十三个工厂和一个农场，并和校外二十多个工厂、四个人民公社建立了生产劳动上的协作关系。

按照学校的规定，无论文科学生、理科学生，每年都要参加一定时间的生产劳动。理科学生的劳动课主要是在和专业教学与科学研究工作相结合的校内工厂里进行，文科学生主要是定期到校外工厂、人民公社，边劳动、边开展和专业有关的调查研究活动。根据我们的初步经验，这样的做法，把大学的课堂扩展到工厂，扩展到农场，非常有利于学生的全面发展。

第一,树立热爱劳动又尊重劳动人民的风气。通过适当地参加生产劳动,大学生们已经把自己逐渐培养成为勤劳、朴实、关心劳动人民、虚心向劳动人民学习、能为劳动人民服务的人。

第二,进一步发扬了理论联系实际的学风,丰富了学生的生产实际知识,训练了学生的实际工作能力,也有力地促进了学生的科学研究活动。文科学生在这一年的劳动和调查研究中,经过教师的指导,就写出了不少调查报告,在校内外报刊上发表;还为工人农民学习哲学、政治经济学编写了通俗生动的教科书。理科学生在劳动中也学到了许多过去往往在毕业时才能接触到的实验技术和理论知识,也有不少同学通过生产实践活动,在教师的指导之下,写出了理论结合实际的科学论文。

第三,根据体质状况,适当安排一些生产劳动,一般也增强了体质。例如哲学系二、三年级学生 94 人下乡劳动和调查研究十个月,有 65 人增加了体重,平均每人增加 6.7 斤,最高增加 18 斤;保持体重的有 16 人;减少体重的只有 13 人,其中 6 人是由于生病,1 人是原来过于肥胖经过锻炼减少的。

从复旦大学的情况看来,贯彻教育和生产劳动相结合的方针,能使劳动实践、教学和科学研究逐步结合成为一个有机的互相促进的整体,使得学生在德育、智育、体育各方面都能取得新的巨大的丰收。

劳动是对青年极为有益的,但是,我们贯彻这个方针,并不以劳动为主,而是以教学为主,围绕着教学,服从提高教学质量的要求,对劳动活动做出妥善的安排。

三

复旦大学十年来的科学研究是争取从实际出发,在广泛开展的基础上,逐步提高质量的做法,从无到有,从低到高地进行。科学研究项目,十年来有逐年增多的趋势。很多教师不断以科学研究成果来充实教学内容；高年级学生在教师指导之下,也以一定的时间进行科学研究工作,培养独立从事科学研究工作的能力；不少师生还通过和校外科学机关、生产单位的协作,担负了国家交给的研究任务。今年5月27日,为了庆祝这个上海解放十周年的纪念日和学校的五十四周年的校庆节,我们举行了全校第五届科学讨论会。在这次科学讨论会上,师生检阅了一年来的科学研究成果,一共提出了206篇报告,其中学生提出的报告也有74篇。

在学校学术活动中,我们根据我国"百花齐放,百家争鸣"的繁荣文化艺术事业的方针,极力鼓励发扬独立思考和自由讨论的风气,提倡坚持真理和改正错误的科学精神。希望大家在认真读书、切实研究的基础上开展学术讨论,加深对许多学术问题的理解,并丰富各科的教学内容。目前学术问题的自由讨论不但在教师中极为盛行,而且在学生之中也已经蔚为风气。学生们经常参加学术讨论会,写文章参与社会上的学术讨论,还围绕着正课学习,在课堂讨论时,在科学研究小组的活动中,在班级的墙报上,以各种形式展开各种问题的讨论,这对科学研究活动有十分有力的启发、推动作用。例如,今年中文系学生合编出版的《中国文学史》《中国现代文学史》等著作,就是在这样的讨论过程中产生的。

解放以前,在一般大学里,不少教授存在着管教不管学的教学态度,难以引起学生学习的积极性和主动性;而多数师生之间平时很少接触,也无法进行因材施教的教育,有的甚至除了在课堂上见面之外,漠不相关,形同路人。解放以后,教师们已经全力担当起培养青年一代的职责,充分发挥自己在教学过程中的主导作用。他们为了不断提高教学质量,积极改进教学内容和方法,勤勤恳恳、不辞劳苦地教导青年人,无保留地把自己积累的知识和经验传授给下一代,热诚地期待着年轻的学生能够青出于蓝而胜于蓝,把我国科学文化迅速向前推进。学生们在学习上的积极性、主动性也十分高涨,他们认真读书,独立思考,努力钻研,虚心向老师求教,一般的学习效果也比较好。现在广大师生已经在新的教学工作和科学研究活动中,逐渐形成一种尊师爱生、教学相长的同志式的亲密关系。

四

爱国进步、健康活泼,对新鲜事物敏感、对陈旧事物勇于革新,不但是复旦大学解放以来的校风,也是解放以前复旦大学师生生活中的主流。解放以前的四十四年中,复旦大学始终富有反帝反封建的传统,就在学术活动、系科设施等方面,也有一些地方开风气之先。

复旦大学创始于晚清停科举、兴学校的 1905 年,它是由上海震旦学院马相伯等部分爱国师生脱离震旦创立的。他们之所以脱离震旦,创立复旦,是为反对帝国主义篡夺震旦大学进行文化侵略。创立以后,马相伯、严复、李登辉先生等曾经先后担任校长。在过去历届的校长中,马、李两位校长任职的时间比较长,他们对于学校精心经营,力求发展,贡献很大。孙中山先生也曾一度担任董事长,对于学校也很有贡献。学校创始时期,只分文理两科。几经发展,到抗日战争前,已经有文、理、法、商四院十六系,解放前扩大为文、理、法、商、农五院二十几系。教师人数也相应地增加到三百余人,学生人数也自百余人增加到解放前夕的二千余人(其中1944年学生人数曾达3679人,为解放前人数最多的一年)。

解放以前,不少师生参加文学革命运动、文字改革运动、刊行种种报章杂志,也参加戏剧运动;创办新闻、生物等系科也较一般学校为早,且有相当成就。经常举行小型科学讨论会,推动科学研究,提高教学质量,也以本校数学系的师生力行为早。由于学生爱好体育,在上海各大学竞赛中,还常常夺得锦标,排球队且曾远征日本。但是,解放以前师生的努力往往事倍功半。在帝国主义和反动政府的摧残之下,校址不得不多次迁徙:起初在上海吴淞借房子设校,后来又在无锡和上海徐家汇借房子办学,直到1922年才在上海江湾现在地址逐渐建立校舍,而抗日战争时期,又曾一度辗转迁徙到四川重庆北碚。学校校舍也曾经两度被毁于日本帝国主义的炮火。而在复旦校史上最艰难的时期里,热爱祖国、渴望民主自由的进步师生还常常遭受反动政府的迫害。以院系设置而论,解放前设有五院二十余系科,规模也并不小,但各系师生人数不多,力量分散,有的系科设备也不齐全,有的系科的性质任务也不明确。解放以后,根据国家需要和复旦大学原有的基础与条件,审慎、合理地进行了院系调整,采取一系列的革新措施,才使学校的体系更为紧凑完整,面貌一新。以学校的今昔相比,真可以说是有天渊之别。

五

我们复旦大学所在地的上海,现在也已经有了翻天覆地的变化。

上海已经不再是"冒险家的乐园"、畸形发展的城市,它已经成为新中国社会主义建设中的高级、大型、精密、尖端的工业基地之一。1958年,上海工业总产值(不包括郊区十一个县),已经达到171亿元,比1949年增长了4.5倍。以钢产量而论,1958年已经达到122万吨,1958年第四季度钢的日产量,比解放前产量最高的一年1948年产量(6964吨),还多出500吨。值此庆祝新中国建国十周年的节日,我们热烈祝贺我校的成就,我们也要热烈祝贺上海人民和全国人民在各方面取得的伟大进展。

我国原是一个"一穷二白"的国家。我们多少年来流血流汗,进行革命和建设,就是为了迅速地改变这种贫困和落后的面貌,把我国建设成为一个具有高度发展的现代工业、现代农业、现代科学文化的社会主义强国。为了这个目的,我国人民正在鼓足干劲,力争上游,多快好省地建设社会主义。为了这个目的,我们学校也正在不断提高教学质量和科学水平。我们相信,在中国共产党和中华人民共和国政府的领导下,在今后的十年间,全国人民和上海人民和我校师生一定会为世界和平、人类幸福创造出更大更好的成就。

1959 年国庆前日

关于发扬学术上的民主问题*

今天是我们复旦大学的校庆纪念日。复旦大学成立于 1905 年，今年是它五十七周年的校庆节。复旦大学的五十七年中，曾经在旧中国经过极其艰难困苦的岁月，到 1949 年上海解放、江湾解放才获得我们的新生命。当时，我们全校师生与上海人民一同庆祝之余，就以上海江湾区解放的日子，作为复旦大学的校庆纪念日，来永远纪念上海的解放和我校的解放。现在，让我代表学校行政，向全体师生员工，致以热烈的节日祝贺，并且欢迎各位来宾、校友的光临指教。

我们学校，从 1954 年开始，每年在校庆节举行全校科学报告讨论会。其中除了一年暂停举行外，到现在已经第八年了。我们每年利用这个机会，检阅一年来科学研究的成果，比较集中地交流学术上的意见，促进科学研究的发展。这对于学校教学质量的提高和科学研究的开展，都有一定的作用。

---

* 本文系作者 1962 年 5 月 27 日在复旦大学五十七周年校庆节上的讲话。节选自《陈望道全集》第五卷，浙江大学出版社 2011 年版。

今年的全校科学报告讨论会,仍旧按系、按学科分组进行。这次在分组会和小组会上提出的报告共有二百五十二篇,其中文科有八十二篇,理科有一百七十篇。报告人有老教师,也有很多青年教师,还有一部分研究生和大学生。报告的内容,据系里的一些同志反映,今年有一些变化:一是书读得多了,有些报告是查阅了大量文献资料以后提出的;二是对学术上争论性问题的关心,许多师生在报告中都提出了自己的看法;三是理科的工作性报告有了较多的增加,这说明我们的一些工作做得比较细致、比较踏实了。我看这是一个好现象,希望在今年的科学报告讨论会上,大家能充分地发表意见,发扬学术上的民主,不只报告好,就是报告的讨论也好。

在这里,想就发扬学术上的民主问题,讲几句话。

在最近召开的好几个会议上,都鼓励我们在学术上畅所欲言,发扬学术上的民主。这个问题,实际上也就是贯彻党的"百花齐放、百家争鸣"方针的问题。党的"百花齐放、百家争鸣"方针,是有利于科学研究中发扬民主和贯彻群众路线的,是有利于科学事业的繁荣发展的,也是有利于加强马克思列宁主义思想的领导地位的。个人感觉发扬学术上的民主并不是一时的措施,而是从科学发展的客观规律制定的方针。人们认识客观事物的过程,是一个复杂的、曲折的过程。要认识客观的事物,需要我们反复的、不断的探索和实践。对于客观事物,有人可能认识多一点,有人可能认识少一点,有人可能从这个角度认识,也有人可能从那个角度认识,有人可能通过这个途径认识,也有人可能从那个途径认识。因此,需要充分交流,多方验证,才能集思广益,认识全面,去伪存真,求得真理。所以,科学上的是非问题,只有通过科学的实践,通过科学界的自由讨论,才能解决。这就说明了发扬学术上民主的必要。发扬学术民主，对于高等学校尤其必要。高等学校要培养各种专门人才，发扬学术上的民主风气，将会启发学生的学习，活跃学生的思想，使学生在开始学习专业的时候就能得到良好的、健康的学术风气的陶冶。所以，发扬学术上的民主，对于科学事业，对于教育事业，都有极其重要的意义的。

党的"百花齐放，百家争鸣"的方针，是一个在一切学术领域中都要坚决贯彻的方针，在哲学社会科学的研究中要贯彻，在自然科学的研究中也要贯彻。我们希望，在学术工作中，不论是老年或是青年，不论是专家或是刚开始研究工作的人员，都能勇于提出自己的看法，充分发表自己的见解，都有独立思考的自由，有发表意见的自由，有坚持自己见解的自由，也都要有坚持真理、修正错误的实事求是的勇气。要学会全校的人在学术上彼此做知己，做诤友。同时，也注意人的认识的改变，需要一个过程，即使是客观真理，也不是一眼就能认识庐山真面目。对于学术上的不同见解，要允许存在，而且欢迎各家提出自己的意见，共同探讨。这样才有利于学术的繁荣进步。

我们相信，发扬学术上的民主，一定能够加强学术上的团结。不同的意见，通过相互交流、相互促进，一定会逐渐趋于一致。交流过程，也就是促进团结和加强团结的过程。对于思想上、学术上不同的看法，我们要在团结的基础上，通过讨论和实践，逐步求得解决，不能因此妨碍团结和缩小团结的范围。我们劳动知识分子要在党的领导下，养成互相尊重、互相学习、互相帮助的新风气。年轻的同志应当尊重年长的、有学识的同志，并且虚心地向他们学习；年长的同志也要关心、爱护青年的成长，要严格地要求他们，应当指点的，就要指点。我们讲学术中的民主,也不能忘记了在学术工作中,有些问题,如科学工作的方向、工作计划、人员组成等,是需要做出决定的。这些问题在决定之前要经过充分的讨论,但在决定之后必须贯彻。

……

学风是学校工作中最广泛基本的问题*

为什么学校很重视学风？今天是最扩大的校务会，学风的问题是个最大的问题，一次是谈不完的，目的在引起大家的重视，不能继续开大会，可以继续开小会。学风是学校工作中最广泛、最基本的问题，涉及科学研究、教学、实验、搜集与爱护资料等问题。有些图书被人"圈"，这也是学风的问题。对实验、著作、教书的基本要求是什么，要有个基本的要求。

学风问题一定要有所"破"，有所"立"。什么是不行的？什么是行的？"不破不立"是毛泽东主席在整顿党风、学风、文风的整风讲话中提出的，着重在"破"，不正（即不正派、不正确）的要"破"。那时在党校中提出了破主观主义问题。在我们学校中应破什么，（我）很同意苏校长所谈的，还有哪些大家想想。我想到的有几点：（1）市侩气，苏校长的四点可纳入。在《分歧从何而来——答多烈士等同志》（1963年2月

---

* 在1963年复旦大学学风问题校务（扩大）会议上的发言。选自复旦《校史通讯》2011年5月16日，总第73期。

27日《人民日报》社论)一文中说:"多的是鹦鹉学舌的本领,少的是马列主义。"我们也应破掉些"鹦鹉气",应该的是"又红又专",(进行)实验,搜集资料等;(2)树立优良学风,要多方面长期努力,不仅(体现)在大的问题上,也要在小的问题上,逐渐成为大学非遵守不可的习惯;(3)学风的树立由集体共同形成,学风有的需教,有的不需教,在有的环境里自会形成,如数学系的学术讨论风气。学风方面过去不能说一点没有成就,但从形势的要求看又很不够,要努力。

两个原则

——对于中国文学系改革的意见*

一月号《国文月刊》所载闻、朱两先生改进中外文学系的意见,有方案,也有理由,想能引起普遍的注意。方案重分中、外文系,理论上极通,实行或有诸多困难,不妨先由人才齐全、富有朝气的一二大学暂行试办。附说的理由之中,曾经说到"现代化"和"科学化"。这两点可以认为是改进的原则。无论是否重新分系,都当依据这两个原则,仔细检讨,有所改进。这两个原则对于中国文学系更为重要,因为它在现在尤其需要现代化和科学化。

在中国文学系贯彻"现代化"一个原则,可从多方面进行。一方面增加中国现代文学的科目,一方面加强中外文学的沟通。这两方面,朱先生在"两个意见"中说得极详细,可为实际施行的提案。另外还可依现代的需要,重新检讨一切科目的内容和分量,看是否适于养成现代的人才。

---

* 选自《国文月刊》1948 年 3 月 10 日,第 65 期。

在中国文学系贯彻"科学化"一个原则,也许极其困难,但也非常需要。我国旧式的文学教育可说有三大特点：一是艺术的,即不大讲步骤的；二是天才的,即不希望人人有成的；三是终生的,即不预备短时间收效,也无法在短时间收效的。如要改进这等旧状,使受学的时间缩短,又能普遍有成,必得贯彻"科学化"一个原则。研究,力求科学的；基本训练,也力求科学的。假如有适当人才,能开"论"字科目,应当多开"论"字科目。

努力学习,争取在德、智、体、美各方面都能有新的成就*

各位新同学:

今天我们在这里举行全校的迎新大会,让我代表复旦大学向你们全体新同学表示热烈的欢迎。现在,我想利用这个迎新的机会,向大家介绍一下我们学校的历史和概况,并且谈谈我个人的几点希望。

我们复旦大学是一所新型的社会主义的综合性大学。综合大学同工业大学、农业大学等专业大学不同,它是负责培养哲学、社会科学和自然科学的基础科学方面从事科学研究工作、教学工作与有关实际工作的各种专门人才的,我们培养的人才就是以传授、研究和发展基础科学来为社会主义建设服务的。这在你们报名投考时,恐怕就已经知道了。

我们复旦大学创立于1905年。它是原来在震旦学院的一部分爱国学生,为了反对帝国主义的文化侵略,脱离震旦而创立的。到今年

---

* 本文系作者在1962年9月3日复旦大学迎新大会上的讲话。选自《陈望道全集》第五卷,浙江大学出版社2011年版。

已有五十七八年的历史。学校已经发展得同创立时大不相同。它在解放以前,备受爱国主义和反动派的摧残,许多进步师生经常遭受残酷的迫害。当时广大师生在中国共产党的领导下,进行了英勇不屈的爱国民主斗争。直到1949年5月27日上海解放,学校方才开始了新生。我们就改定每年的5月27日为我校的校庆节。解放后,先有同济大学、暨南大学等文学、法学院并入我校。1952年院系调整时,又有浙江大学、交通大学、沪江大学、圣约翰大学、震旦大学等十五所高等学校的文科、理科各系同我校合并,而我校原有的法学院、财经学院、农学院等学院也分别并入其他兄弟学校。这样出出进进的调整过后,我校就成为现在这样一所新型的综合性大学。院系调整后,学校又进行了系统的教学改革,建立了社会主义的高等教育制度。1958年以来,贯彻执行了教育为无产阶级政治服务、教育与生产劳动相结合的方针,学校的面貌更加发生了深刻的变化。

现在,我校共有12个系。它们是中国语言文学系、外国语言文学系、新闻学系、历史学系、政治学系、经济学系、哲学系、数学系、物理学系、物理第二系、化学系和生物学系。设有24个专业,65个教研组,85个实验室。设有数学、遗传学两个研究所,语言、文学、历史地理三个研究室。还附设有复旦附中和复兴中学两所中学。全校现有本科学生5685人,研究生215人;教师916人,其中教授65人,副教授42人,讲师192人,助教617人;职工和教辅人员800余人。再加附设中学学生2963人,教职员工267余人,共有1万多人。

拿我校的现在情况同解放前的情况比较起来,变化是十分可观的。解放后十四年我校毕业生共有8800人,超过了解放以前四十四年的毕业生数字(7847人)。学校的土地面积比解放前增加2.8倍,新建校舍面积比解放前增加4.02倍,图书由8万多册增加到100多万册,仪器设备总值增加了43倍。1958年"大跃进"以来,学校的发展更快,三年之中,教师增加13.91%;新建校舍61000多平方米,占现有校舍总面积的1/3;新增图书276000册,占现有图书总册数的1/4;新增仪器设备280万元,占现有总数的2/5。这是一个难得的、可爱的学习环境。

现在全国人民正在中国共产党、毛主席和人民政府的领导下,为把一个经济贫困、文化落后的大国,建设成为工业现代化、农业现代化、科学文化现代化的社会主义强国而进行着艰苦卓绝的斗争。你们能够考进我们大学,安心学习,想必都很高兴,希望你们都能努力学习,争取在德育、智育、体育、美育方面都能有新的成就。学习的具体事项繁复多端,各系的教师将来会同你们详谈,这里不准备多谈,我只根据综合性大学所担负的任务和具体的培养要求,向大家提出几点我个人的希望。

1. 希望你们坚持又红又专的方向。

又红又专是青年的努力方向。红,首先是指政治立场,红的初步要求是拥护党的领导,拥护社会主义,愿意为社会主义服务。专,是指专门知识技能,是建设社会主义所需要的本领。必须把政治和专业统一起来,做到又红又专。不注意红,就会没有明确的政治方向,学习热情也不会持久。因此,每个同学都必须严格要求自己,使自己在青年时期一开始就打下一个好的思想基础,树立正确的政治立场。在学校里,学好政治理论课程,参加一定的生产劳动和社会活动,这是提高思想觉悟的重要途径。在这个基础上,还要进一步继续解决世界观问题。经过长期的努力,逐步树立无产阶级世界观。要重视红,也要重视专。在校的学生要以主要的精力和大部分时间用在学习业务方面。努力学习掌握专业知识,不是无足轻重的事情,而是重要的政治任务。政治觉悟应该在为社会主义而学习的实际行动中体现出来。学专业知识,要专心致志,甚至穷毕生精力,才能有所成就。不要把政治和业务对立起来,偏于一面。偏于业务一面,不管政治是不行的;偏于政治一面,不理业务也是不行的。要坚持又红又专,使这两者互相结合、互相辉映。

2. 希望你们勤学苦练,始终不懈。

学校的中心工作是教学,学生的主要任务就是学习。老一辈经过长期、艰苦的斗争打垮了三大敌人,为我们创造了幸福的环境。青年人应该继承着老一辈的事业继续前进,成为建设社会主义、共产主义的出色的接班人。社会主义建设迫切需要大量的忠于社会主义、精通各门业务的人才。我们学校学生所学习的各门专业知识,都是社会主义建设所需要的。

学习必须勤学苦练,始终不懈。中国古话常说:"活到老,学到老。"那就是勤学苦练、始终不懈的精神的最生动的说明。你们应该从青年时期起就坚持"活到老,学到老"的学习精神。要学好,必须要有一个良好的开端,打好基础。要提倡认真读书,把一些最基本的知识牢固地掌握住,把"基本功"练好,在此基础上,进一步了解本门学科的新发展,提高自己的独立工作能力。对于前人的知识,先要学习继承。只有在认真学习和掌握前人知识的基础上,才能推陈出新,做出新的创造。学生在学校生活的一段时间,首先就是要掌握现有的知识和技能。所以必须按照课程的要求,系统地、认真地打好基础,一定要练好"基本功",基础不好是无法建筑摩天高楼的。

要学习好，还必须树立革命性和高度科学性相结合的学风。革命性就是以马列主义为指导，掌握正确方向，英勇顽强，敢于向阶级敌人、学术难题进行斗争。科学性就是实事求是，尊重辩证唯物论、群众的创造性与客观规律。一个人只有养成了这种良好的学风和习惯，才能在科学上有大的成就。

3. 希望你们尊敬师长，关心集体，团结友爱，形成风气。

学生要尊重师长，要虚心向教师学习，任何时候都要遵守课堂纪律，认真听教师讲课。教师和学生之间要创立一种十分亲密的关系，做到教师爱护学生，学生尊敬教师。又要形成一种教学相长的局面，既能发挥教师的主导作用，又能发挥同学在学习上的积极性、创造性，也要尊重职工的劳动。新同学来自各个省市，各有不同的特点，要互相学习，互相帮助，取长补短，团结一致。

学习必须依靠个人刻苦钻研，要迅速培养独立工作能力及思考能力，但也要注意集体活动，这也有利于学习及刻苦钻研，不要脱离政治，脱离集体。学生要关心政治，爱护集体，爱护集体荣誉，遵守校规、校纪，团结友爱，形成风气。

希望谈完了。祝贺大家在又红又专的道路上胜利前进，祝贺大家在德育、智育、体育、美育等各个方面不断取得新的成就！

怎样研究文法、修辞[*]

今天的题目是《怎样研究文法、修辞》,实际上我要讲的是怎样研究汉语的文法、修辞,因为:(一)听讲的是中文系同学,彼此共喻,可以不加附加语。(二)也因为今天讲的方法也许可以通用于其他的语言,也许还是不加附加语为好。因此,就决定不加"汉语"这个附加语。

汉语的文法和修辞的研究有很长的历史,也都有不少的成就,修辞学研究的成就更大。但在最近一百多年内,和西洋学术接触之后,都有了极大的改变。那改变据我看来,第一是组织的改变,过去研究多是随感式的,碰到什么就说什么,这里面当然也有些很有价值的研究成果,但毕竟规模狭小,安排也不十分紧密。和西洋学术接触之后,情况就改变了,研究就趋向于注意全面一些了。第二是方法的不同,特别是马克思主义传入以后方法的不同。过去的研究往往是演绎式的,现在比较注意用立场、观点、方法,把事实总结和组织起来,同实际

---

[*] 本文系 1957 年 12 月 4 日对复旦大学中文系学生所做的学术讲演。选自《学术月刊》1958 年 6 月 10 日,第 6 期。

的联系也大大地加强了。这是近百年来,特别是近几十年来学术研究与过去研究不同的地方。关于我们中国研究文法、修辞的历史,我都曾做简略的介绍(关于修辞的研究可看《修辞学发凡》第十二篇,关于文法研究的情况可看《中国文法革新论丛》中《〈一提议〉和〈炒冷饭〉读后感》),这里不再详谈。现在关于文法、关于修辞,都有许多组织不同、方法不同的著作摆在大家的面前。文法有黎锦熙、吕叔湘、王力、郭绍虞诸先生的著作,在抗日战争时期我和在座的张世禄先生也曾经在文法革新讨论中插过嘴。修辞有杨树达的《汉文文言修辞学》,在座的郑权中先生的《修辞学》等等,亦有我的《修辞学发凡》。这些著作现在还都"鸡兔同笼",和平共处。同学们如果想从现有的水平出发研究文法、修辞,首先就会遇着一个方法论的问题。我们讲政治,例如进行反右派斗争,要讲究立场、观点、方法;我们讲研究学术是不是也要讲究立场、观点、方法呢?我看,也要讲究。所以今天特地提出怎样研究文法、修辞这个问题来和大家谈谈。我谈的不一定妥当,更不是什么定论,一切要大家批评指正。

一、先谈研究

"研究"两个字现在用得颇频繁,含义也不完全相同。我们略加分析,可以根据成就的不同,把"研究"两字的用法分为两种:一种是继承性的研究,一种是创造性的研究。比如,我近来略略翻阅一些有关火箭和人造地球卫星的书籍,有些朋友知道了,就说我在研究火箭、人造卫星了。这所谓研究就是继承性的研究,不是创造性的研究。

任何学问、任何科学的发展过程,都是从不认识到认识,从不完全认识到完全认识的过程。这个意思,在我们学校的文件里,曾经用别的话来表达,就是所谓"从无到有,从低到高"。所谓"从无到有"就是从不认识到认识,所谓"从低到高"就是从不完全认识到完全认识。上述两种研究的分别就是对于认识过程有没有增益的区别:凡是对于认识过程无所增益的就是继承性的研究,有所增益的就是创造性的研究。

过去我们的研究非常注意于继承性的研究,非常注意于读书,并且就称知识分子为读书人。近来我们极其重视创造,但是仍旧要注意继承。就是倡议文化改革,鼓吹知识分子彻底自我改造,也仍旧要注意文化继承、学术继承。唯其对于文化学术有所继承才能像接力赛跑一样,不是从别人的出发点起步,而是从别人的到达点起步。这样才会越跑越远,越往前走水平越高。我们要讲创造性的研究,也要从继承性的研究谈起。

二、继承性的研究

继承性的研究,就是学习性的研究,就是打基础。我看从事继承性的研究要注意这几点:

(一)应该拿代表性的著作加以系统地研究。

甲、不要怕难。有些人读书怕难,读到难懂的地方往往跳了过去。我们不要怕难。著作难懂的地方可能是作者研究最精、贡献最大的地方,也可能是作者自己也还是想不明白、讲不清楚的地方。我们碰到这种地方绝不要轻易放过。我看书时碰到这种地方,往往丢掉其他,集中精力,把那个难题彻底搞清。

乙、不要怕繁,要反复阅读。我们读书可以有两种读法:一种是快读，一种是慢读。快读是翻看大意，漏丢细节；慢读是逐字逐句、逐节逐章地细读。快读可以看清系统，慢读则可了解细节。要看出作者的思想基础、思想方法。要看出著作能否概括事实，如《马氏文通》就有人说它用外国筛子来把中国语文事实筛了一道，单拿筛过的事实组织起来的，并不能概括事实。除此之外，还要看他能不能自圆其说，他的说法是不是前言不对后语，自相矛盾。我们的老前辈教人读书，曾有所谓慢读快读等方法，我们如果好好运用，可以得到好结果。

（二）要看出作者的立场、观点、方法。

我们鼓励青年独立思考。所谓独立思考，就是思想解放，能够从立场、观点、方法上去考虑问题，绝不是胡思乱想。我们如果就问题方面来看科学研究，科学研究就是发现问题、分析问题、解决问题。我们能够发现问题、分析问题，就可以算是能够独立思考，也就可以说是有研究的能力了。

（三）要学习人家研究学问的方法，要用心练习运用种种研究学问的方法。

过去称有学问的人为读书人。会运用研究学问的方法，就不但能够读已经写出的有字书，也能够读还未写出的无字书。无字书就是"天书"，就是自然的书，就是事物的规律。学习运用方法要研究逻辑，要研究形式逻辑，亦要研究辩证逻辑。为什么要研究逻辑？因为可以练习抽象思维的本领。我们在具体现象中，头脑比较清楚，不会发昏；而在抽象的现象中，我们容易发昏。例如我们知道"陈望道是浙江人"成话，"浙江人是陈望道"不成话。而于形式逻辑所讲的甲是乙，不可随便倒过来作乙是甲，或不甚了解。因此也就把文法是什么和什么是文法，随便倒说。学过形式逻辑，思想就会有条理些。学习形式逻辑，我看只要有三年就可以了，大约只要练习三年已经能够自由运用。我们学人文科学的人，一定要学点形式逻辑，不学很吃亏。学习辩证逻辑比较难，能够自由运用，恐怕需要五年吧！不过形式逻辑和辩证逻辑可以同时学，我奉劝大家学习一下，不要怕难。如果初学逻辑觉得不易入手，可以多看各种辩论文字，因为那里面就有逻辑。

三、创造性的研究

从事创造性的研究要注意：

第一要从实际出发。研究文法要从文法的事实出发，研究修辞要从修辞的事实出发，不能从古人的成说或个别论断出发，也不能从外国人的成说或定义出发。要从我们研究的对象出发，就是研究什么就从什么出发。比如研究散文就从散文出发，研究骈文就从骈文出发，不能从骈文出发研究散文，也不能从散文出发研究骈文。这一点看起来很简单，但有很多人未能做到，有很多的人不是从杀猪的事实中去研究杀猪的规律，却是从吃饭的事实中去研究杀猪的规律。这是什么缘故呢？这主要是因为方法不熟，看不清对象。我们从事研究，首先要认清研究的对象是什么事物，认清对象是事物的什么方面。比如修辞和文法都属于语言的范围，我们研究文法、研究修辞都应该以语言事实为对象，而不是以概念为对象。又，研究文法和研究修辞虽然同是以语言现象为对象，但研究的方面彼此不同，文法是研究语言的组织，修辞是讲究语言组织对应题旨、对应情境的运用。近来许多哲学工作者正在讨论哲学史的研究对象问题，这是很好的。要从事研究，必须认清研究的对象是什么。

　　第二是探求规律。既然要从事实出发，就得搜集事实，但是单单罗列事实不能算是科学研究，必须能从事实中探求出规律来。规律也有人叫作法则、定律或通则。所谓规律就是关系，就是客观的关系，就是普遍的必然的关系。单讲普遍还不全面。比如这里女同学有穿绿衣服的，即使女同学全穿绿衣服，亦还不能因此说穿绿衣服的就是女同学。如果凡是女同学都必须穿绿衣服，那就有必然关系。普遍而又必然的关系就是规律。任何学问都须探求这种关系。探求这种规律，不能单单罗列事实。荀子说过"持之有故，言之成理"。理就是规律。我们现在常说"摆事实，讲道理"。单摆事实，不讲道理，不能算科学。你们可以看一看我发给大家的例证，例如刘半农研究"打"字，他曾搜集"打电话，打电报，打千里镜，打样，打算盘，打结，打秋风，打酒，打板子……"等"打"字的例，写成题为《打雅》的一篇文章（文章中说"打"字是一个意义含混的"混蛋字"）。据那文章的后记里说，他已经搜集了八千多条"打"字的例子。又如王云五研究"一"字，曾经把"一"字的用法编成将近五百页的一本大书叫作《一字长编》，那能不能就算科学呢？我以为不能，那只是材料。那些材料可以供我们研究，但还不是科学。因为科学应该总结前人的经验，否则就要成为经验主义。刘半农就因为单事搜集，未加总结，看不出"打"字用法的规律，所以会说"打"字是"混蛋字"。我们认为"打"字的用法并不深奥神秘，并不是无法探讨，普通用法不过三种。三种用法是：

　　1. 作动词"打击"用。例如："打钟""打鼓骂曹"的"打"。

　　2. 作没有独特观念的机动动词用。这种机动动词是群众为了说话简便，专门用来代替种种有独特观念的动词的。例如"打"水（打代取)、"打"鱼(打代捕)、"打"印(打代盖)、"打"牌(打代玩)……

3. 作动词添衬用,本身无意义,只是用来构成复音和加强后面那个字的动词性的。例如"打"消(＝消)、"打"算(＝算)、"打"扮(＝扮)、"打"扫(＝扫)……

三种之外另加两种特殊的用法:

（1）作"从"字解的"打",如"打哪儿走近"的"打"。

（2）作十二件解的"打",如说"一打瓶子"的"打"。

"打"字的用法总括起来不过五种,可见打字的用处虽然极多,仍旧极有条理,只要不以罗列现象为止境,经过综合是可以得出规律来的,并不像刘半农所说的不可捉摸(即所谓"混蛋")。也许我们的总结并不完善,但我们可以断言：加总结求规律是科学,不加总结不求规律不是科学。还有一个表示位置的"在"字,刘半农也曾经搜集研究。据说曾经写成小册子,他以为:(甲)"我(在纸上)写字",(乙)"我写字(在纸上)",甲乙两式都是通的;而(甲)"我(在书房里)写字"和(乙)"我写字(在书房里)",就只有甲式可通,乙式是不可通的。他画了许多图样来解释,却始终未曾得出规律。我在《中国文法革新论丛》的一篇文章中曾经略加总结,以为实际只有两种用法：甲组各句的"在"是表示主体活动的位置的,乙组各句的"在"是表示动作着落的位置的。用法也极简单。总之科学研究必须探求以简驭繁的规律,单单罗列头绪纷繁的事实不能算是科学研究。

第三点：假使你通外国文,要当心成为中外派。自从"五四"以后,有所谓中外派、古今派。要是通外文,一般很容易成为中外派。所谓中外派不是以中国为主,也不是中外并重,而是以外国为主的。胡适就是中外派的代表。他们无论研究什么,一开口就英国怎样,美国怎样,所以我们应该怎么样,这个"所以"不知怎么得出来的。毛主席所谓"言必称希腊"的许多同志用的却都是这种方法。我们要想研究有成效,必须改变这种违背科学从实际出发原则的方法。我以为我们如果通外文,应当学习外国人如何研究他们自己语言文字的方法,把那些原理原则结合我们中国的实际,创造性地运用于研究我们语言方面,不能照搬照抄。而我们的中外派却多是照搬照抄,而且是据外论中。外国语有语尾,就以为中国语言一定要有语尾。就在没有语尾的地方,也一定要找出语尾来。这才便于他们生搬硬套。有时硬套不上,则把别人的话割了一半。如斯大林说:"文法是词的变化规则及用词造句的规则的综合。"(斯大林:《马克思主义与语言学问题》,第21页)我们有些人因为外国的词有变化,我们没有,就把这句话截取了一半。如果你们通外国文,我希望你们不要成为这样的中外派。

第四点:假如你长于古学,要注意不要成为古今派。过去凡是通古学的人,很多成为古今派。所谓古今派也不是古今并重,而是以古为主,据古论今。"五四"前后曾经有过很多的例子。比如看见男女同学在一起,他会说古语说过"男女授受不亲",所以……他根据的是古代成说,而他的"所以"却就"所以"到现在来了。我们也不要成为这样据古论今的古今派。

过去有中外、古今的对立,而中外派又常同古今派互相对立。在方法方面,如陈承泽曾主张独立研究,胡适反对独立研究,主张比较研究。修辞方面,唐钺曾经根据西洋纳氏的方法研究修辞,郑奠就不同意,主张根据古说研究修辞。过去的中外派和古今派是不能统一起来的,因为中外派是信奉外国的现代的东西,而古今派则是信奉中国古代的东西。彼此之间既有中外歧异,又有古今歧异。其次是思想方法不同，也无法统一。要是中外派以中国为主，古今派以今为主，而又用一种新方法加以结合，我想可以合流成为新的古今中外派。所谓新的"古今中外派"，老实说就是马列主义派。马列主义派也要用形式逻辑，但形式逻辑不便于讲发展，所以还觉得不够，还必须运用辩证逻辑。

应该怎样研究文法、修辞呢？我认为这个答案应该包括四件东西：(一)搜集事实，(二)探索规律，(三)运用形式逻辑，(四)运用辩证逻辑。这四件都是研究文法、修辞必不可少的东西。要想对于文法、修辞有所创造和发现，必须同时注意这四件东西。

现在同学们跟随先生学习，正在进行继承性的研究，不久就可进入创造性的研究。我的意见仅供诸位参考，如果有不妥当之处，还请大家批评、指正。

（邓明以、程美英记录）

新闻馆与新闻教育问题 *

现在中国新闻教育机关亟须解决的问题似乎又两个：一是如何充实教学的设备与内容，使有志新闻事业的青年更能学以致用。二是如何与新闻事业机关取得更密切之联系，使学与用更不至于脱节。筹建新闻馆，便是想尝试解决第一个问题的一部分，以为解决第二个问题的基础。承各界有识人士以空前的热忱协助，得于短期间告成，至可感谢！协助者的姓名已在新闻馆内阅览室中一一列碑纪念。我们相信他们的姓名将与新闻教育史永垂不朽。

复旦新闻学系借社会协助，现在总算已经解决了第一个问题的一小部分，我们迫切希望能够解决另一部分。还有第二个问题，我们亦希望能够解决，或至少有个解决的途径。我们切望能与新闻事业机关合作，能够以形影似的亲密关系，开辟自己的前途，谋求人群的幸福。

---

* 作者于 1945 年 4 月 5 日在复旦大学新闻馆开幕典礼上的讲话。选自《陈望道先生纪念集》，复旦大学出版社 2006 年版。

苏步青

苏步青(1902—2004),浙江平阳人。中国著名数学家、教育家。1927年毕业于日本东北帝国大学数学系,1931年获理学博士学位。1978年起任复旦大学校长,1983年起任复旦大学名誉校长。

人才培养和教育改革*

在五十多年教学和科研工作中,我觉得应该注重人才的培养。怎样才能培养出优秀的人才呢?我想谈几点体会:

第一,始终坚持教学和科研相结合。

作为一位教师,首先要教好书,这并不是一件轻而易举的事。教师讲课与辅导,既要使学生听懂,又要回答学生提出的各种问题,这就要求教学不是简单的复述,而要有创造性。这种创造性除了教学经验积累之外,主要靠参加科学研究,从了解新学科的发展和成果来获得。一个教师,科研成果越多,教学内容就越丰富,而且有新意。这样,培养出来的学生才能适应今后工作的需要。二十多年来,复旦大学数学系教师参加教学活动,边上课,边举办讨论班,不但开出了新课,而且研究领域从两个方向扩展到十六个方向,许多学科带头人就是这样培养出来的。

另外,教学和科研的相互结合、相互促进,还要通过精心编写讲义

---

* 选自《上海高教研究》1984 年第 3 期,第 82—84 页。

和教材来实现。我于 1974 年出版的《微分几何学》,1979 年出版的《微分几何五讲》,都是教学和科研结合的产物。后来,我的许多学生,也是在教学、写作论文和编写教材中,逐渐成长起来的。

第二,严谨治学,以身作则。

培养人的工作,是一项极为严肃的科学工作,必须养成尊重科学的风气。因此,对一个教师来说,严谨治学,注重科学态度,是极端重要的。这样严谨的作风,包括了实事求是,不懂绝不装懂;艰苦奋斗,养成独立思考的能力;珍惜时间,舍得花工夫等。早在我求学时期,在演算数学习题时,就养成了严肃的习惯,微积分演算了上万题,有的题目并不以算出为满足,而是力求用多种方法来演算,从中找出使我最满意的解法。自从回国任教起,我的所有教材都有完整的讲稿。对于国外同行的研究动态,我一直比较注意,即使在"文革"之中,我也不断了解国外新的科研成果,经过认真的消化,写到新的著作中去。

对学生要养成严谨的学风,做老师的一定要身体力行。1978 年 8 月 20 日,上海遇到百年未有的暴风雨袭击,复旦园内水深过膝。第二天正是数学系讨论班活动的日子,原定由一位青年教师做报告,我答应参加。此时,眼看风势未减,暴雨继续倾泻。家人劝我不要去了,但我坐立不安,约好的时间,我决不随便改动或迟到。于是,我卷起裤脚,撑着雨伞,涉着深水,一步步向数学楼走去。到了讨论班住地,我的衣裤都湿了。参加讨论班的青年人正在议论我是否到会,看到我出现在他们面前,纷纷劝我休息。我喘了一口气说:"开始吧……"我欣慰地看到,严谨的学风正由我的学生一代代地传下去。

第三,要鼓励学生超过自己。

我们这些人,过去曾有过黄金时代,但随着岁月的流逝,学问老了,精力也差了,科学的发展需要千百万青年人来继续奋斗、接班。因此,培养超过自己的学生,应该作为自己义不容辞的职责。如果学生超过自己了,那就应该感到高兴。

就以我和谷超豪教授的关系来说吧!从 1946 年开始,他就跟我在一起,我发现他是有培养前途的人。在 1953 年到 1957 年这四年中,他学术上进步非常快,不仅吸收了我的学问,而且还学习了许多新东西。到了三十岁时,他在学术上的某些方面已开始走在我的前面。对其他学生,我也创造条件,如出题目、介绍资料、指导做论文等,使他们能尽快地成长起来,为建立攻坚梯队打下良好的基础。我常想,如果你有许多学问,但没有学生向你学,你又不主动培养人超过自己,那样的学问再多又有什么用呢?现在,看到一代又一代优秀人才,继承和发展了自己的学问,我感到无比的喜悦。这是我国科学文化事业兴旺发达的必要条件。

此外,我还主张人才要流动,不要使优秀人才过于集中,否则他们很难发挥自己的才能。以往,复旦数学系向各地输送了一批优秀人才,如今他们已成为那里的骨干力量。今后仍应该重视这项工作,提出有效的措施,使更多的优秀人才到内地、到边疆去,让他们的聪明才智得到最大的发挥。

为了使教育更好地适应四个现代化建设的需要,教育应该改革,现就这方面的问题提出几点看法。

对数学教育的看法

数学系学生的培养目标,除德、体应有统一的标准外,在智育方面应有不同的要求。学制可有四年、两年之分。两年毕业的可在应用方面搞一点统筹方法、运筹学等,四年制学生要学较系统的基础知识。

多招一些两年制的学生，比如，招百分之八十或百分之六十。时代变了，基础理论只能是少数人去学，在外国这类毕业生往往找不到职业。复旦的数学专业毕业生一年毕业七八十人，而计算数学、力学这两个专业的人数较少，这对将来数学发展很不利。现在的计算数学、力学应用专业，本身也偏于理论，对实际的东西一是不懂、二是没有兴趣，看不起它，不改革不行。

我们把过去五年制的教学制度，改为现在的四年制。三十多年了，恐怕苏联也改了不少。怎样改，我们应加以研究。解析几何、微积分都下放到中学去教，还是仍在大学里教都需要好好研究。平面几何的问题，师范大学一点都没有讲，这是世界上唯一留下的问题，没有人去搞，都去搞集合论了。大学里，特别是师范大学，除研究中学教材外，大学教材、工科教材如何才能教好，也应该研究研究。师范学院从外单位调进的是拓扑专家、代数专家，这是很能说明问题的。

对培养研究生的看法

在培养研究生的工作中，我们应该掌握哪些关键性问题呢？我认为有三：

第一，我国自己培养的硕士研究生，从专门的论文这个方面来比较，是不会比外国的一般水平差的；但是如果从基础方面来检查，我以为，我们的研究生知识面比较狭窄，对进一步培养博士研究生不利。比方说，数学专业研究生只懂数学，甚至只懂自己专攻的一门学科如微分几何，而对于其他学科如物理学就懂得不多，像生物学更是一窍不通。现代自然科学已经发展到极其广泛的范围，不但理科各门之间，而且理与工之间，文与理之间，大有走上相通的趋势。我建议：今后大学各系的课程可不分专业,基础课之外还要着重选读有关系的基础课,而且当硕士研究生的必须搞应用科学的一些课题,有利于将来毕业后更好地直接为现代化建设服务。对博士研究生的要求就更高了。写出的论文要有更多、更高的创造性,还要求他们具备用深厚的基础科学知识去解决广泛范围的应用科学课题的能力。博士研究生至少要掌握两门外语,既能阅读,也能写作,对浏览国外多种主要科学论文和新著作像读中文一样精通。所以培养中保证质量是关系重要的一环。

第二,要牢固地树立为人民服务的思想。1978年以来,我国为了培养高级专门人才,组成了一支导师队伍,派出了大批的出国进修人员,他们现多已回国,在带研究生方面已起了很大作用。但也有少数人不是把自己学到的本领传授给研究生,而相反,带进资产阶级的坏思想,污染了青年人的灵魂,值得我们警惕。因此研究生导师必须身教言教,使每个研究生认识自己的职责,树立为人民而学习的思想,将来为社会尽责,为民尽瘁。

第三,要树立良好的学风。研究生在学习中,起初会碰到许多困难,必须勤学苦练,持之以恒,严谨治学。近年来基础数学已经不同于19世纪,把各分科联系成为整体的东西,形式上越来越抽象,学习上越来越要求全面,这是现代数学的一大发展。另一方面,正是它高度抽象化,我们要在其他自然科学中找出联系的对象,使抽象的数学起到指导客观实际的作用,而且反过来,从实际中得到检验,取其精华,去其糟粕,进一步发展基础理论,使之更好地为应用科学服务。所以,要教育研究生,初有收获不可盲目乐观,攀高峰越高越难,做好充分的思想准备。

教育一定要改革，但这是一个牵涉面很广、很复杂的问题，因此，改革只能是逐步的。要在不断总结实践的基础上加快步伐，以保证教育的改革朝着健康的方向发展。

关于研究生培养的一些意见[*]

我国培养研究生,早在 40 年代就有了,不过数目甚少,而且相当于硕士,没有授过一个博士。现在,我们有了学位制度,依靠自己的力量培养并授予博士和大批硕士,这在中国历史上还是第一次。为了使我们独立自主培养出来的博士和硕士既能适应于社会主义四个现代化建设的需要,又要在国际上能站得住脚,在培养工作中,我们该掌握哪些关键性问题呢?我认为,有如下的三个方面:

第一,要保证专门学术的质量,这是无疑的。从国际上看,硕士的学术水平比较一般,问题似乎也不太大。我国自己培养的硕士研究生仅从专门的论文这一方面来做比较,是不会比外国的一般水平差的,但是如果从基础方面来检查,我以为,我们的研究生知识面比较狭窄,对进一步培养博士研究生不利。比方说,数学专业研究生只懂得数学,甚至只懂得自己专攻的一门学科如微分几何,而对于其他学科如物理学就懂得不多,像生物学更是一窍不通。可是,现代自然科学已

---

[*] 选自《高教战线》1983 年第 8 期,第 38—39 页。

经发展到极其广泛的范围,不但理科各门之间,而且理与工之间,文与理之间,大有走上相通的趋势。举例来说吧,数学系要同计算机科学系、管理科学系沟通起来,解决国民经济中提出的一些问题。至于理论物理、量子化学之离不开数学,那就不必说了。所以,对于硕士研究生的培养,既要使之具有比较专门的一个方面的知识,又要使之注意到其他有关领域的一般知识,免得硕士研究生将来钻进牛角尖里而不能自拔。过去几年,在我国召开的几次微分几何、微分方程会议上往往出现这样的现象:外国学者对我们的工作成果都能提出自己的评价,尽管他们的专长并不完全相同,而我们对他们的研究成果则懂得不多,甚至不懂。当然,这同大学各系课程的设置很有关系。我建议:今后大学各系的课程可不分专业,基础课之外还要着重选读有关系的基础课,而且当硕士研究生的必须搞应用科学的一些课题,有利于将来毕业后更好地直接为现代化建设服务。

对于博士研究生的要求就更高了。写出的论文要有更多、更高的创造性,还要求他们具备用深厚的基础科学知识去解决广泛范围的应用科学课题的能力。必须看到,单以一篇有水平的论文来评定博士的时代,已经成为陈迹。这次被授予博士学位的十八位中,大部分都搞基础理论。由此可见,搞有实验设备的自然科学的研究生有较大的困难。另外,博士研究生至少要掌握两门外语,既能阅读也能写作,对浏览国外多种主要科学论文和新著作像读中文一样地精通。这样,一方面从这些资料中吸收养分来丰富知识;另一方面养成独立思考的能力,对这些成果能够做出评价。据了解,目前全国六百多个研究生培养单位中,攻读硕士学位的研究生达二万多人,攻读博士学位的研究生近千人。近两年中共授予了近一万五千名硕士,并开始授予博士学位,如果不照如上所述的标准进行培养,那就会出现"开小花、结酸果"的现象,不符合国际水平,也不适应四化建设的需要了。

第二,要牢固地树立为人民服务的思想。这个问题,在"文化大革命"前早就被提出来了,为什么现在还要强调它呢?因为那时对四化建设还未提到日程上来,对知识分子的作用认识也不太一致。另外,同外国的交往还没有像今天这样扩大,特别是同美国、日本等国家还没有建交,更谈不到派留学生和进修人员到这些国家去学习了。1978年以后情况大大起了变化。为了培养高级专门人才,就要大力建设一支由学术造诣深、科研成果显著的教授和科学家组成的导师队伍。为此,国家派出大批的出国进修人员,包括高等学校教师和研究机构的研究人员,一时掀起了"留学热"。现在,这批人员大部分都回国来了,在带研究生方面起了很大作用,这是值得提倡的。但同时也必须看到,有少数人忘了原来被派出去的目的,不是把自己学到的本领传授给研究生,而相反,带进资产阶级的那套"个人成名成家"、个人名利思想,以致污染青年人的灵魂,值得我们警惕。研究生导师必须身教言教,要使得每个研究生都认识到自己对社会主义四化建设的重大职责,树立起全心全意为人民服务的思想,将来学成之日,把自己从事的工作,同民族的前途、国家的命运密切联系起来,同社会主义、共产主义事业密切联系起来,自觉发扬对社会尽责、为民尽瘁的精神。每个研究生,尤其是在国外进修或攻读学位的千万不要被资本主义国家的那套东西所迷惑,而走上与社会主义四化建设背道而驰的迷途。我们要学习路甬祥同志,学习他荣获博士学位之后不受外国金钱、地位的引诱而毅然归国的高贵品质。要振兴中华,只有依靠我们炎黄之子孙,此外别无良策。一百多年来,多少人渴望过"教育救国""科学救国",但是解放前不但没有救了国,祖国反而沦为半殖民地,任人宰割。我们世世代代要牢记着这个惨痛的教训。

第三,要树立良好的学风。研究生在学习中,起初会碰到许多困难,必须勤学苦练,持之以恒,严谨治学。当你学习有收获,开始尝到甜头时,别高兴得太早,要牢记着百里之行半九十,攀高峰越高越难。不牢固掌握基础理论和专业知识,就不可能解决应用方面的各种课题。还要学点马克思主义哲学和自然辩证法,理论联系实际,避免陷入空洞理论之中。就数学这门学科来说,近年来基础数学已经不同于19世纪,把各分科联系成为整体的东西,形式上越来越抽象,学习上越来越要求全面,这是现代数学的一大发展。另一方面,正是它高度抽象化,我们要在其他自然科学中找出联系的对象,使抽象的数学起到指导客观实际的作用,而且反过来,从实际中得到检验,取其精华,去其糟粕,进一步发展基础理论,使之更好地为应用科学服务。党的十二大提出了要加强应用科学的研究,重视基础理论的研究,这两方面是相辅相成的。希望研究生在学习中,踏踏实实,既要抓紧时间,早出科研成果,又要循序渐进,不急于求成。即使获得了博士学位,也不过是科研工作的新起点,要戒骄戒躁,互学互让,团结合作,为祖国社会主义四化建设贡献一切的力量。

高等教育的质量亟须提高*

近几年来,在党中央关于教育体制改革的决定的指引下,我国教育事业有了较大的发展,呈现出一派新气象。各地根据实际情况,正在实行中小学九年义务教育。中等和高等教育培养出的一批社会主义四化建设急需的人才,普遍受到用人单位的欢迎。

但是,在高等教育方面,我们也看到一些存在的问题,如在强调发展数量时,往往不能保证质量;在强调基础理论时,容易脱离实践;在强调智育时,对思想政治工作显得软弱无力;等等。为什么这些问题在各个不同时期总要发生,我认为,是由于对教育的根本目的认识不足,从而在实施中出差错的缘故。

在一所大学里,教师的配备、教学的设备、后勤队伍的力量都是有限制的。如果学校规模发展过快、过大,学院林立,而内容空虚,没有骨干的教授,缺乏应有的教学、科研设备,这样怎能出好人才呢?所以,要办好教育,首先要把本科生的教育搞好,专业划分不宜过早,基

---

* 选自《群言》1987年第11期,第1页。

础知识不要太窄。抓好本科生的教育,才能开展对研究生的培养工作。比如,对研究生毕业论文的质量必须严格对待,必须保证质量;否则就会给教育事业带来不利,也使人怀疑我们的教授、专家究竟称不称职,从而损害我国在国际上的声誉。

在理论与实践的关系问题上,不外乎这两句话:"必须加强应用科学的研究,重视基础科学的研究。"高等院校的教育必须抓住教学与科研密切地结合在一起。五十多年来,我是努力沿着这条路走过来的。实践表明,只有强调教学和科研相结合,才能有效地提高教育质量。当今科学技术飞速发展,出现许多新学科、新技术。要研究这些新科技的发展,必然对基础科学提出种种新问题来,使基础科学也得到发展。我们的高等教育工作必须抓住这个关键。

最后还要指出,为国家培养德、智、体、美全面发展的"四有"人才,是我们教育的根本目的。辛苦一辈子,培养出不合格的人才,甚至专门把大学四年的教育当作出国留学的跳板,那就和教育的根本目的背道而驰了。所以教师必须"教书育人",关心学生的全面发展。学校的思想政治工作还要加强,政工干部要发挥先进作用,带动全体学生共同进步。还应该健全各种规章制度,让干部和师生都能遵守纪律,形成良好的校风和学风。这样,提高教育质量就有了一个良好的基础了。

略论数学人才的培养＊

现代科学技术和现代化管理，是提高经济效益的决定性因素，是使我国经济走向新的成长阶段的主要支柱。数学专门人才在发展我国现代科学技术中，占有越来越重要的地位。加强数学人才的培养，尤其是应用数学人才的培养，提高科学技术水平，就能加快我国现代化建设的进程。因此，探讨数学人才的培养问题，就显得很有必要了。

一

把培养数学人才作为己任，不论在什么环境下，都要抓住人才培养这个根本目的，努力提高人才的素质，这是数学工作者义不容辞的职责。

我从事数学教学和研究已有六十个年头了，回想走过的艰难、曲折的历程，深深感到要为国家培养一批专门数学人才是很不容易的事情。在我的教学生涯中，大致可分为三个阶段：1927 年至 1931 年的四年间，我在日本为数学教师进修班学生上高等代数课，这是我第一

＊ 选自《大自然探索》1988 年第 2 期，第 1—5 页、第 186 页。

阶段的教学。第二阶段是从 1931 年 3 月到浙江大学担任数学系副教授起,至 1952 年院系调整的二十一年。这期间共培养一百零六位毕业生,其中新中国成立以后在各大专院校数学系当主任(包括副主任)、研究所所长的就有三十多位。第三阶段是从 1952 年调到复旦大学以来的三十五年,这段时期当了教务长,经历了"文革"的十年,又当了副校长、校长,在教学上没有做过太多的工作,但是数学系、数学研究所还是出了一批专门人才。直到现在,由于学制关系,我还带三位博士研究生。回顾这三段历程,自己感到荣幸的是,不管在任何艰难时期,自己还能把有限的精力投注在数学教学和科研上面,为培养数学人才尽了力。

要把自己的一生献给教育事业,首先必须对这项工作充满一种爱……

要做到把教书育人当作己任,数学工作者必须严格要求自己,以身作则,树立能克服困难的毅力和坚韧不拔的精神。抗日战争时期,浙江大学内迁贵州遵义,我带着全家大小,住破庙,吃山芋蘸盐巴,经常要躲空袭,但是这些困难并没有难住我的工作。西迁路上,每到一地,因陋就简,照常开课。在山洞里,数学讨论会准时开始,讨论依然十分热烈。就是在"四人帮"横行之时,自己遭到诬陷、迫害,仍关心数学教师的成长,支持他们搞研究,为他们推荐发表论文;甚至被下放到上海江南造船厂"劳动改造"之时,也没有忘记带几位青年教师,与工人、技术员一起从事科学研究和应用。我之所以能这样做,就是因为我始终认为人才是最可宝贵的,耽误了人才的培养,就会给国家社会主义建设带来严重的损失。

培养人才还必须从德、智、体多方面考虑,保证人才具有较好的素质,这是保证人才培养的社会主义方向问题,离开了这个根本,就不可能保证人才的优质。在这方面,我是从严治学,高标准要求。从1931年至1946年,我教微分几何已经十五年了。当我第一次讲这门课时,虽然准备了好长时间,可是学生却不容易听懂。后来,我每教一次,就做一次修改,删掉次要的部分,增添新的内容。有人说我,你教了那么多年,还要备什么课?可是,我备课的工夫从没少花过。每教一年,就把自己写论文的心得和成果放进去。我几乎是上一节课,就要抽一小时备课。学生反映教材越改越好懂。对学生,我则是严格要求。你作业做不出来,或者想偷懒,我绝不宽恕。在抗日战争迁校之前,我就是这样做的。那时候,数学系来了个江西的学生,名叫熊全治,功课在班上算不上太好。有一天夜里,他突然跑到我家里来。一见面我就问:"这么晚了,你还来干什么?"他吞吞吐吐地说:"明天的讨论班由我报告,我怕过不了关,想来请教先生……"话还没说完,我就板起面孔说:"怎么不早来,临时抱佛脚,还能有个好?"熊全治一听,脸涨得通红,二话没说,立即向我告辞。返回宿舍,他足足干了一个通宵。第二天报告通过了。四十年过去了,熊全治在美国当了多年的教授,回国探望老师来了,他还记得这件事,说:"多亏苏先生的一顿痛骂,把我给骂醒了,否则也许不会有今天的成就。"对学生严格要求,正是真正的爱护。

二

始终坚持教学和科研相结合,这是培养优秀人才的一种有效方法。作为一位教师,首先要教好书,这不是一件轻而易举的事。教师讲课与辅导,既要使学生听懂,又要回答学生提出的各种问题,这就说明教学不是简单的复述,而要有创造性。这种创造性的获得,除了数学经验积累之外,主要依靠科学研究,对新学科发展的了解。一个教师,科研成果越多,教学内容就越丰富,而且越有新意。这样,培养出来的学生才能适应今后工作的需要。复旦大学数学系教师参加数学活动,边上课,边举办讨论班,不但开出了新课,而且研究领域从两个方向扩展到十六个方向,许多学科带头人就是这样茁壮成长的。

为了更有效地出好人才,建立教学和科研相结合的措施,我和已故陈建功教授提出并一贯执行小型科学报告会(或称讨论会)的教学形式。1931年,我和陈建功在浙江大学数学系,分别主持微分几何和函数论两个讨论会。讨论会每周举行一次,由参加者轮流做报告。做报告的人必须事前认真阅读文献,仔细推敲,提出自己的理解。参加讨论的人,也要事前准备意见,在会上提出问题,并就报告人的理解进行讨论。

用讨论班的形式育人,具有多种优点。其一培养学生或青年教师严谨的学风。他们必须仔细阅读书籍和文献,在阅读中如发现问题,一定要推敲到底。其二,养成独立思考的习惯。报告者在阐述自己的学习心得时,要求有独到之处,这就必须深入思考、研究。大家在一起讨论,充分开动机器,辨明是非,不同程度地提高分析问题和解决问题的能力。其三,教师在讨论会上可以针对每个报告人的具体情况,进行个别指导,经过讨论、答辩,他们写出的论文就能达到较高的水平。讨论会报告通不过者,不得毕业,对青年学生无形中也有一定的压力。这种讨论会的形式,在不断完善中坚持下来,并在复旦大学得到发展,几乎每周都有五十来个讨论会,大大活跃了学术空气。

坚持教学和科研的结合,这是发展新学科的一个很重要途径。当前,科学技术正处于相互渗透的一个新时期,更应该鼓励青年教师去注意数学发展的新特点、新方向,鼓励有能力的青年教师,打破原有学科的界限,同时参加两个不同方向的讨论班。关于这方面的工作,我用"鸡孵鸭"的通俗说法,来表达自己培养数学人才的方法。所谓"鸡孵鸭",就是培养青年教师独立思考,敢于开拓,达到青出于蓝而胜于蓝。青年教师先拜老专家为师,严格训练,刻苦学习,掌握治学方法,打好基础,提高独立工作能力,然后才能冲破学科的界限,开创新领域,发展新学科。"鸡孵鸭"的新地方,在于鸡孵出的是鸭而不是鸡。如果鸡孵鸡,那就没什么大的发展,鸡孵出鸭来,就有了新品种,有了创造发明,可以后来居上。早在浙江大学时,谷超豪就是我的学生。我对他严格训练,鼓励其独立思考,提出新见解,他最初搞的是微分几何,后来进入了偏微分方程、规范场理论等领域,做出了贡献。谷超豪也用这种"鸡孵鸭"的方法指导自己的学生,才有李大潜的偏微分方程、控制论的研究,俞文此的控制论、运筹学的研究,洪家兴的混合型方程研究。谷超豪在回顾自己成长过程时说:"老师的严格训练和创新鼓舞,使我有了一个很好的根底,使我的进取心越来越强烈。这比多读一本书,多选一门课,更为根本,更为重要。"

现在,数学系的教授总是在教书的同时,选择适当的课题,争分夺秒地进行艰苦的科学研究。谷超豪多年来经常开基础课、专业课或选修课,并在微分几何、微分方程方面,做出了具有先进水平的工作。1974年美籍华人杨振宁博士访问中国时,谷超豪和夏道行、胡和生、李大潜、严绍宗等一起与杨振宁合作,在短期内获得了规范场理论方面的一系列成果。正是这种教学和科研的密切结合,一批骨干教师迅速成长起来。随着当代科学技术的迅速发展,学科之间相互交叉、相互渗透的趋势越来越明显,为了进一步更新和充实知识,教师都很重视科学研究,同时又开出适应教育"三个面向"的新课程。

教学和科研相长,使数学系和数学研究所获得教学、科研双丰收,一批学有专长、造诣较深的专门人才也迅速成长起来。在科研方面,每年发表论文一百四十多篇,1981年国家颁发自然科学成果奖中,数学系获得五项;1985年国家颁发科技进步奖中,复旦大学数学系、所获得一等奖一项,二等奖二项,三等奖一项,优秀奖六项。在科研的基础上,每年开设选修课七十多门。

三

……

四

……

我们培养人才,目的就是要学生超过老师。英国杰出原子核物理学家欧纳斯特·卢瑟福曾说过:

> 如果我的学生在学业上没有新的突破,仍按我的理论进行实验而证实了数据,那他是无所作为的,我的学生应该是有新发现。

世界上有些科学家,就是把发现和培养新的人才,看作自己毕生科学工作中的最大成就。在科学史上还有这样的佳话:牛顿的老师巴罗是剑桥大学当时唯一的数学讲座的首任教授,他发现学生的才能超过自己,在任职六年之后,主动让位给二十四岁的牛顿继任。他的让贤,奠定了牛顿一生工作安定的基础。巴罗的这一举动,对科学事业起了重要作用。人们在谈论牛顿时,忘不了他的老师巴罗……

青年人应尽可能多地掌握各类知识*

看了几期《黄鹤楼》副刊，感到编者的用意很好，每期副刊上，文史科技，各方面知识性文章均有刊载，颇有助于青年人开阔视野，全面地掌握各类知识。

我历来主张，青年人要在努力学好本专业的同时，尽可能多地掌握一些旁科知识。几年前我曾极力倡导理工科学生要有文史知识，今天我同样希望文科的学生也要学一点理科知识。

为什么要这样倡导呢？这是因为青年学生（当然也包括一般的青年同志）正是长知识时期，任何偏科的现象都会给今后的学习和工作带来许多不利。有一次，两位大学新闻系毕业的年轻记者来我处采访，谈话的内容当然离不开数学。我讲了几个普通的数学名词他们都听不懂，还问我那几个字怎么写。至于科学史的有关知识，就更不必说了。由他们来写专访，实在力不从心。也有一些平时在中学的数学尖子，一到复旦大学便感到压力很大。主要原因在于，过去学习单科

---

* 选自《长江日报》1987年1月27日。

独进,而对语文的基础放松了学习。还有个别学生因语文和其他科目不及格,被留级或退学。在大学四年级理科学生中,有的同学写毕业论文时,内容还有些创造性。但是表达却很成问题,连几百字的"导言"都写不好,论文中时见错别字,还有句子不通等。可见,偏科学习危害不浅。

大学生知识结构的不完整,原因在中学阶段学习偏于一端。一部分中学生为了争取考上重点大学,早在高中一年级时就做了打算:准备学文科的,此时便开始不重视数理化的学习;准备学理科的,也就丢掉了历史、地理。由于偏科学习,既影响了学生的全面发展,也影响了高校的学生质量。为了改变这种状况,上海市从今年起改革高等学校招生办法,高考只考语文、数学、外语三门,其他科目实行会考。这对只注重偏科学习的学生更为不利,高考这根指挥棒将会在中学教育中,发挥文理并重的作用。

提倡青年人在学习中应有全面观点,应在学好本专业的同时,主动学几门旁系知识,自然不单是为了考试,而是为了适应今天科技和文化发展的新形势,以利于今后更好地工作。

当今世界科学技术发展迅猛,科学知识的更新换代时间越来越短,同时又由于知识的相互渗透,产生了许多交叉学科。这些新学科不仅有理工结合型,也有文理合作型。就拿复旦大学古老的数学系来说,近几年来,已派生出计算机科学、管理科学、应用力学、统计运筹等系,还在筹建应用数学系。现在数学系的老师不仅为本系和理化系的学生开课,而且已在经济管理、哲学、经济、世界经济、政治学等一些文科系开设必修课。为了积极促进学科的相互渗透,培养致力于新学科研究的专门人才,学校还鼓励学科间互招硕士生,即数学本科毕业生可报考经济、管理、生物等系科的硕士生;反之,其他有关系科也可招收数学的本科生攻读硕士学位。社会科学和自然科学之间,正在架设日益增多的桥梁。学文的需要有理工科知识,学理工的也需要有文史包括社会学的知识,这正如人们的饮食需要各种成分一样,在今天对知识的任何过分"偏食"现象,都会给今后的工作带来不利影响。

《黄鹤楼》副刊文理并重,内容丰富,形式也较活泼,看得出编辑和作者付出了很大的努力。希望今后能多介绍一些新兴的学科及年轻的科学家、文史学家,把这个专版办得更好。

略谈学好语文*

　　学好语文很重要。语文是表达思想感情的工具,没有一定的语文基础,就不能很好地表达思想感情。1976年天安门出现了那么多动人的好诗,表达了对周总理的深切哀悼和对"四人帮"的愤怒控诉。如果你没有相当的语文表达能力就写不出来;即使写了,也表现不出那样的热情,那样的怒火。

　　作为中国人,总要首先学好中国的语文。中国的语文有特别好的地方。譬如诗歌吧,"绿水"对"青山","大漠孤烟直"对"长河落日圆",对得多么好!外国的诗虽也讲究押韵,但没有像中国诗歌这样工整的对偶和平仄韵律。一个国家总有自己的语言文字,作为中国人,怎能不爱好并学好本国的语文呢?

　　有人认为只要学好数理化就可以了,语文学得好不好没关系。这个看法不对。数理化当然重要,但语文是学好各门学科的最基本的工具。语文学得好,有较高的阅读写作水平,就有助于学好其他学科,有

---

* 选自《语文学习》1979年第1期,第3—5页。

助于知识的增广和思想的开展。反之,如果语文学得不好,数理化等其他学科也就学不好,常常是一知半解的。就是其他学科学得很好,你要写实验报告,写科研论文,没有一定的语文表达能力也不行。一些文章能够长期传下来,不仅因为它的内容有用,而且它的文字也是比较好的。再说,学习语文与学习外语的关系也很密切。有的同志科学上很有成就,但是要他把自己的论文译成英文,或者把英文译成中文,都翻译不好。中国的语言是很微妙的,稍不注意,就会词不达意。翻译要做到严复所提倡的"信、达、雅"很不容易。所以,要学好外语,一定还要学好中文。这样看来,学习语文太重要了。语文学得好不好,不但直接关系到青少年知识的增长,而且对整个民族的科学文化水平的提高和社会主义建设的进展有很大关系。我们要多跟青少年讲讲这些道理。青少年学习起来是很快的,我自己就有这样的体会。

  我出生在穷乡僻壤,浙江平阳的山区。家前屋后都是山。我父亲是种田的,很穷,没念过书。但他常在富裕人家门口听人读书,识了一些字,还能记账。父亲知道读书识字的好处,他对我们教育很严。每天晚上,父亲从田里劳动回来,吃过饭,就要查我们的功课。有一次,哥哥念不出,给父亲狠狠打了一顿,我见了很是害怕。我九岁那年,有一次,一个"足"字我不会解释。母亲生怕父亲回来打我,就站在村口找人问字,可是站到天黑,问了许多人,还是没人能解释这个字。幸而这天晚上我没挨打,也没挨骂。我们村里没有学校,十来个孩子请了个没考上秀才的先生教书。他教我们读《论语》,读《左传》。十二岁那年,父亲送我到一百多里外平阳县城里的高等小学念书。我初到城里,对许多东西都很好奇,学习不用功,贪玩。到了学期结束,我考了个倒数第一名——我们那里叫"背榜"。记得那年,我曾做了首好诗,可老师不相信，说我是抄来的，后来老师查实了，知道确是我做的，就对我说："我冤枉你了。你很聪明，但不用功。你要知道你读书可不容易，你父亲是从一百多里路外挑了米将你送到这里来读书的……"这话对我刺激很深，从此我就发愤学习了。到了二年级，我从"背榜"跳到第一名。这以后，我不但学习勤勉，而且养成良好习惯，不论在少年时代还是在日本留学期间，我总是每晚 11 时睡觉，早上 5 时起床，虽严寒季节亦如此。

1915 年，我进了当时温州唯一的一所中学。那时，我立志要学文学、历史。一年级时，我用《左传》笔法写了一篇作文。老师把它列为全班第一，但又不完全相信是我写的，问我："这是你自己写的吗？"我说："是的。我会背《左传》。"老师挑了一篇让我背，我很快背出来了。老师不得不叹服，并说："你这篇文章也完全是《左传》笔法！"《史记》中不少文章我也会背，《项羽本纪》那样的长文，我也背得烂熟。我还喜欢读《昭明文选》。"暮春三月，江南草长，杂花生树，群莺乱飞。"（丘迟《与陈伯之书》）我欣赏极了。还有《资治通鉴》，共有二百多卷，我打算在中学四年级里全部读完。第一年末，我已念完二十来卷。这时，学校来了一位因病休学从日本回来的杨老师。他对我说："学这些古老的东西没啥用，还是学数学好。"他将从日本带回来的数学教材翻译出来，让我学。第二年，学校又来了一位日本东京高中毕业的教师，他教我们几何，我很感兴趣，在全班学得最好。从此，我就放弃了学文学和历史的志愿而致力于攻读数学。但我还是喜欢写文章。四年级的时候，校长贪污，学生闹风潮，我带头写了反对校长的文章。

我后来成了数学专家，但仍然爱好语文。我经常吟诵唐宋诗词，也喜欢毛主席的诗词，特别是《到韶山》这一首。"为有牺牲多壮志，敢教日月换新天。喜看稻菽千重浪,遍地英雄下夕烟。"毛主席把"为有"二字用活了。现在,每晚睡觉前,我总要花二三十分钟时间念念诗词,真是乐在其中的。一个人一天到晚捧着数学书或其他专业书,脑子太紧张了,思想要僵化的。适当的调节很重要,可以帮助你更好地学习专业。我写的诗也不少,但不是为了发表,大多是自娱之作。有时也写政治性的诗,这也是一种战斗嘛。我那篇《夜读〈聊斋〉偶成》:"幼爱《聊斋》听说书,长经世故渐生疏。老来尝尽风霜味,始信人间有鬼狐。"(见1978年11月3日《解放日报》)这是批判"四人帮"的。有个青年同志写信来批评我,说科学家怎么也相信有鬼狐?他不知道这是诗呀!

我从小打好了语文基础,这对我学习其他学科提供了很大的方便。我还觉得学好语文对训练一个人的思维很有帮助,可以使思想更有条理。这些对于我后来学好数学都有很大好处。

现在的学生语文基础不够扎实,古文学得太少。当然不一定都要读《论语》,但即使是《论语》,其中也有不少可学的。"学而时习之,不亦说乎"不是很好吗?"每事问",不要不懂装懂,这也对。《古文观止》二百二十篇不一定要全部读,《前赤壁赋》《前出师表》等几篇一定要读。有些文章虽然是宣扬忠君爱国思想的,但辞章很好,可以学学它们的文笔。此外,《唐诗三百首》《宋词选》中都有很多好作品,值得读。

读书,第一遍可先读个大概,第二遍、第三遍逐步加深体会。我小时候读《红楼梦》《西游记》《三国演义》都是这样。《聊斋》我最喜欢,不知读了多少遍。起初,有些地方不懂,又无处查,我就读下去再说;以后再读,就逐步加深了理解。读数学书也是这样,要把一部书一下子全部读懂不容易,我一般是边读、边想、边做习题;到读最末一遍,题目也全部做完。读书不必太多，要读得精。要读到你知道这本书的优点、缺点和错误了，这才算读好、读精了。一部书也不是一定要完全读通、读熟；即使全部读通了，读熟了，以后不用也会忘记的。但这样做可以训练读书的方法，精读的方法，学习、掌握一本本书的思想方法和艺术性。

人的生命是短暂的，不过几十岁，但充分利用起来，这个价值是不可低估的。细水长流，积少成多；锲而不舍，金石可镂；坚持到底，就是胜利。学习语文也是这样。我对数学系的青年同志要求一直很严，一般要学四门外语。当然首先中文的基础要好。我还要他们挑选一本自己喜欢的文学书，经常看看、读读，当作休息。

还有，青少年学写字很重要。字要写得正确，端端正正；正楷学好了再学行书或草书。这样，字才写得好。我经常收到青年来信，有的信上错别字连篇，有的连写信的常识也没有。信纸上称我"尊敬的苏老"，写了许多敬佩我的话，信封上却是写"苏步青收"。加一个"同志"不可以吗？我的孙子给我来信也是这样，我批评了他。第二次，他写成"苏步青爷爷收"，我又批评他：信封上的称呼主要是给邮递员同志看的，难道邮递员也能叫我爷爷吗？以后他改成"苏步青同志收"了。

总之，青少年时期的教育很重要。人在这个时期精力最旺盛，记忆能力、吸收能力都很强，不论学什么进步都比较快，要充分利用这个特点。我在青少年时期读书条件差，见识也少，到十七岁时才看见汽车、轮船。现在的青少年接触的东西多，见识广，可以看到各种图书资料，还能从广播、电视中学到不少知识；党和国家非常关怀青少年的学习，为青少年提供学习的方便。因此，要十分珍惜这样好的条件。

理工科学生与文学*

问：近来一些理工科大学纷纷增设文学史课。您是一位著名的数学家，文学造诣亦深，想请您结合亲身体验，谈谈为什么学理工科也应学些文学？

答：回答这个问题，还得从我的少年时代谈起。小时候，我就很喜欢中国古典文学。假日回家放牛，我常常骑在牛背上，一首一首背诵《千家诗》。乡下能找到的书，如《唐诗三百首》《史记》《东周列国志》《西游记》等，我都借来阅读。诗读多了，便跃跃欲试，十二三岁就开始学写诗。这些都为我以后写诗填词打下了良好的基础。后来，我虽然对数学产生浓厚兴趣，并转而从事数学研究，但我从未放弃文学的学习。

我觉得，搞数学的人，整天和数学公式打交道，大脑容易疲劳，生活比较枯燥。搞点形象思维，对打开思路，活跃思想很有好处。半个多世纪来，我养成一个习惯，研究数学疲倦了，就拿出《唐诗选》《陆游

---

* 选自《人民日报》1982年9月28日。

诗选》等翻阅诵读一阵，顿时觉得心旷神怡，再接着写数学论文，思路就开阔多了，写起来也顺手。可见，搞数理化的人，学点文学是可以调节思维方式的。同时，数学和文学都是十分重视逻辑推理的，两者间的关系又是非常密切的，学些文学对研究数学和其他自然科学，也是会产生促进作用的。

还有一点，有些同行和编辑，常来函要我为他们的著作写个序，或者写点散文、诗稿。他们明知我的专业不是搞文学的，但盛情难却，只好挥笔写它千把字，以满足他们的迫切要求。我想，要不是青年时代我学点古文，写诗填词，遇到这类情景，我就会陷入困境。联想到我翻阅大学毕业生论文时，有的质量很高，但那段二三百字的导言，就是写不好，究其原因，不外是缺乏用词遣字的能力，这跟文学修养差有关系。所以，我常对大学生说，不论学数学也好，学物理、化学也好，都应该懂得中国文学、中国历史，这对继承中华民族优秀传统，提高阅读和文字写作能力，促进科学研究都是十分必要的。

我现在已年过八旬，但仍爱好写诗。去年一共写了五十四首，其中有十首已经见报。十一届三中全会以来，国家形势越来越好，我觉得诗的题材也相当广阔、丰富。今年7月，我到巴黎访问，一周内就写了十多首诗，有的诗赠了外国朋友，以促进中法人民的文化交流。8月份，我到过浙江定海，看到农村、海岛兴旺发达，也接连写了好几首诗，其中有几首是怀念海峡对岸台湾友人的诗。理工科学生将来从事科学技术研究，总要和外国同行进行学术交流；理工科学生将来也会有各种社会活动，学点文学，写点诗歌，不仅可以陶冶思想情操，还有利于开展社会活动，以诗会友，促进中外文化科学的技术交流。

青年是祖国的未来，希望寄托在你们身上。你们正处在长知识、长身体的重要时期。一个人兴趣不能太狭窄，业余生活更应该充实、丰富多彩，学点文学就能起到这方面的作用。当然，理工科学生有自己的专业，应把主要时间用于专业学习。但在课余时间，我还是提倡同学们学点文学。这种学习可以从书本中学，也可以到现实生活中学，考察各地大好形势，领略祖国的壮丽风光，从而抒发振兴中华的情感。一些大学开设文学选修课，帮助学生学习文学，我认为是很有必要的。

谢希德

谢希德(1921—1999),福建泉州人。著名物理学家、教育学家。毕业于厦门大学数理学系,获麻省理工学院博士学位。1983—1988 年担任复旦大学校长。

中国综合性大学的状况与展望[*]

一、历史概况(1949—1976)

1949年,中国正规的高等院校仅有205所,总的入学人数为116504人。为了满足为社会主义建设培养合格的人才的迫切需要,1952年中国政府采取了重要的步骤,对所有的大学进行调整,并建立许多新的院校。这项调整工作主要是受苏联模式的影响,在调整中建立了工程、农业、医学、师范等许多独立的学院。综合性大学仅包括人文科学、社会科学和自然科学。早期发展阶段所遇到的许多挑战中,综合性大学面临的最迫切的任务是为迅速增加的学生建立好的教学课程与教学大纲,为他们提供好的教学讲义、课本和实验室训练的设备。在教职员的共同努力下,综合性大学取得稳步前进,并且五年制的课程也渐渐明确起来。由于大部分教员在教学中非常认真,学生为

---

[*] 选自《高等教育学报》1986年第S1期,第35—37页、第47页。文字根据王迅主编的《谢希德文选》(上海科学技术出版社2001年版)收入。

祖国而学的目的性也很明确,尽管条件不算好,但是50年代与60年代初期培养出来的学生在国家经济建设中起了重要的作用,并且成为骨干。然而,与大学本科生教育的规模相比,这段时期研究生教育的规模只是初具雏形。所有大学与学院中研究生入学人数在1962年只达到6130人,这是1966年以前达到的最高的数字。由于研究生培养较弱,所以教员不得不主要从大学本科毕业生中补充。而且,虽然大学中开展了一些研究工作,但是研究潜力没有完全发掘出来。由于学习苏联的模式,建立了中国科学院和其他分院,各个工业部门也建立了很多研究所,分配到综合性大学的研究经费相当少。回顾这段时期,对青年教师的培养不是非常有效。如果对研究工作的发展和研究生培养引起足够的注意,那么教员队伍的发展将会更快。60年代初期做了些努力来改变这种状态,培养了少数研究生,并且在研究中取得了一些好的结果。这段时期另一个特点是较早地专业化。一般情况下,一年级新生必须选系,三年级学生必须选专业。课程针对专业开设,所有的课程实际上都是必修课,没有选修课。虽然学生在一定领域内能获得非常好的基础训练,但是他们的知识面不够开阔。

1951—1965年之间,送出8424名中国学生和学者到苏联去学习,其中大多数人学习大学课程,7324人相当出色地完成了学业。虽然送了少量学者到其他国家去学习,但是作为一个整体,与外部世界的联系仍然非常少。实验室也是按自力更生的原则建设的。

像其他战线一样,自从1949年以来,所有的大学都取得了进步与发展。但是非常遗憾,也经历了1966—1976年的倒退。在这些年代里,学制减为三年,教材被改写以适应没有经过任何考查而进入大学的"工农兵学员"的基础。教学质量降到非常低的水平。然而,尽管有这段倒退的历史，自1949年以来教育方面仍取得了史无前例的成就，当然，如果没有这些年的阻碍，可能会取得更大的进步。

二、新的阶段(1976—1985)

1976年粉碎"四人帮"以后采取的重要步骤是：1977年年底重新建立起学生通过全国范围的考试才能入学的招生制度。自此以后，所有大学和学院逐渐名副其实，并且又沿着发展的道路稳步前进。

三、问题和挑战

除了建立教学和科研实验室以外，综合性大学在图书和教学资料方面面临着一系列新的问题和挑战：

1. 各学科分布不平衡

表1给出各学科大学生入学的百分比。从表可知，在相当长的时期内，人文学与社会科学曾被忽略。应该注意，1977年政治学与法律学入学的学生几乎减为零。这种情形通过强有力的措施——建立新的系得到改善，例如新建或恢复了许多法律系。

表1 各学科大学生入学人数的百分比

年	总数	工程	农业	林业	医药学	师资教育	体育教育与运动	人文学	自然科学	财经	政法	艺术
1949	100	26.0	8.4	0.5	13.1	10.3	0.2	10.2	6.0	16.6	6.3	2.4
1952	100	34.8	6.9	1.1	13.0	16.5	0.2	7.1	5.1	11.5	2.0	1.9
1965	100	43.8	7.9	1.5	12.3	14.0	0.6	6.8	9.2	2.7	0.6	0.6
1977	100	33.4	8.6	1.1	15.0	26.4	1.0	5.6	6.7	1.3	0.1	0.8
1978	100	33.6	6.3	0.9	13.2	29.2	1.0	5.4	7.5	2.1	0.2	0.6
1983	100	34.7	5.7	1.1	11.6	26.0	0.8	5.6	6.6	5.9	1.5	0.5

现代科学的发展表明新学科的成熟常常起因于各学科的相互影响与相互渗透,如自然科学与技术科学之间、社会科学与自然科学之间、社会科学与技术之间的相互影响与相互渗透。结合很多综合性大学不满足于只是加强人文科学与社会科学、计算机科学、管理科学和一些其他更实用的新的领域,或者通过建立新的系,或者通过建立新的中心而引入综合性大学。因此,今天当我们谈到综合性大学时,其模式已与 50 年代初期的模式略有不同。这一变化有利于边缘学科的发展。

2. 合格人才的短缺

通过我们自己的努力培养合格的人才所采取的最重要的步骤之一是建立研究生学位制和扩大研究生的入学人数。1978 年有了一个开端。所有各种类型的大学总的研究生入学人数为 8306 人,1982 年增长为 17128 人,1983 年增加为 30559 人。表 2 输出了 1983 年各学科接纳的研究生人数及按学科分布的百分比。

表 2　1983 年接纳的硕士学位研究生人数
(包括研究所接纳的硕士研究生)

哲学	经济学	法律	师资教育	文学	历史	自然科学	工程	农业	医学	总数
226	672	442	150	690	326	3283	6946	845	1555	15135
1.5%	4.4%	2.9%	1.0%	4.6%	2.2%	21.7%	45.9%	5.6%	10.2%	80.52%

相当明显,综合性大学正面临着发展经济学与法律学研究生规划的艰巨任务。为了加速发展研究生教育,研究生人数较多的大学建立了研究生院。

提高教师质量和培养更多的合格人才所采取的另一种措施是不

断扩大国际交流。自从"四人帮"垮台以后,特别是十一届三中全会以来,中国政府始终坚持对外开放的政策,并鼓励与外国的科学、文化交流。学生(包括大学生与研究生)、访问学者、培训人员和出席短期听课的人员已被送到国外,他们或是得到国家或是得到世界银行贷款的资助,或由外国政府、私人基金会、教育协会以及国际办事处授予奖学金和研究基金。送出去的这些人中许多已回国,并在教学与科研中起着重要的作用。除了送学生与学者出国外,许多海外专家与学者来中国大学访问并讲学,或指导联合报告会和联合研究。通过与海外研究机构建立直接的联系并交换正式的代表团,所有的综合性大学与其他大学都得益匪浅。在出席国际会议与参加由联合国教科文组织以及其他国际办事机构主办的活动中,教师正在起着积极的作用,虽然由于预算的限制,这些教员的数目还很少。

3. *教学与管理改革的迫切需要*

为了实现"教育必须面向现代化、面向世界和面向未来"的要求,显然,高等教育不仅应该适应目前的经济建设和 1990 年经济活力的需要,也应该对将来所必须承担的义务有所预见。教育改革应该力求提高教学质量、学术水平和学生的业务质量。

由于科学技术以日新月异的速度发展,知识更新的周期越来越短。大学生时期,学生的主要任务是掌握必要的基础知识,应该改变以上提到的过早专业化与整个学习期间专业化的情形。为了培养本世纪末能对科学研究与发展做出贡献的合格人才,特别应注重大学的基础教育。不能忽视基础理论的教学,这对于消化引进的技术和发展新技术是必不可少的。

为了培养具有相当宽广的知识面的合格人才,对目前的教学计划做了调整，减少必修课，增加选修课，鼓励学生选修非本专业的课程，并扩大他们的兴趣范围。应该使学生认识到学科交叉的重要性。综合性大学应该是推动各领域学科合作最有成效的场所，并应为这种合作创造良好的气氛。

除了向学生提供必要的基础知识外，大学还应该把提高学生的能力放在首位。随着科学的迅速发展，大学毕业的学生应该具备完成自己工作的基本能力，以及为进一步独立地从事研究而提高本身水平的能力。

至于管理改革，则特别注重怎样发挥教职员的积极性，以及克服"吃大锅饭"的情形。有些部门已实行责任制，制定措施奖勤罚懒。至于行政结构，有些大学内部建立了一些学校与学院，协调各个系的活动。

4. 继续教育的需要

为了贯彻城市经济改革的决定，以及使教育改革有效地实现，需要大量的管理人员与合格的教师。经济结构的改革以及国民经济的发展，迫切需要大批应急的管理与行政人员，特别需要那些既懂现代经济，又有技术，既富有创造力，又富有改革精神，并且无论做什么事都能开创新局面的经理。由于应急的管理人员远远达不到以上的要求，因此，所有老、中、青年干部在这个新阶段都面临着一项崭新的任务，他们缺乏现代化所必需的新知识与经验，对他们的能力必须重新估计，他们都迫切需要学习。为了迎接经济改革的挑战，除了加强社会科学与人文科学领域，扩大研究生计划以外，对于综合性大学来说，发展各种形式的继续教育是相当必要的。例如，短期训练班、函授教育、夜校。不用说，对中等学校教师的继续教育也是迫切需要的。许多综合性大学对此已给予支持,并将给予更多的支持。

四、展望

1985年5月中旬召开了全国教育工作会议,会上做出了对教育体制进行改革的决定。会议文件指出在以下几方面将给大学更多的自主权:

决定教学计划与大纲,汇编资料与选择教材;

从其他社会机构接受科学研究与技术发展的课题,或合作进行课题研究,以及建立包括教学、研究与生产的联合体;

建议任免副校长和各级干部;

支配建设投资的资金和国家分配的基金,用自己的基金发展国际交流;

学生入学和毕业分配的方法也应修改。建立教育委员会,领导各级教育,领导执行会议的决定。很明显,所有的综合性大学将进行一系列改革,以适应我国即将来到的经济增长与教育发展。希望在国家越来越多的支持下,许多综合性大学将成为教学与研究中心,并能为祖国四个现代化培养更多的人才。

(致谢:作者非常感谢黄士琦同志提供了本文中引用的一些数据)

面向现代化,培养高质量人才*

近三十年来,特别是近十多年来,电子计算机、生物工程、光导纤维、激光、海洋开发等新技术的飞速发展和广泛应用,对社会生产力带来了巨大的影响,并正波及社会生活的各个方面,形成了新的技术革命的局面。这实质上是一场知识革命,即生产工人的劳动技能主要不是以体力为基础,而是以智力和知识为基础。这对于我们来说,无疑面临着一场严峻的挑战。但是,如果我们抓住这个时机,迅速行动起来,结合中国的情况加以因势利导,按照党中央指出的那样,重视知识和知识分子,重视人才培养和智力开发,尽快把教育和科学搞上去,我们就能适应新的形势,加快四化建设的进程。

邓小平同志最近指出:"教育要面向现代化,面向世界,面向未来。"就高等教育来说,就是要适应我国社会主义现代化建设的需要,迎接世界新的技术革命的挑战,培养高质量的人才。高等教育既要适

---

* 选自《高教战线》1984年第4期,第8—9页。文字根据王迅主编的《谢希德文选》(上海科学技术出版社2001年版)收入。

应当前经济建设和 90 年代经济振兴的需要,又要着眼于共产主义运动的未来。我们所说的高质量人才,当然包括政治素质和业务素质两个方面。为此,要加强思想政治工作,把坚定正确的政治方向放在第一位,坚持对学生进行爱国主义、集体主义、社会主义和共产主义教育,提高他们的思想觉悟和道德水平,增强他们识别和抵制各种腐朽没落思想的能力,把他们培养成为坚强的社会主义事业的接班人;同时,要积极进行高等教育的改革工作,努力提高教学质量和学术水平,提高学生的业务素质。在这篇文章里,我仅就如何改进教学工作、提高业务素质方面谈几点意见。

一、必须十分重视基础知识的培养

由于科学技术的日新月异,知识更新周期越来越短,在大学阶段最主要的是掌握必要的基础知识,必须处理好专业和基础的关系,必须改变专业划分过窄的现象。任何一门新的技术,都是在一些最基本的学科基础上发展起来的,微电子技术、激光技术、生物工程技术都是如此。就以微电子技术来说,它是随着集成电路的发展而兴起的一门科学技术,不仅包括在硅片上制作电路的技术,还包括了应用集成电路的产品的技术。集成电路技术本身又是许多种技术的"集成",包括电子技术、物理技术、化学技术和冶金技术等方面。因此,如果要培养从事微电子技术开发和研究的人才,必须掌握电子学、物理学和化学的基础知识。这样的人才能对于面临的新事物,不仅知其然,而且能够探索其所以然。如果仅要求能胜任当前工艺线上各种操作的人,只需在中专或大专培养就可以了,不需要在大学中去开设针对某种具体技术和工艺的课程。回顾微电子技术发展的历程,在国内外有所贡献的科学家,都是靠原有的基础,不断在实践中学习,从而跟上新的发展。集成电路的发展极其迅速,从1948年晶体管发明到1958年的小规模集成电路,其间不过十年。以后也几乎是每十年有一个飞跃,例如,1967年的大规模集成电路,1978年的超大规模集成电路。又如1971年发展的微处理机芯片,在十几年中,在电路的规模和工艺上都有很大的变化。目前四十多岁的工程技术人员和科研人员,当初在学校中根本不可能学到这些技术的细节,然而如果掌握了这些技术所基于的共性,就可以较好地适应工作提出的要求。

又如,在新的技术革命中涉及的生物工程,是一项知识高度密集的最新技术。它是在分子生物学、分子遗传学、细胞生物学和微生物学的研究基础上发展起来的,是一个从宏观到微观、从细胞到分子、从定性到定量发展起来的一个崭新的技术领域,所需要的人才必须有比较扎实的普通生物学、细胞学、遗传学的基础,而那些比较专门的课程可在工作岗位上边干边学,或在研究生阶段再学习。

在学习阶段必须对基础理论的学习予以重视。无数事实都证明了今天的理论可以成为明天的技术,大多数的理论对于应用起了重要指导作用。我国理论物理学家们的研究成果,对我国原子能技术的发展就起了重要作用。因此,为了培养能在研究和开发工作上有所作为的人才,必须十分重视大学阶段的基础教育,尤其不能忽视必要的基础理论教育。这是消化引进技术、开发新技术必不可少的。

二、必须十分重视培养有较宽知识面的人才

近代科学的发展证明,新的生长点往往来源于学科之间的交叉渗透,在自然科学和技术科学的领域中是如此,在社会科学和自然科学之间、社会科学和技术科学之间亦是如此。例如,目前不少经济学家和社会学家都在研究新技术革命给国民经济和社会关系等带来的变革。经济学家讨论着机器人和经济的关系。近来发展的新兴学科——科学,不仅研究科学的自身发展的规律,也研究科学与经济、管理、教育等领域之间的关系。要使今天的大学毕业生能对新学科的发展有所贡献,必须改革现有的教学计划,减少必修课,增加选修课,使学生不仅掌握本专业的主要学习内容,而且有兴趣和余力去学习选修课,了解专业之间、系科之间的联系,从而加深对本专业在四化建设中所起作用的了解,也可以更全面地理解"学"与"用"的关系。例如,应该鼓励物理系的毕业生去从事化学、生物、工程技术、管理科学、图书馆和其他领域的工作,去开花结果。如能做到这一点,物理系的学生多一些也没有关系,因为物理学的基础和对其他学科的兴趣可以使不少人的聪明才智得到更充分的发挥。

DNA(脱氧核糖核酸)双螺旋结构的建立是分子遗传学发展史上的一个重要里程碑,也是今天生物工程技术的理论基础。在这方面做出主要贡献的 J. D. 华生是生物学家,而另一位 F. 克里克却是研究 X 射线晶体学的物理学家;对这个重要发展也起了作用的还有一些其他的物理学家、化学家,是这些人的合作初步揭开了遗传的谜,为基因的存在与合成奠定了基础。这个例子充分说明学科交叉、不同领域科学家的合作可以产生的重要影响。大学应该是推进这种合作,创造这种气氛的最有利的场所。

在学校中应鼓励不同专业、不同系科之间的学术交流与讨论。宿舍本是理想的讨论问题的场所,可惜目前大多是同系的学生住在一起,未能起到促进交流的作用。因此,要有意识地组织些讨论会和报告会，鼓励学生参加讲和听，逐渐形成习惯和制度，这是扩大知识面和活跃思想的行之有效的方法。

三、必须十分重视能力的培养

大学除了给学生必要的基础知识外，必须十分重视能力的培养。随着科学的迅速发展，要求毕业生们既有完成本职工作的基本能力，也有进一步自学提高的本钱。

首先，必须有在实践中学习的能力。社会科学工作者要会做社会调查，并用文字表达调查结果、对情况的分析和自己的观点。自然科学和技术科学工作者则必须能适应实验室或工厂对自己的要求，学会在实践中克服困难，不断提高。近年来大多数毕业生成绩很好，但也有不足之处，有人认为存在着"高分低能"的缺点，必须在教学计划中加强实践环节，加以改进。其次，是使学生有独立自学的能力，能够查阅文献，充分吸收前人积累的宝贵经验。为了学习国内和国外的先进经验，至少要能比较熟练地掌握一门外语。随着计算机的广泛使用，学校还应使学生具有使用计算机的基本能力。

以上三点，是为了培养高质量人才，学校和教师应注意的问题。能否造就有用的人才，还需要青年学生主观的努力。要树立为祖国四化献身的伟大理想，要有刻苦学习持之以恒的决心，不能只是被动地从教师、从书本中接受知识，而要主动地去思考问题。总之，必须处理好"教"与"学"的关系。一方面，教师应循循善诱、诲人不倦；另一方面，学生也要孜孜不倦、锲而不舍，才能做到教学相长，为国家培养出高质量的人才。

学校改革的根本问题在于提高教学水平、学术水平和管理水平[*]

中央领导同志关于改革的指导思想,我们很赞成。我们通过讨论,觉得学校工作改革的目的是为了提高教学工作质量和科研水平,是为了打破吃大锅饭的局面,落实知识分子政策,调动全校师生员工的社会主义积极性,共同为四化建设培养出更多更好的人才。那种认为改革只是为了创收、为了改善中青年知识分子的经济情况的说法,是片面的,不是根本的。正如有的教师讨论时所说,假使只是为了我们每个月多收多少钱,而我们的方向改变了,过了若干年以后,学校领导是要成为罪人的。学校改革的根本问题是要提高教学水平、学术水平和管理水平。改革要实行社会主义按劳分配的政策,可是还要有共产主义思想的指导。从整个国家来说,要有利于国家的发展,有利于全体人民的幸福和富裕,而且要走中国式的改革道路。通过改革,要

---

* 选自《上海高教研究》1983 年 1 月,第 55—58 页。文字根据王迅主编的《谢希德文选》(上海科学技术出版社 2001 年版)收入。

建设具有中国社会主义特色的大学体系。要做到这点,主要应深入调查研究,研究新情况,总结新经验,建立一些新章法,解决新问题,把我们学校办成名副其实的综合性重点大学。

通过讨论,我们提出以下十点:

第一,我们的目标,是要改革1952年以来文理科的这种综合大学模式。实际上现在文理科很不"综合"。你给人家介绍你是综合性大学,说了半天只有人文科学和自然科学。可事实上我们从1958年后已发展了一些应用学科,我们的无线电、计算机在国外都是属电子工程系。所以,根据学校的情况,经过两年多的酝酿,我们决定要逐步把我校办成包括人文科学、社会科学、自然科学、技术科学和管理科学的多科性综合性大学。这五个方面还不够全,如医和农就没有。国外许多综合性大学,农科和医科都占有相当大的比例。我们中国应该先解决吃饭问题,但很可惜,我们的综合性大学里没有农,而农脱离了物理、化学、生物的基础,进行研究是很受影响的。但这点我们解决不了,不能不说是一大遗憾。

第二,方向任务。作为重点大学,我们的主要任务是培养本科生、研究生、留学生和干部。中央有干部轮训的制度,我们义不容辞地要担负起干部的进修任务。为了发挥学校教师的积极性,除了目前全日制教学形式外,应该从现有的教师中抽出 15%～20% 的力量,争取多种形式办学,如自费走读、函授、夜大学、短训班、培训班、两年制的专修科等等。各种类型的学习班在结业时都可以考虑给他们发证书。

第三,机构改革,领导是关键。所以精简机构、调整充实领导班子、提高工作效率,是我们改革的关键。我们应该积极选拔优秀的中青年干部到各级领导岗位上来,让他们有职、有责、有权。现在我们校长是一正四副，书记是一正两副。春节后我们几个人就有明确的分工，规定职责范围。校长和副校长一般不再兼任研究所的所长或者副所长。同时，为了提高效率，除了每星期有一次办公会外，还决定建立每星期两次集体办公的制度，这样就可以改变公文旅行的情况，有些情况谈一下就决定。我们初步设想，下面上报的请示，凡是较简单的，争取一个星期内给予答复，重大的问题不超过两个星期。否则这个责任就要由主管部门来负。过去教师对重理轻文很有意见，为了弥补这个缺陷，我们决定要首先关心文科、了解文科，要调查文科存在的问题。所以从新学期开始我们就一个系一个系地请他们谈情况和问题，同他们一起讨论改革的设想。我们希望经过初步调查研究后，讨论解决多年来文科存在的问题，如怎样处理好理论与实际的关系、处理外国和中国的关系、处理老的和新的现实的关系等等。我们在改革机构中，要做到人员精干，规定教务处、总务处和人事处的处长是一正两副，其余各个处以及科、室则为一正一副。

第四，培养目标。要理论联系实际，扩大专业口径。基本理论也可以联系实际。现在社会上有一种对基本理论的误解，以为基本理论就是高能加速器，就是基本粒子，就是一加一不等于二。其实并不是这样的，应用学科也要加强基础，提高解决问题的能力。我们希望逐步改造旧专业，办一些短线的专业，但新的专业也不能办很多，主要是根据学校的条件，用以老带新、文理渗透、理工渗透等办法来发展一些应用学科的专业。如我们打算搞一个数理统计专业，国家统计方面很需要这方面的人才。目前我们想抓三个联合体：一个是经济学方面的联合体，就是包括原来的经济系（主要研究政治经济学）、世界经济系和管理科学系的经济管理专业以及世界经济研究所，它们初步已有一些合作的打算。比方它们的外语课、数学课、计算机课都可以统一考虑。其二就是我们酝酿了很久的技术科学联合体,首先包括电子工程系(有两个实际上建立很久的专业——微电子学和无线电电子学)、计算机科学系(1975年以来就有的)。最近我们成立了材料科学研究所,还酝酿着成立生物工程系和光源与照明工程系。我们想把这些联合起来,成立技术科学学院。这个学院与工科院校的培养目标有所不同,要在理科的基础上发展一些应用技术学科,而侧重点又有所不同。第三个联合体就是应用数学的联合体,包括数学系的应用数学、计算机科学系的信息软件和管理科学系的科学管理专业这几个方面,因为这些要用到概率论、数理统计、计算机等,还初步为市里办了一个应用数学的咨询中心。

第五,教学改革。在学校的改革中一定要把教学改革放在一个很重要的地位,要提高教学质量。为了做好教学改革,每门课尤其是基础课一定要由有经验的教师上课。我们与其他院校也同样碰到这问题,为了提职、工作量的问题,有一定的平均主义,有时候教研组长也挡不住,明知不够格的也要求上讲台,因为怕没有工作量,提不了职。但我们觉得以后一定要由有经验的教师或经过系主任批准允许主讲的教师来组织教学班子进行教学。为提高教学质量,要贯彻因材施教的原则,加强教学法的研究,还要改革记分方法,如实行五级浮动记分制等。我对于录取研究生时,简单地说两门课不及格不能录取是有意见的,因为这不科学。两门不及格完全看学校出题目出得难还是出得容易,出得容易可以大家都是90分、100分。现在个别课程有分数贬值的现象。我们觉得假使改革我们的计分方法,可以补救这种情况,而且也可以使教师放手大胆地来进行考试,可以请其他人来出题目,这样就可以真正使我们的学生考出水平。现在我们已做了初步改革，出题的老师不参加辅导，甚至对辅导的教师也保密，这样就可以避免泄题的现象。另外就是要进一步完善我们已经从1980年实行的学年学分制。过去我们虽然有学年学分制，可是因为必修课太多了，选修的可能性很少。所以我们一定要适当地减少必修课。这就需要修订教学计划。我们打算全校先选两个系，一是中文系，一是电子工程系做试点，修订教学计划，适当地把必修课减少，提高选修课的质量。现在选修课很多，但有的质量并不是很高的，也有的并不是很需要的。我们望能够在教师指导下，允许一部分学生选读副科，比方他可以主修是外语，也可以副修一个历史或新闻或政治。我觉得这样对文科、对外文系学生的分配是很有好处的，使学生在工作岗位上能适应要求。现在社会上反映，我们外文系培养的学生知识面比较窄，不能胜任他们出去以后担任的工作。假使主修、副修专业考试成绩合格的话，可以得主科和副科两个学位。另外改善助学金的发放办法，逐步做到以奖学金为主，助学金为辅，做到学习优秀者奖，生活困难者助。前些时候不是这样，而是发的面较广。为了鼓励优秀学生，从今年暑假开始，我们希望对于政治上优秀、业务上拔尖、德智体全面发展的学生，大概在班上5％～10％的学生，是不是能够在毕业分配时，在国家分配方案内实行优先挑选工作单位的做法。因为从七九届开始已经有这样的现象，学生觉得学好学坏一个样，班上两极分化，好的觉得可以考研究生的使劲努力，有些人就放弃了，反正学好学坏一个样，照样有工作做，一进学校就定了终身，是铁饭碗，我们希望能够逐步改变这个现象。

第六，科学研究。这里最主要的是要改进我们的科技管理工作，使对于四化建设中提出的重大理论和实际问题形成拳头,组织攻关。要发展我们学校的特色。这样就要充分发挥学校里多学科综合性的优势,鼓励大家协作,充分调动人、财、物等方面的能力和潜力。要积极开展技术课题和应用课题的研究。对于一些应用性的课题,我们觉得可以实行科研任务责任制。我们去年已制订一些办法,要在此基础上,把分配的办法逐步完善起来。同时对有些应用性比较强的课题实行指标、人员、条件、经济效益都责任承包,完成好的可以多给奖;经济效益大的,奖励可以不受一个月 30 元的限制,完不成任务的就要取消这个课题,收回编制,而造成重大经济损失的还要进行一定赔偿。

第七,关于考核和奖励。对搞基础教学的,尤其是基础和搞基础课理论研究或是完成国家攻关项目的一些研究工作的人员,要有一个很好的考核和奖励制度,希望设立奖励基金。对这部分人员要进行奖励,使他们中间有贡献的人也得到鼓励。我们初步设想他们得到的奖不应该比那些承包责任制的人得的奖的平均值低。另外,要改进教学优秀奖的奖励办法,不但发奖金,而且发荣誉证书,如果连续三次获得优秀教学荣誉证书的,可以在提职称时作为重要依据之一。对于政工人员搞学生工作的、学生德育教育人员以及做学生思想工作的教师也要给予鼓励。考核和奖励就是要引导大家首先搞好本职工作,然后才是发挥我们的潜力积极为四化多做贡献。这里就牵涉学校基金究竟我们能动用多少的问题,希望给我们一定的自主权。

第八,权力下放。我们初步想搞系主任负责制或所长负责制,我们系主任是由群众选举的,教研室主任则是由系主任任命的。系主任产生后,任期一般是两年,可以连任一次,做得不好的可以随时撤换,可以允许他们采用推荐的办法成立系或者是室的领导班子,难以推荐的可以组织人事部门具体配备。实行系主任负责制,我们找几个系试点,经过试点总结经验,再全面推开。领导班子确实比较强的,可以给予自主权。究竟有多少权呢?首先说一个教学权,可以根据国家需要以及培养目标和教学计划、教学大纲的要求,提出开设课程的门数、课程的内容和教学时数,系主任有权指定主讲教师或者批准讲课的教学小组。其二是人事权,系主任有在定编的基础上调配全系人员的权力;根据教学和培养需要,有权邀请校外人员讲课和参加研究协作,不算学校的编制;系主任有权审批助教、助理工程师的职称;经过批准试点的系,系主任有权把多余的教师交给学校安排;系主任还有权建议优先分配的优秀学生名单。第三个是财务权,扩大系一级的财权,学校按年度预算(这是指教育部给的经费)将设备费、研究费、材料费、讲义资料费、教学实习费下放到系,由系主任提出使用计划,经过校长批准使用。购置仪器在 2 万元以下,可以由系主任掌握审批;2 万元以上由主管部门审核,报校长审批。其中教学设备在 5 万元以上的,列入基建设备计划,报教育部审批。所以这个权不好下放,实验材料费可由实验室主任或者是该科研项目负责人审批,为了做到这点,就要设有专职会计。

第九,实行岗位责任制,实行浮动的岗位津贴。从书记校长开始到室主任、课题组负责人都要实行岗位责任制,并根据不同的岗位职称制定出不同的岗位津贴的标准,实行浮动津贴,按学校每年创收的情况来浮动,创收多就多发一些。凡是能够完成职责的可以拿到津贴,不能完成职责的不发津贴。严重玩忽职守的要给予处分。学校各部门的定编数字我们打算在 3 月底左右公布,凡是定编的单位都按编制发奖金,不够人数的单位不扣其奖金,增加人数也不增加奖金总额。

超编人员要为学校创收。今年7月份起,如果达不到指标的,按比例扣奖金。假使超过指标的,可以折算编制得到奖金,由这个定编单位分配。总的就是要多劳多得。

第十,改革后勤部门、校办工厂的管理体制和制度。实行和推广经济责任制和承包责任制,使其更好地为教学科研和师生生活服务,这一点是我们比较看得准的。后勤部门逐步企业化,逐步做到承包责任制,变成一个服务中心,现在已初步在执行了。要改革教学科研的物资供应办法。物资部门可以根据学校的计划和各个系、教研室提出的要求,保质保量地采购供应物资,尽可能做到送货上门。所需采购人员劳动工资、运费,按照提供物资的数量金额提取管理费,进行独立核算,结余分成。这样可以把他们的积极性调动起来。另外校办工厂也划出一定比例的生产能力,以完成教学科研的加工维修任务,然后再按照工厂的生产能力,参照社会工厂和兄弟学校工厂的生产指标,确定承包的产值、成本、质量和利润指标。校办厂可以接受其他的生产或加工任务,但首先得完成学校里的教学科研的加工和维修任务。全面完成指标的可以提取一个半月的平均工资额的奖金,超额的还可以提取超额部分的10%作为奖励。现在一些明显可实行承包责任制的,就是食堂、汽车队、家具制作等单位。食堂现已进行,有显著效果。本来新开窗口都不肯去,现在实行承包制、责任制,很愿意承担。我们以1982年的生产指标和经济开支作为基数,超过生产定额的而又能够节省经费开支的可以增发奖金,完不成生产定额的要扣发原有的奖金,并对部分工资(大概30%)进行浮动。生活服务部所属的招待所、代销店、教职工浴室和洗衣社等则有独立指标,自负盈亏,实行企业化管理,促其更好地为教职工服务。我们还反复强调,要严格保护消费者的利益。

　　上面十个方面是我们初步的设想,正在发动大家进一步讨论。我们还需要进一步认真学习和宣传党中央关于改革的一系列指示。下面的一些同志也着急,希望我们步子跨得快一点,但我们想到一定要吸取过去的经验和教训,例如1958年就是步子太快了,结果花了好多时间走回头路,所以改革要系统地、坚决地、全面地进行,改革还要有领导、有步骤,要经过试点。既要认识到改革的重要性和紧迫性,又要认识到艰巨性和复杂性。所以我们先从后勤开始,让大家吃得好,生活得好一点,可以减少一些后顾之忧,把大家的积极性调动起来。

总结经验，改进工作，逐步完善导师制*

几年来，围绕教学改革的目的——培养高质量人才，我们采取了一系列有效措施。其中之一是1986年秋季开始执行的"导师制"。当时我们聘任了242名教师担任一年级新生的指导教师。被聘任的大多是学术水平较高、教学经验比较丰富的教授、副教授。导师们视聘任为荣誉，用较大的热情去关心和指导学生，在半年的实践中创造了不少好经验、好方法，取得了一定的成效，受到学生的欢迎与称赞。

为了建立师生间亲密融洽的感情，掌握学生的特点，有的导师把学生请到家里促膝谈心，有的导师和学生一起在公园里漫谈、交流思想，有的导师到一年级去听课……这些导师都能有针对性地进行指导。为了帮助学生尽快适应大学生活、掌握学习的主动权，有的导师检查学生的课堂笔记，有的导师指导学生如何选择参考书、如何借阅书籍资料。期中考试后，有的教师主动关心考得差的学生，帮他们分

---

* 本文发表于《复旦教育》1987年第1期。文字根据王迅主编的《谢希德文选》（上海科学技术出版社2001年版）收入。

析原因，鼓励他们克服困难、奋发向上。不少导师结合实际做思想工作。如有的政治学专业的学生对政治学有偏见、想法过激，有关导师就指导他们学习《共产党宣言》，既进行了专业思想教育，又帮助他们提高了对马列主义的认识。在"六四"期间，许多导师深入到学生中做疏导劝说工作，由于能联系实际，晓之以理，动之以情，效果较好。

尽管导师制在实践中已表现出一定的优越性，但是毕竟是一个新制度，还缺乏经验，存在不少问题，有待于逐步完善。结合目前在执行导师制中存在的问题，我认为特别要强调下面三点：

第一，必须明确建立导师制的目的，明确导师的职责。

有的导师反映指导工作无从入手，有的导师在到学生中活动了二次以后就感到没话题了，指导工作难以坚持。有的学生在遇到导师时只问一些课程中的具体问题。有的系主任也觉得对导师提不出具体的要求，难以检查。出现这些问题的根本原因在于不明确导师制的意义，不了解导师的职责。

在聘任导师时，我们就明确指出，在一年级学生中执行导师制是为了"形成良好的校风与学风，进一步开展教书育人的活动，不断提高教学质量，促进学生德、智、体全面发展"。我们希望导师给学生以潜移默化的影响，使他们逐步养成"刻苦、严谨、求实、创新"的好学风，为顺利完成大学四年的学习任务打下良好的基础。换言之，我们培养的人才必须具有优良的素质。

实际上，学生对导师也寄予较高的期望。一次有关的调查表明，有98%的学生希望导师教给学生以好的学习方法，仅有不到1%的学生以为导师是辅导学业的。不少学生提出"希望导师是自己学业的指导者，从某种意义上说是自己事业与人生的指导者"。他们期望导师

"年长、知识渊博"。

因此,执行导师制绝不是一种权宜之计,不只是为了安定入校新生的情绪,不只是稳定学生的专业思想,而是为了培养第一流人才,从一开始就打下一个好基础。

第二,导师应全面关心学生的成长。

四化建设需要的是德才兼备、全面发展的人才,我们应以这个要求对待学生,针对学生的不同情况,对学生加以指导。

1986年入校的新生,入学教育抓得紧,并开始执行"浮动学制"。这一方面促使学生认真对待学习,因而学习风气较浓,但也带来另一方面的问题,即学生普遍感到压力比较大,学习负担重,体质有下降的趋势。个别学生对能否坚持四年的学习信心不足。出现这种现象,除客观上的原因,有待各方面工作加以改进外,不可忽视的是学生自身存在的不足。

根据历年的调查,有将近五分之一的学生要花半年以上的时间才能适应大学生活。他们的主要困难是缺乏自理能力,不善于安排好自己的学习与生活。有的学生把尽可能多的时间用于学习,例如有的学生尽可能多选课,有的学生重复去上英语听音课,以致每周上课时数突破30学时。与此同时,他们又尽可能少花时间去干别的事,甚至挤掉睡眠时间和课外活动时间。上学期期中对300多名一年级学生调查表明,有75.8%的人每天睡眠在七小时以内,有36%的学生每天课外活动的时间是0。由于睡眠不足,缺少锻炼,听课效率不高,迫使学生用更多的时间去学习,形成恶性循环。

上述问题的出现应引起各方面的重视,尤其希望导师们帮助学生树立正确的人生观,认识全面发展的必要性。从提高学生独立生活与学习的能力入手，给他们的学习（如选课）、生活（如怎样过集体生活）以针对性的指导。

第三，导师制要制度化、规范化。

在半年实践的基础上，我们将制订"导师工作条例"，明确导师的职责及有关规定。

各位系主任应抓好导师工作的组织工作，安排好导师与学生见面的时间（一般可利用星期五下午政治学习的时间），适当对导师提出指导工作的各阶段要求。当然导师可以根据学生具体情况安排活动时间与内容。

对导师的工作要定期检查，经常督促。学校把各系导师制执行的情况列为期中教学检查的内容之一。近期希望各系做一次检查，对因各种主客观原因不适合担任导师的人进行适当调整，以保证导师队伍的质量。我们已经而且还将采取各种不同的形式听取学生对导师的意见与要求，及时向导师提出符合实际的要求。今后，每半年召开一次导师工作经验交流会，表彰在导师工作中有贡献的人。这也要形成制度。

总之，在完善导师制方面还有许多工作要做，这有待于全校师生的共同努力。我相信，我们的导师制在培养四化建设所需要的第一流人才中将发挥越来越大的作用。

坚持教育改革,创建两个文明,把复旦大学办成第一流的综合性大学*

今年 1 月,中共中央政治局委员、国务院副总理兼教育委员会主任李鹏同志到复旦视察工作,并题词:"把复旦办成中国第一流的综合性大学。"这对我校师生员工是很大的鼓励和鞭策。

1986 年,是我国第七个五年计划的头一年,也是复旦大学根据"七五"计划进行重点建设的第一年。我们工作的总任务是:继续坚持教育改革,努力建设社会主义精神文明和物质文明,逐步把复旦办成第一流的综合性大学。从这个总任务出发,我们坚持教育改革,把为四化建设培养高质量的"四有"人才放在首位,不断提高师资管理水平,促进学科梯队的建设;同时,要形成一个好的校风、学风,创建文明单位,以保证总任务的实现。

---

* 本文发表于《高教战线》1986 年第 6 期。

一

总结经验,把教育改革不断推向深入,这是我们办第一流大学的根本。《中共中央关于教育体制改革的决定》指出:"改革的根本目的是提高民族素质,多出人才、出好人才。衡量任何学校工作的根本标准不是经济效益的多少,而是培养人才的数量和质量。"我们必须坚持贯彻《决定》精神,尽最大努力去提高教育和教学质量。

改革给复旦大学的教学带来可喜的变化。我们在回顾和总结已有经验的同时,又提出:在继续抓好"三个提高"(即提高教授、副教授给本科生上课的比例,提高一类课的比例,提高学生的创造力)、"四个环节"(即基础、外语、实践、能力)的基础上,要提倡"三性"(即灵活性、适应性、科学性),完善和推广"三制"(即优秀学生的导师制、学分制、五级浮动记分制)。

所谓"灵活性",就是避免以前在教学计划、教学方法上统得过死的现象。教学计划起宏观指导作用,通过学分制选修课的设置,使得在微观上真正搞活。教学方法要克服"满堂灌""死记硬背"的现象,代之以生动活泼的教学形式。要鼓励师生相互讨论,教学相长,高年级研究生要举行各种类型的报告会、讨论会,鼓励和提倡通过自由讨论甚至争辩,来主动地掌握知识,学以致用,发挥创造精神。鼓励学生多看参考书,有条件的要定期写出读书心得。我们认为,专业教学计划和教材讲义都是必要的,但不应当因此限制学生的学习范围和发展的可能性。要鼓励学生跨系、跨学科选修课程,在加强基础知识的同时,拓宽知识面。

所谓"适应性",就是要加强对学生的不同要求,又要拓宽学生的知识面,以适应学科的迅速发展和四化建设的需要。例如,要对某些有条件的课程开设不同层次和水平的课程,供学生挑选,以适应不同学生的特殊需求。这也是因材施教的一个内容,有利于促进人才的迅速成长,有利于适应四化建设和科学发展对人才的需要。我校公共外语已经这样做了,其他课程如普通物理、普通化学、高等数学也已经或准备这样做。同时,我们还要继续发展新学科,认真开设好文理相通的选修课,目前已开设的有 75 门公共选修课,在巩固提高的基础上,逐步把它们稳定下来。今后还要把大学语文、中国通史作为文科的公共必修课,使培养的学生更能适应社会对人才的要求。

所谓"科学性",就是要加强学习和教师教学各环节的科学管理,反映教和学的真实水平。今后的考试,应提倡多种形式,可以口试、笔试,也可以开卷、闭卷等等。教师要有教案,有计划、有准备地上课,并随时接受校、系领导的检查。今后,我们既要有一定数量的选修课,更要特别注意选修课的高质量,以后凡开设新课,必须得到教务部门的审核同意。学校准备编印全校课程目录,把一些课程稳定下来。要积极地使用电子计算机管理课程、学籍和进行部分阅卷。另一方面在对同学的培养和要求上,无论讲授的课还是实验课,都要贯彻实事求是的科学精神,严格要求。

培养优秀生是一项具有战略意义的措施。我们要通过教学实践,筛选出优秀生,给他们一定的待遇和荣誉,使他们更快进步。确定优秀生时,要有发展的眼光,不搞"终身制",并要注意优秀生在选拔和培养中的连续性,又注意不断补充新的对象,使真正优秀的学生得到及时的发现。培养一批高水平的人才是重点大学的重要任务之一,我们要坚持不懈地做好这方面的工作,多出人才、出好人才。

在原有试点的学生导师制基础上,本学期将增加实行导师制的学生数,从已有的277名增加到1000名,组织年富力强的教授、副教授和经验丰富的讲师参加这项工作。要总结和推广历史系、物理系这方面的试点工作经验,促进教师更全面地关心学生,教书育人,提高教学质量。

与优秀生培养相联系的是改革评分办法,即采用五级浮动记分法,根据全班水平来确定分数的等级比例。经过两个系的试行,大家认为这种办法有助于反映学生的真实水平,改变分数贬值的现象。所以我们要在全校推广这种评分办法,并不断加以完善。

我们还要继续实行并不断改进学分制,逐步推广双学位制,鼓励学生主修、副修专业课。全校将会同有关方面进行研究,解决存在的具体问题,使双学位的工作进一步开展。

为了使教学的改革取得实际效果,我们要着重抓学科评估工作。前阶段,物理化学和经济学两个专业硕士点的评估已经告一段落。上海市高校中文专业评估组对我校中文系本科生教学、科研也进行了全面的评估,肯定中文系的经验,给了较高的评价。已有的经验表明,开展学科评估,确实能看到工作上的成绩和存在的问题,有很大的促进作用。我们决定组织校级的评估活动,确定两个系做出定性定量的估价,并将结果公布于众,为全面评定重点学科打下基础。通过评估,我们要求基础课(公共基础课)在每学期初,就把教学进度、所用的教材和参考书都告诉学生,以便相互督促。我们将对教师自编的教材进行不定期的评审,鼓励教师们编写出一些有复旦特色的教材。

教学的改革和科学研究、后勤管理的改革是密切相关的。在科学研究方面,总的指导思想仍然是在继续加强基础研究的同时,要更好地贯彻科学技术面向经济建设的方针。去年我校取得了一批成果,有

9项荣获国家科技进步奖(一等奖1项,二等奖3项,三等奖5项),有21项获1985年度上海市科学技术进步奖(二等奖10项,三等奖11项),有81项科研成果通过技术鉴定。复旦大学遗传工程国家重点实验室被定为我校第一个开放实验室。文科发表和出版了一批论著。由于院、系、所的努力,我校有一批科研项目被列为"七五"规划重点攻关项目,还有些研究项目获得科学研究基金和国家教委博士点资助。经济研究中心发挥思想库功能,承接经济管理咨询课题,促进有关学科的学术交流,为经济改革和对外开放服务。世界经济研究所取得十余项应用成果。今后,我们要继续贯彻科技体制改革决定,要抓好一批校级重点科研项目,要求这些项目在国内领先,并争取达到国际水平。同时,以教研室(研究室)为单位,制定评估细则,通过评估提高管理效益。

我校后勤各项管理改革和工作也取得了成绩。去年,我校开展"后勤人员心中要有知识分子"的教育活动,后勤职工树立为教学、科研服务,为师生员工服务的思想,在现有条件下,尽一切努力为教师排忧解难,做了大量的工作。今后,我们要不断完善经济承包责任制,提高投资效益和社会效益,更好地为师生、科研人员服务。要继续加强精神文明建设,开展优质服务。要加强后勤职工队伍建设,采取有效措施,提高队伍的素质,加快基建步伐。

二

办一流的大学,要有第一流的师资。我们要以极大的努力,提高师资管理水平,要刻不容缓地抓好各个学科的梯队建设。去年,我们顺利地开展了教师专业职称资格的评审和职位聘任制试点工作,于去年9月晋升82名教授、344名副教授、403名讲师。这次晋升的教师，绝大部分是中年骨干。现在，教授的平均年龄下降8.7岁，副教授下降3.7岁。这次职称评定，破除论资排辈的观念，有7名40岁以下的中青年教师被评为副教授，最年轻的只有29岁。接着，我校又进行了教师职务聘任制的试点，今年教师职务聘任工作已顺利完成。

下一步，我们要继续抓好职称改革工作，把聘任制试点工作与学科梯队的建设结合起来。目前特别需要一批中青年教师，出来接好学科带头人的班。对于这些教师，应让他们在教学、科研第一线挑重担，并给予必要的条件，鼓励他们做一些高水平的工作，使他们逐步对本单位的教学和科研有较多的发言权。还要总结一些各种梯队建设的经验，鼓励学生瞄准国内和国际先进水平，制订赶超的计划。对一些还未形成学科梯队的系科，要逐个确立抓紧培养，逐步加以落实，使我校的学科，特别是重点学科的带头人后继有人。

我们还广泛争取校外高水平的教师和科研人员来校工作。对国内外的博士，凡愿意到我校工作的，都积极联系，主动争取，择优录用。博士后流动站科研人员和国内的访问学者的工作安排，给予妥善落实。对从国外学习归来的同志，要很好地发挥他们的作用。

目前，在学校起骨干作用的大多是中年教师。由于科学发展较快，很多同志感到不适应，我们要积极为他们提供补充新知识的机会，有计划地继续选派教师到国内外有关学校、部门学习，并从思想、生活上关心他们的成长。

三

办一流的大学，要有一流的校风和学风。良好的校风和学风，关系到人才的全面发展。我们将继续把形成良好校风、学风作为一件重要工作来抓，并从以下几方面采取措施。

我们要加强对教职工、学生进行创建两个文明的教育，动员大家把学校办成精神文明的重要阵地，宣传马克思主义的思想理论阵地。在教师中，要不断提倡和开展"教书育人"活动，提高教师的责任感，把育人和教书紧密结合起来。有的系、所已组织专题调查，如在文艺理论教学中如何坚持马列主义的问题，学生作文主体思想问题，当前大学生的文艺思想问题，研究生导师如何开展教书育人工作等等。教师在教书育人方面的成绩，将作为奖励和晋级提职的条件之一，从制度上保证这项活动的开展。

我们要严格考试制度，严肃处理有作弊行为的人。在教学改革中，提倡让学生生动活泼地学习，但对学生的治学态度须严格。复旦过去有光荣的传统，也有良好的学风，学生学习目的性明确，求知欲强，能埋头苦干，又勇于探讨学业，有坚韧不拔的奋斗精神。但我们也发现，有一小部分同学，学风差，学习不用功，想侥幸取胜，甚至采取各种形式考试作弊，有的请人代考，有的偷翻笔记、夹带纸条等等。我校已对考试作弊问题做了新的规定，并下发实施，对作弊者已做了严肃处理。我们要继续实行校、系领导参加监考的制度。教师要严格要求学生，防止作弊现象的再发生。

我们对复旦的学风提出这样八个字：刻苦、严谨、求实、创新。对复旦的校风，我们也提出八个字：文明、健康、团结、奋发。为形成良好的校风和学风，本学期，我们要创建两个文明活动，发动师生员工学习法律常识，共同维护学校的教学秩序，为培育一代新人、创一代新风做出贡献。

要完成上述艰巨的任务，从学校领导来说，除了要进一步改进工作作风、提高工作效率外，还应特别注意提高我们的马克思主义的、科学的管理水平。同全国大多数高等学校一样，我们学校的领导层多数是专家、教授，这些同志在搞教学和做学问、搞科学研究等方面有很多长处和优势；但与此相比，马克思主义的理论水平、管理和政策水平相对较弱。这就需要我们在工作实践中自觉地学习马克思主义理论。这对我们在工作中始终坚持社会主义方向，提高科学管理水平，肯定是有帮助的。我们一定不辜负党和国家的重托，人民和全校师生员工的期望，再接再厉，管理好学校，为把复旦大学办成全国第一流的综合性大学而努力奋斗，开拓前进。

华中一

华中一(1931—2007),江苏无锡人。著名物理学家。1951年毕业于上海交通大学物理系。1983年起任复旦大学副校长,1988—1993年担任复旦大学校长。

我的办学理念[*]

我在 1952 年底,因院系调整,随周同庆老师从交通大学到复旦大学工作,至今已有半个世纪。风雨五十年,总算对这个学校有一定的感情和一定的认识。

我曾担任过复旦五年半副校长和四年半正校长之职,共十年。在这段时间里还经历了 1989 年的那场政治风波以及随后"一年级军训一年"的"殊遇",占去很多有效时间。但作为校长,对于大学教育,我还是经常思考,有自己的理念。主要的观点可分述如下。这些观点当时都曾陆续发表于各种报刊,在今天看来,有些提法可能已不符某种新的政策,不过我想立此存照,不加改动,作为纪念百年校庆的一点校史资料。

1. "文革"造成的破坏使我对"阶级斗争日日讲"的危害性有充分的体验。但我认为,教育还是有阶级性的,表现在教育为什么人服务。我反对"贵族化中学",反对办"学店",反对"教育产业化"。

---

[*] 选自顾昌鑫主编:《华中一教授纪念文集》,复旦大学出版社 2010 年版。

2. 我认为学校对学生的责任可归纳为两点：一是教育，二是保护。大学的目标是要培养开创型人才，对学生的要求中最重要的是"创新"。要了解学生的特长，要他们学得宽一些、活一些，还要鼓励他们的学习创造性。而在所有的措施之上的，乃是经常的、不懈的思想教育：一是要解决学习动力问题，二是要抵制资产阶级个人名利思想的侵蚀。

3. 在1990年时我提出复旦在"八五"期间如何贯彻小平同志"三个面向"精神的意见（见《复旦教育》1990年第1期），认为当前由于教育资金的制约，应当少提"建成世界第一流大学"等不现实的口号，而重要的是制定近期和中期的计划，踏实工作。目前要尽力做到的是把学校办成"综合性"和"国际型"（不料在2003年南京大学校长也提出这是他们南大三个目标中的头两个）。

4. 学校的专业设置要不断适应学科前沿的变化和社会需求。复旦除办好人文、自然和管理科学外，还特别应当利用其优秀的理科基础，面向应用目标，培养高技术的研究开发（R&D）型人才，这种人才同一般工科专业培养的工程师是不同的。

5. 赞成文理渗透。特别是理科学生需要文科知识，其理由除研究工作外，还涉及学生个人的文化素养和气质的培养。反过来说，对我校学生目前已进行的文学艺术方面的教育，要经常考察其思想倾向。

6. 国际上所有名校校长的主要责任都是：一是为学校寻求财源；二是聘请优秀教授，选择适任的行政人员。除此以外，校长可以不知道全校谁最懒惰，但一定要知道全校教职工（不单是教师）中谁最勤奋。要在党委领导下，尽可能减少学校的"熵"（内部的混乱和无序）。

7. 学校在任用干部时要慎重、要民主。对于下面推荐的带学术性的职能部门负责人(处长、系主任、院长、副校长等)要考察两点：一是真正有学问(是公认的,不是自吹的),二是有好的个人品质(不浮躁、不胡吹、不摆架子、不搞派性)。这样才能有管理的力度并得到广大师生的欢迎。

8. 学校在评定教授或博导等业务职称方面也要"公开、公正、公平"。校长要尽量减少"特批"的案例(case),甚至可以放弃"特批"的权力。政策要对青年人倾斜,但不能过分;对回国任教的学者也要倾斜,但也不能过分。如不小心造成人为的不公平,就团结不了教师队伍的大多数,会在整体上损害学校的教学质量。

9. 学校的资金,不论大小,不论是政府拨款或私人捐赠,任何人都无权命令财务部门执行未经集体讨论的决定。

10. 校长也要管有碍学校观瞻的"小事"。例如反对在校门口两旁的布告、展板或海报中出现错别字(包括英语的拼法),反对学生在进入教室上课时穿汗背心、拖鞋,反对在老师讲课时学生在下面喝水或吃东西,反对在校园里男女青年(有的不是学生)的不文明行为或做出不堪入目的举止,等等。

至于复旦的精神,对求知这方面来说"博学而笃志,切问而近思"是很好的教谕。但对办学来说我认为还要加上两条,即在师资队伍方面要引进缺门的优秀人才,在培养学生方面要紧跟社会的需求。除此以外,还有重要的一点:复旦在不断取得进展的同时,要少一些自我陶醉,而应像我们国家领导人讲过的那样,要"居安思危"。十多年前我曾应校工会书画展之邀写过一首诗,现重录如下(其中改动两字):

莺啼燕语报新春,盛世风雨闻鸡鸣。

长歌不似延河水,高官敢忘旧时盟。
遥望南天云百足,漫倚东海浪千顷。
擎天赖有丹心在,万峰岭上月自明。

至于这些想法是对还是错,那就请各位评说了。

论文理渗透*

在当前科学技术的发展中，大家常常谈到边缘学科或交叉学科。因为好多学科的边缘理论就是新的学科生长点，这种生长点又往往需要其他学科的支撑。以生命科学为例，它不仅在理论和实践上都非常重要，而且最重要之处，还在于强化一种多学科解决问题的能力。它的出发点并不仅仅在于生物学，而是从数学、物理学、化学、电子学等方面来进行生命科学的研究和探索。当然，这不过是随便举的例子。将来边缘、交叉的问题恐怕还会越来越多，应当继续重视和加深理解它的深远意义。

交叉学科中有一种形式设计文科和理科的交叉，或简称为文理渗透。此时交叉的双方（或多方）同时包含文科的专业和理科的专业。

文科需要理科大多在于研究工作。保险学需要概率论；决策论需要数学；考古学需要大量的理化分析手段，而且必须做到对观察对象毫无损伤。这种"无损探测"的手段包括了一系列最先进的装备和技

---

* 本文原载于《头脑风暴》，复旦大学出版社 2000 年版。

术,如高能质子感生 X 射线发射(PIXE)、卢瑟福背散射谱(RBS)、中子活化分析(NAA)、飞行时间二次离子质谱(TOF-SIMS)、扫描俄歇微探针(SAM)、光电子谱(PES)等。有人甚至说"再好的分析手段用在考古分析上也不为过"。有了这些手段,古陶瓷和古画的识别才变得较为轻易,越王勾践剑经久不锈的原因、透光铜镜的仿真复制的技术要点等也才能迎刃而解。在德国莱比锡,研究闹市马路交通问题的交通学(traffics)也用上了比较高深的数学。

在学生的培养方面,文理相通有很大的好处。80 年代末我们复旦大学创办了国际新闻专业,除文科生外还收了些读完三年的理科学生,效果很好。让他们非但很愿意去读国际新闻专业,而且能够把学到的理科知识用到新闻业务上去。由于历史的原因,过去新闻工作者多数是文科的,科技知识比较少,容易出错,而且有些人对报道科学技术的新闻没有太大的兴趣。但现在这种情况在逐步变化,很多编辑和记者都注意充实自己的科学技术基础。所以我觉得文理相通是有很多好处的。

除了文科需要理科知识以外,理科也需要文科知识,有很多尖端技术都需要同文科相结合。例如目前世界各国都在搞高清晰度电视,这种电视面临的一个问题就是清晰度越高,画面暴露的缺点也就越多。有人做实验,看荧光屏上的疵斑多大才能被人察觉,然后才能去设计出一个对应的显示系统来。然而做实验至少需要两种知识:一个是统计学,一个是心理学。为什么它跟心理学有关系呢?因为通过实验发现,缺点的暴露跟节目的精彩程度是有关系的:如果节目不精彩,直径为零点几毫米的斑点就能被观众看见;而节目精彩时,直径大到 1 毫米的斑点还可以不被发现。这也就是说缺陷产生的感觉是同心理有关系的。这种研究就很难讲是"文"还是"理"了。

然而,以学生而言,理科需要文科的知识和训练,还涉及个人的文化素质和气质的培养,这一点在我国目前受到忽视,而欧美日本各国倒是非常注意的。以美国为例,他们十分注意理工科学生的人文科学基础,特别是文学、文艺学和逻辑学。很多大学的物理系学生被要求修"莎士比亚"或"中世纪文学史",使很多去参观、考察的中国学者感到惶惑。但加州大学洛杉矶分校的校长查尔斯·杨(Charles Young)却说,"学生需要文学的修养是因为要培养他们做人"。其实理科的学生不但可以懂得甚至精通很多文科的知识,而且将来也许可以成为文科的专门人才,选择文科作为他们的终身职业。在我国近代文学史上,很多名家都是学理、工、医、农出身的,鲁迅、茅盾都是。从我自己的体会来说,我觉得虽然读了理科,但钻研文学同钻研技术同样有趣,可惜一个人往往只能专攻一职,没有机遇去做一个"文化人"。

最后我想提一下社会科学与自然科学的类比问题。由于自然科学的飞速发展,现在也有不少人开始把自然科学中的一些结论类比于社会科学。如果注意到"任何比喻不可能是100%对的"这样一个先决条件,那么自然科学将帮助社会科学得到某些"创见"。

我举一个例子,就是"熵"。火字旁边商数的商,是中国物理学家翻译时杜撰的物理学名词。物理学告诉我们,人类不能创造能量,从来就没有人创造能量,也永远不会有人能创造。我们只能把一种能量转化为另一种能量,而每次转化都要损失一些能量,这就是熵。当熵处于最小值时,就是有效能量处于最高值,整个系统最为有序;当熵处于最大值时,整个系统最为无序,即混乱度最大。

当然,熵是看不见的,不但肉眼看不见,用最高级的显微镜也看不见。可是几年前我在芝加哥大学一位化学系教授家中,看到他客厅中有一幅大油画,深蓝色的底子上有一大团不知所云的东西,他说这画是一个研究生送他的,画的名称就叫作《熵》。我说:"你这位研究生真有眼力,看到了熵。我是看不见。不过据说画家只要把他的感受告诉你就好了,那我想我懂这种感受:乱七八糟,可是并不美。"那位教授说:"好极了!他就是要你觉得熵并不美。"

简而言之,混乱度最大,系统中的熵最大,及无用功最大。这对经济上的混乱或者政治上的混乱都是适用的。里夫金(Jeremy Rifkin)和霍华德(Ted Howard)写过一本书,叫作《熵:一种新的世界观》。我并不完全同意作者的某些讲法,但有一点是对的:要想进步,稳定有序是首要的因素。我们希望熵趋向于极小,对社会是这样,对国家也是这样。

论信息社会的人才培养*

一场世界范围的新技术革命,已悄悄出现在地平线上。国外对此议论纷纷。有的称之为"第三次浪潮"(A. 奈斯比特),有的称之为"第四次产业革命"(S. 斯塔莱克),也有人称之为"十大趋势"(J. 奈斯比特)。但不管说法如何,他们一致认为,由于科学技术的飞速发展,社会生产力将产生新的飞跃,这种飞跃以知识(或信息)作为特征,因此又称为"知识社会"或"信息社会"。换句话说,对于我们这样的发展中国家来说,这既是一个机遇,也是一个挑战。要做出正确的对策,除了要解决整体规划和技术路线外,依靠什么样的人来完成这一任务,尤其是带有战略性的大问题。本文将就后面这一点提出一些看法。

什么是信息社会

一个问题在没有被充分了解之前,往往有很多答案。它可以是完

---

* 本文原载于《头脑风暴》,复旦大学出版社 2000 年版。

全肯定，也可以是完全否定。但实际上我们对周围问题的知识多半处于完全肯定和完全否定之间。如果我们根本不知道答案应当是肯定还是否定，那就表明不具备这方面的知识，或称为最"无知"的状态。如果有人告诉你关于这问题的某一情况，那么这是一个"消息"，但不一定是"信息"。一个消息所包含的信息量就是对观察者知识的变化。如果消息告诉你的内容是你已经知道的，就不会引起知识的变化，也就没有传送信息，或者说这消息的信息量等于零。所以，信息和知识是联系在一起的。这是一种比较简要的说法。更严格一些的定义是：信息即一种既能创造价值也能进行交换的知识。

由于当代科学技术的迅速发展，知识急剧增长。有人估计在19世纪时知识每五十年增长一倍，现在则是每三年增长一倍。这种增长速度之快，犹如爆炸的气浪，所以有人把这叫作"知识爆炸"或"信息爆炸"。在这种情况下，未来社会的发展在很大程度上就将依赖于信息的获得、传输与处理，有人就把这样的社会称之为"信息社会"。

信息社会有两个重要标志。

信息社会在人力结构上的标志是白领工人的数字超过蓝领工人。所谓"白领"和"蓝领"，都是资本主义社会中以工资收入为主要经济来源的阶层。"白领"一般指办公室人员，包括教员、职员、秘书、会计、经理、律师、记者、各类管理人员和技术人员，以及在银行、保险、证券、司法等部门的工作人员；"蓝领"指产业工人或体力劳动者，包括技工、杂工、领班等（农业工人不计在内）。据统计，美国1965年"白领"的数字就首次超过"蓝领"。现在美国的"蓝领"恐怕只占雇员总数的20%。

信息社会在经济活动上的标志是知识（信息）的作用超过资本的作用，即生产力和价值的增长主要通过知识而不是体力。当然，以往的工业社会也承认知识的作用,即"发明"(科研成果或技术发展)可以带来重大的经济、文化和社会效益,但过去与现在相比,知识转化为生产力的速度是完全不同的。下面不妨举几个例子。

我国的蔡伦改进了古代劳动发明的造纸术,在此以后,才有书法、水墨画、印刷和纸币。它们对我国以至于全世界的经济、文化、政治、社会等各方面所起的作用是不言而喻的。然而,只是在造纸术发明之后6个世纪才有木板印刷,9个世纪才有活字印刷,11个世纪才有第一张纸币。知识转化为生产力,花了几百年的时间。1831年,法拉第发现了电磁感应现象。据说当时的英国首相曾去法拉第的小实验室参观,在看到永久磁铁移近线圈的过程中,线圈内有电流流过时,他就问法拉第:"它有什么好处?"法拉第答说:"我不能肯定,可是,首相先生,我知道总有一天你会对它征税的。"大家知道,后来果然征了税,而且不但征了税,还出现了"电气化"这样重要的事态。从电磁感应到电机工业的兴起,花了七八十年的时间。20世纪电子计算机的发展就不一样了:1945年第一台电子计算机依尼亚克(ENIAC)出现时,它占地170平方米,重30吨,而到1982年时,同样功能的运算器只有0.5平方厘米,即小指甲的一半大小。这个发展过程所需要的时间仅为三十多年。再往近的看,1973年发现了内切酶和连接酶,从而产生脱氧核糖核酸(DNA)的"重组技术",而到这段时间只花了十年。由此可见,越是接近现代,知识转化为生产力的速度就越快。而"知识爆炸"实际上意味着生产和社会的变革也越来越依赖于知识(信息)。

在这种情况下,世界上资源的概念也发生了变化。过去只提材料和能源两种资源,而现在则认为有三种,即物质(材料)、能量(能源)和信息。虽然信息资源依附于人的观念,不像有形物质那样独立存在,但它也可以扩充、扩散和分享。更重要的是，这三种资源之间的关系极为密切：获得信息要用能量（例如要消耗一些电能才能使电表的指针偏转），而转换能量要用信息。在现代企业中，信息可以代替资本、劳动力或有形物质。很多国家在建立全国经济信息系统后，增产和节耗都可达 10% 以上，管理费用更是大幅度递减，达到 25% 以上。相反地，信息不灵通，就会造成物质和能源资源的极大浪费。以工业锅炉为例，我国每年用煤 2 亿吨，如节耗 5% 就相当于多了 3 个年产 300 万吨煤的大矿井。而怎样才能节耗，关键在于控制锅炉的燃烧。这种控制现在大多是靠目测和人力加煤。对于工人来说，这既要求经验，又要求熟练的操作技术。即使如此，从观测情况、判断到操作，所需的时间仍然很长。但如果把燃烧情况用传感器测定（获得信息），立即输入计算机（传输信息），与原来设定的条件加以比对（处理信息），然后由执行机构加以控制，就可以时时得到最佳的燃烧状态和最少的煤耗。使用这种方法据估计最多可节约 12% 的煤。同样的理由使汽车装上微处理机后可节约 20% 的汽油，因此美国从 1981 年开始，新生产的汽车都装有微机。信息是控制的基础这一点，已越来越为人们所认识，因此各种设备和仪器都有逐步采用"在线（in-line）"控制或"即时（on-time）"控制的趋势，所起的作用就更加不言而喻了。

信息社会与工业社会当然有若干不同点，换句话说，新技术革命将不可避免地对现在的社会产生某些冲击，甚至在道德和伦理观念上也可能产生一定的变化，不能漠然视之。我们应当结合实际情况加以分析，不能像某些人那样盲目附和资产阶级学者的全部观点（甚至细节）而自命为"改革家"。这也是十分重要的。

信息社会中人仍然是第一因素

为了迎接"信息社会"的到来，或者说，考虑到新的技术革命对社会的影响，世界各国特别是工业先进的国家纷纷提出各种对策。大家都知道，在工业企业方面的国际竞争日益激烈，早在1982年时美国政府在《科学技术年度报告》中就宣称："美国的科学技术已发展到这样一个阶段：增加数量得到的好处不如提高质量大。""随着国际竞争日益激烈……联邦政府支持的研究开发（R&D）必须响应社会的需要而不是仅仅满足追求新知识的好奇心。""质量优异（excellence）、切合实际（pertinence）和选择恰当（appropriateness）这三项准则仍然是本届政府科学技术政策的核心。"日本前首相中曾根则说："世界上资本主义国家已经发明创造出来的那些新技术日本差不多都用了，现在日本要进一步发展，就需要自己开发技术。……过去意义上的那种现代化已经完成了，而新的现代化开始了。"由此可见，以美国和日本为代表的工业国家，都高度重视新科学技术的发展。

不妨随便举几个例子。

能源：现在有两条路走得比较多，一是热核聚变，希望利用海水就能发电，可以用之不尽，取之不竭；二是氢作为动力（澳大利亚已有用氢发动机的汽车原型），这涉及氢的获得和储备问题。目前用太阳能照射催化剂表面，从水制备氢的所谓"无电电解"技术已初露端倪。粮食：过去农作物研究是搞抗虫害、高产量等等，现在则进一步希望植物本身能从空气中固氮，这样就不需要很多的肥料，另外是从高盐分的水中生产作物。美国亚利桑那（Arizona）州有些研究人员的观点是："植物是需要水的，但不一定需要淡水。"他们已找出了两种植物：一种是园艺用的，一种是可以吃的（生菜）。当然这些成果还不十分精彩，还不是什么真正的粮食,但据说通过研究已发现很多植物是可以耐得住盐分的。如果这问题能依靠物种选择或遗传工程得以解决,那么世界上有很多以前不能耕种的土地将迅速改变面貌。衣服:现在很多人在开展研究,想利用催化剂把煤和空气合成丙烯腈,然后做"的确良",据说也有很多进展。总而言之,如果解决了能源,解决了衣、食问题,人类的日子就会好过多了。但是以上所说的各种革命性的措施,大概都要在21世纪才能正式采用。而且更为重要的是,如果没有具有高度文化的人,以上所说的种种变化一样都不能完成。

所以,现在每个国家都在考虑大量培养人才的问题。例如美国政府部门的一个报告中把自己国家的目标定为两条,即"振兴经济"和"加强国防"(事实上我想任何国家都要有这两条)。他们认为"美国某些主要工业技术部门缺少高质量技术人才,已对美国工业与外国公司竞争的能力和国防技术造成不利影响"。在上述年度报告中还特别提到:"就质量而言,国家的教育制度必须培养出第一流的科学家和工程师。"报告还说,美国发展科学技术的战略"强调拥有世界上领先的大学——有能力训练具有高质量的科学家和工程师的大学——的重要性"。在1985年以后的各财政年度中,美国用于研究开发方面的总开支都超过1000亿美元。日本政府则认为要进一步发展"新的现代化",需要本国的人才来开发技术。

工业国家既然如此,就发展中国家而言,由于科技水平和生产水平比较落后,就应当重视智力开发。例如在人力结构上,如要"白领"的数目超过"蓝领"的话,哪里来那么多的"白领"?显然,这只能由两方面的人构成:一是从正规的高等学校中培养,二是使大量的"蓝领"变为"白领"。后者就是要强调成人教育和业余教育。在不久的将来,生产工人的劳动技能将主要不是以体力为基础，而是以智力为基础，因此要求他们也是知识分子。将来相当多的"蓝领"的工作还可能被"钢领"（机器人）所代替——这已经不仅是一句幽默的话了。

对于大力加强人才的培养教育，中央指出："在就业人口中，不仅要中学水平的，而且大学毕业的也要占到几分之一，要培养大量的硕士、博士。提出这样高而广泛的智力和知识的要求，是人类历史上前所未有的。所以，我们对培养人才、教育人民，一定要作为百年大计，加以重视，积极搞好。"这是对我们教育工作者十分殷切的期望，也是一项十分艰巨的任务。

我认为有两个社会上流行的观点必须加以澄清。第一，有些人认为我国目前生产水平较低而劳动力较多，所以不需要技术革命。言下之意也就是我国只要安排好劳动力市场而不必重视新兴产业的发展和劳动者新知识的掌握和提高。这是完全错误的。当然，在我国目前的状况下，以电力、机械、化工为主的制造业仍将发展，仍将在国民经济中占有重要地位，但这绝不意味着能对新兴产业掉以轻心。技术革命能够节省人力，因而缩小劳动力市场，但另一方面它又会扩大就业面，从整体上来说仍然是发展的。瑞典有一位教授就尖锐地指出："过分强调劳动强度大而生产能力低的技术，可能是坑害穷国的一种圈套。"第二，有些人认为我国的现代化主要依靠引进生产线，不必花大力气进行研究和试制。这种观点也是完全错误的。我们搞外资合营、进口设备、买专利等等，都是为了推进我国的现代化；但是绝不能认为买一点外国的设备，或者请一些外国专家，就可以现代化。现代化是买不到的。很多第三世界的国家都有过惨痛的教训，不必另外举什么例子。现代化的根本问题是要自力更生，不断壮大自己的科技队伍，特别要培养素质好的青年一代。这是因为在"信息社会"中,发展产业的关键是知识,于是掌握知识的人就是决定性的因素。在企业中,不但研制、生产需要知识,就是使用现成的设备也需要知识,这就叫作"产业知识化"。不仅如此,"产业知识化"还必然伴随着"管理知识化"。国外现在有人提出计算机引起的"3A革命",就是工厂自动化(FA)、办公室自动化(OA)和家庭自动化(HA)。因此人们对知识的需求是一种不可抗拒的实际存在,而信息社会对知识的要求是人类历史上前所未有的。作为培养人才的教育工作,也一定要以"前所未有的"热情和措施去进行,这就是教育改革。

信息社会的人才素质

高等教育的根本任务是出人才、出成果。特别在科技人才培养方面,新的技术革命将带来三种变化,首先是前沿学科的变化。一方面是老的学科之间的界限逐步泯灭,另一方面很多有生命力的重要学科诞生于老学科的边缘地带,所以称之为"边缘学科"或"交叉学科"。例如表面科学、分子生物学、纳米科学与技术、生物医用电子学、空间医学、激光化学等,都是两种或两种以上学科的综合和交叉,而且这种现象方兴未艾。第二是人才层次的变化。传统的理科偏重于基础研究,或者说是解决远期的需要(例如基本粒子,也许还要过五十年或一百年才有用);工科偏重于实际问题的研究,或者说是解决当前的需要(例如工程师就要有能力解决当前生产中的各种问题)。可是由于当前科学技术的迅速发展,还缺少一种人才,他们从事的工作将解决五年或十年以后的需要,因此叫作研究开发(R&D)人才。具体地说,他们既要有比较深厚的基础知识,又要有较为广博的实际知识。他们并不是工程师,但对工程技术方面的问题要有"后劲"。第三是对学生要求的变化。过去我们笼统地说要从基础、实践和能力三方面来培养学生。现在这仍然是最重要的,但所包含的内容要有些补充。在"基础"方面,学生除了需要巩固的基础知识外,还需要尽可能宽的知识面。这样才能适应日益增长的、千变万化的需要。要提倡多看参考书、做实验、搞调查、写专题评述,也就是训练他们如何去获得、分析和处理所得到的信息。在时间方面,除了要求了解实际问题和具备解决一般实际问题的本领外,还特别要提倡创新。在能力方面,除了解决业务问题的能力外,还要加上两点,一是不怕动手,二是会办事。我们的出国研究生同外国学生相比,一般来说读书本领不差,但动手能力似乎差一些。特别是在接受某一具体任务的时候,外国学生比较不怕,接到手就做;我们的学生则往往瞻前顾后,怕困难,怕做不出来不好收场等等。所以这里也有战略和战术问题:既要教会学生有解决问题的能力,又要有解决问题的勇气。西德有个教授说他最希望培养出敢冒风险(high risk)的人才,这种人应当"不安于现状,向前看,有事业心"。我想有一定的道理。此外,我们的不少学生只善于念书,不大会办事,特别是同社会打交道,往往一筹莫展。实际上"办事"的概念很广泛,譬如接触社会实际,训练思维能力,考虑各种对策,迅速做出反应等,这对于个人治学也是很有关系的。

　　这三种变化中的前面两种,可以从高等学校本身的专业设置、教育计划、科研方向等方面进行改革以适应社会需要。只要学校的领导人有远见,问题并不难解决。但如从对学生的新的要求出发来衡量当前学生的状况,就可以发现尚有不小的差距,主要表现在:知识面窄,高分低能;缺乏个性,缺乏抱负;还有努力的程度很不一样。有的学生很努力,有的则很不努力,对自己在政治上和业务上都没有什么高要求,只片面地去应付各种考试,对专业课或实验就很不重视,也妨碍了他们的全面发展。个别学生甚至很快地堕落下去。

如何培养新一代的人才

邓小平同志提出的"教育要面向现代化,面向世界,面向未来",即"三个面向",就是培养人才的着眼点在空间和时间方面的广延。针对目前的实际情况,我认为对大学和中学教育要提出一些新的要求。这就是要了解学生的特长,要他们学得宽一些、活一些,还要鼓励他们的学习创造性。环绕这个目标,当然有很多不同的做法。但我认为下面几个措施恐怕是最为重要的。

（1）要有"智商（IQ）"的考核。这就是要发现哪些学生是真正拔尖的、有培养前途的。应当指出,智商高的学生不一定都能得好分数。我们的学生到美国去读研究生,要老师给他出推荐信。相当多学校在空白推荐信上要你填一个表,上面有好多栏目,如"解决问题能力""创造性""口头表达能力""书面表达能力",甚至"是否容易与别人相处"等。他们主张对学生既要有整体的估价,也要了解其专门的才能。有的学校还喜欢知道学生的课外活动能力和业余爱好,加州大学伯克利分校有一位华裔教授对我说:"国内写的攻读研究生学位的推荐信上,往往说这个学生如何如何用功,有好成绩,其实我们倒是不欣赏的。我们希望他是文艺、体育样样都会,而还能取得好成绩,这才表明他智商高、潜力大。"我想这个意见可以参考。当然,随之而来的问题就是不论大学或中学教师,对学生个别指导必须加强。学生有什么专长,从什么方面突破,教师要心中有数。

（2）从学生来说，首先当然是基础要扎实。每一年级的学生都应当有基本的"应知应会"。但除此之外，还要让他们学得宽一些，要加强新信息的传递，加强课外活动，以便开阔思路。在打好基础的前提下，要提出一些适应学生特点的新课题。譬如说，青少年特别适合做计算机软件方面的工作。当然，这些青少年并不见得都有很高深的数学基础，但他们思想敏锐、逻辑性强、记忆力好，所以还能做不少工作的。现在很多国家已将软件工程作为优先发展的领域，因此这方面出人才和出成果的价值更加不能忽视。

在大学里，让学生学得宽一些，加强选修课应当是能够采取的措施之一。有条件的大学要多开设选修课，除了允许学生跨专业、跨系选课外，还应允许跨院选课，甚至设置文理相通的双学位。例如复旦大学在1983年开始设置国际新闻专业双学位，校内读过任何专业的三年级的学生都可以报考，录取后再读三年，可获得两个学士学位。结果有很多理科学生前去报考。实践证明，理科来的学生学习很有特色。他们同原为文科的学生相互切磋、取长补短，学得很好。

（3）要提高学生的自学能力。要多办一些讨论班，并创造条件让学生自己独立开展实验工作。要培养既会创造性地思考又能自己动手的学生。大学的高年级学生和研究生不能以讲授为主。这点虽然讲起来容易，做起来却有相当大的阻力。因为课堂讲授比较容易，讲授的内容完全是教师自己可以预计的。但如搞"以自学为主"的话，教师跑到教室里，不知学生会提什么问题，这时对教师的要求就很高了。老实说，并不是所有的教师都有能力承担这种要求。阻力就在这里。除此以外，要使学生学得活一些，在物质上的关键是要有自学实验和参考书。所谓自学实验，就是在实验教学方面，应当让学生根据实验目的,自己安排实验仪器和设计实验步骤。可惜目前我国的大多数大学都很少具备足够充分的物质条件(实验室用房和仪器),因此多半还停留在教师指点、学生照做的阶段。在课堂教学方面,应当让学生广泛涉猎各种参考书,自己撷取有用的信息。可惜这一点目前我们也做不到:不论中文或外文参考书,品种和数量都远远不能满足需要。我们绝不能满足于"统一教材",恰恰相反,为了每个学校(特别是重点院校)培养的人才具有特色,应当倾向于否定所谓"统一教材"。这种"统一教材"也许可以成为一本有价值的参考书,但不应当对各校有指令性的限制。以上两点是要花大力气、下大决心才能解决的,但如果不能做到的话,教学效果也就不可能起根本性的变化。

当然,在所有这些措施之上的,乃是经常的、不懈的思想教育。一定要使学生认清当前的形势,激发他们的积极性。现在有的学生考虑自己的"前途"太多,考虑国家需要以至于全人类的问题比较少,在我们这样的社会里,这是很不正常的。问题恐怕在于我们对学生的思想工作做得还是太少了。为了迎接信息社会的到来,让我们更多更好地培养新一代的优秀人才吧!

头脑风暴[*]

（同青年们谈谈创造性思维）

共同要求，贵在创新

托尔斯泰的《安娜·卡列尼娜》是如此脍炙人口，以至于很多人记得这本书的开头是："所有幸福的家庭都是相似的，不幸福的家庭则各有各的原因。"

其实不仅"快乐的家庭"是相似的，似乎"名牌大学"也是相似的，至少它们对学生的要求十分相似，尽管各校包含的专业可以各不相同。举例来说，复旦大学的学风是"刻苦、严谨、求实、创新"，北京大学是"勤奋、严谨、求实、创新"，清华大学是"严谨、勤奋、求实、创新"，同济大学是"严谨、求实、团结、创新"。乍看之下，大家也许会觉得何其相似乃尔，但实际上却正好表明这些学校对学生的学习和做人的要求都是相同的。而且，最后的也许是最重要的一个词，都是"创新"。

大家还记得，在十年以前，在自然科学方面有两件创新的事情轰

---

[*] 本文原载于《头脑风暴》，复旦大学出版社 2000 年版。

动世界。那是以计算机驰名于世的国际商用机器公司(IBM)在瑞士的一个研究所,连续两年(1986年和1987年)分别以扫描隧道显微镜和高温超导获得诺贝尔物理奖,以致那个研究所成为全世界诺贝尔奖获得者密度最高的地方,达到百分之一(4∶400)。

扫描隧道显微镜是世界上第一种能观察到原子的显微镜,但它与过去的光学显微镜或电子显微镜的原理完全不同,是一个创造性的构思。IBM在瑞士的拉许列康(Rushlikon)研究所的比尼格(G. Binnig)和鲁勒(H. Rohrer)利用一个很细的针尖在离开固体样品表面距离很近的地方做扫描。针尖细到如此程度,以致在针尖上只有1个或几个原子;距离近到如此程度,也只有几个或十几个原子。此时,如加以一定的电压,尖端就会发射隧道电流到样品上。针尖与样品表面的距离变小,则电流将迅速增长。如果把针尖在固定表面上进行从左到右、从上到下的规则移动(称为扫描),而维持电流不变,那么只要测量针尖在扫描过程中在高度方向的位置,就可以得到固体表面形貌的图像,就像立体地图一样。这种方法的优点是结构特别简单,但它却能观察到原子级分辨率的图像,即可以分辨出一个一个的原子,因此轰动世界。比尼格和鲁勒在1986年与发明电子显微镜的罗斯卡(E. Ruska)共同得到诺贝尔物理奖。鲁勒还是上海市电子学会的名誉会员。

有趣的是,1987年我去美国国家标准局(NBS)访问,在一个非常偶然的机会里,碰到一位老先生。他的名字我不说了。这位先生和我素不相识,但人家一介绍我从事的专业是电子物理,他就向我诉苦,说他丢掉了诺贝尔奖金。原来他早就用过针尖发出的隧道电流来描绘固体表面形貌,而且已经画出了图,也发表了论文。但是他没有想到用小到一个原子的针尖和几个原子的距离来描绘固体表面原子级的图像。他责怪 NBS 不支持他的工作,原因是当时商业部以为没有商用价值(NBS 是美国商业部创办的),因而在做了一年之后就停掉了。但他也不得不承认原子级图像的扫描不是他的"创见"。

至于高温超导的发现就更带戏剧性了。在 20 世纪初就知道,某些金属材料在环境温度降低到某一数值(称为"临界温度")时,电阻会突然消失。这种材料被称为"超导体"。由于电阻为零,所以很细的超导线可以允许很大的电流在里面持续流动而没有损耗,所产生的很强的磁场可用于热核聚变装置、核磁共振层析仪和磁悬浮列车上。但问题在于它必须在极低温下工作,通常使用液氦(4.2 K),而液氦的供应、价格和使用方式严重地限制了它的普遍应用。因此长期以来,科学家们一直致力于寻求更高临界温度的超导体。然而经过无数次的努力,能得到的最好材料"铌三锗",临界温度为 23.2 K,仍然需要液氦。但在 1986 年 1 月,又是在瑞士的 IBM 研究所,米勒(K. A. Mueller)和贝特诺兹(J. G. Bednorz)发现一种镧、钡、铜的三元氧化物(La-Ba-Cu-O),它本来是绝缘体,可是在 13K 时电阻为零,变成超导体了。在 1987 年 2 月美国两位华裔学者朱经武和吴茂昆进一步发现了钇、钡、铜的三元氧化物(Y-Ba-Cu-O),临界温度可达到 98K。它超过液氮 77K,所以用液氮冷却就可以得到超导性。这就是所谓临界温度的超导现象,简称"高温超导"。液氮容易得到、容易保存,而且价格比较便宜,因此高温超导开辟了超导体应用的新前景。

然而,高温超导体的最奇妙之处在于它并不是金属或合金。因为金属或合金具有较高的导电率,所以人们很自然地从金属和合金中去找新的超导材料,就像篮球队员要从身材高的小伙子中去找一样。但米勒和贝特诺兹的独特构思却发现了在室温时为绝缘体的氧化物材料能够成为临界温度比任何金属为高的超导体。他们两人在发现了高温超导的翌年(1987)就共同获得诺贝尔物理奖。后者是复旦大学的名誉教授。

1988年春我去瑞士开国际超导体会议。会上第一个做报告的是法国人莱浮(B. Raveau)。他也有一段有趣的经历。他是搞结晶学的,做过氧化物,做了La-Ba-Cu-O,知道它的晶体结构和各种成分比下的结构变异,也测过各种物理化学性能,但就是没有想到用冷剂冻它一下再测测电阻,所以也逃掉一个诺贝尔奖。换句话说,作为绝缘体的氧化物有可能在低温下成为超导体不是他的创见。当然,人家还是很敬重他,让他做第一个报告。

以上两个例子都说明,有人同诺贝尔奖之间只有一步之差。但难就难在这一步,这就是有没有根据本人的知识和经验而提出的创新思想,或者叫作"创见"或"创造性思维"。

关于聪明的傻瓜

上述扫描隧道显微镜和高温超导的发现,是科学史上的重大事件,可以充分说明创造性思维的重要性。然而创造性思维的实践,并不限于重大事件。在一般的产品设计和生产实践中,同样可以体会到它的重要性。比如说,傻瓜照相机的发展就是一个很好的例子。

现在大家都知道有傻瓜照相机,全自动的,"一揿就好",你只要考虑目标和取景,其他都可不管。其实这种照相机既不是傻瓜,也不是"傻瓜用的照相机",它的全名叫作"防傻瓜(fool-proof)照相机"。因为照相机的部件很多,光圈啦,时间啦,焦距啦,一不小心就会出错。为了防止不懂如何照相的人或马大哈之类的人出错,就要自动化,所以叫作"防傻瓜"。它的出发点很有意思。早期用 35 毫米软片的 135 袖珍照相机的镜头直径较小,只能在户外对中速物体使用。四十年前,我在《科学画报》(1956 年 12 月号)上介绍最简单的户外曝光法是随处可用的"1/50 秒－f/11"。后来摄影面越来越宽,要求拍弱光、室内或高速的场合很多,为了增加受光,镜头直径就要放大,从 f/3.5 放到 f/2.8,到 f/2,再到 f/1.5。但镜头变大会使镜头周边的畸形也变大,为了避免照片边缘失真,好照相机就要用更多的玻璃透镜拼接起来。玻璃一多就很重,加以磨的工艺复杂,就很贵,贵到大家不愿意买。日本人就想了一个办法,不从继续放大镜头的办法着手,而是增加光亮度,那就是使用闪光灯。但闪光灯的亮度是固定的,而物体本身以及照相机到物体的距离在变,受光面的照度不同,那就要在自动对焦和设定光圈的基础上用自动快门来控制曝光时间。于是出现了电子闪光灯(不是镁泡或充氧铝泡)和电子快门。这种相机以廉价和可靠性占领市场,果然一炮打响。后来发展为全自动照相机,包括变焦距、防重叠、防红眼睛、强制闪光、印日期、识别软片感光度等等功能都出现了。到现在还是日本优先,美国、德国似乎都不是它的对手。德国只好重点开发职业摄影师用的高级照相机。

那么,傻瓜级是否到顶了?不,还在继续改进。先有一家照相机厂搞会讲话的照相机,提醒你"太暗,用闪光灯",但商业上不太成功。另一个创新是这样的:傻瓜机有个自动倒片的机构,当一卷软片全部拍完之后,它会自动倒入软片筒,然后可取出来放入新的胶卷,只要半分钟就可以换好软片,很方便。但作为改进,新招是胶卷放入照相机后,立即先把软片全部自动进入照相机卷轴,然后拍一张回入一张到软片筒,等全部拍完,取出软片筒。这两种方法的区别在于后一种方法可以防止真的"傻瓜"在软片尚未拍完时开启后盖以致拍过的软片全部曝光损坏。不过这只是非主要的方面,主要的是随时可取出胶卷去冲洗,对抢新闻的记者特别合适。

创造性思维是素质教育的一环

至于青年人能不能创新,最好是以电子计算机为例,因为"微机"或个人计算机(PC)的发展,青年人起了很大的作用。最早出现的很成功的一种微机,叫作苹果(Apple)机,就是乔布斯(S. Jobs)和伍兹奈克(S. Wozniak)两个青年,在美国硅谷的一个车库里开始合作设计和试制出来的。在1977年之前,电子计算机总是装在大而重的金属机箱内,价格很贵,使用困难。他们就提出了新的微机要"廉价、易用和对用户友好"。这种创新思想使他们的微机占领了广大的市场,甚至一些大公司都一时无法与它竞争,同时还吸进了美国数以千计的软件工作者(其中大多数是青年),围绕着苹果机做了大量的软件工作。苹果机上市五年以后,就拥有15000种程序,绝大多数(包括文字处理用的Word Star)实际上都是"爱好者"们编的。其中包括比尔·盖茨(Bill Gates),当他作为"Basic-8"软件的创始人之一时,仅为哈佛大学二年级的学生。现在他的微软(Microsoft)公司和"视窗(Windows)"软件,则在计算机领域几乎无人不知。

为什么这些青年能有成功的创造性思维呢?这个问题很难回答,因为这涉及各种复杂的因素。但就教育而言,美国的教育当然也有不少缺点,但它普遍地比较重视素质教育。美国从小学开始就十分注意提倡学生发挥自由想象力。比如说有一个小学要求三年级学生每人写一篇《在感恩节前火鸡的感想》。这篇文章的难点在于美国的习惯是感恩节时吃火鸡，也就是说火鸡面临被吃的危险。它们有什么感想呢？有的小孩就会说"我很害怕被吃掉"，有的则说"在感恩节时希望大家再也不吃火鸡了"等等，表示了一种焦虑和悲伤的情绪。然而这班上有一个中国小女孩，也是这所学校里唯一的中国女孩，她的作业是这样写的：

> 嗨，我的名字是康纳考比亚（Cornacopia）火鸡。有 10 个女孩同我住在一起。她们总是拼命吃东西。我并不担心死亡，因为我太老了，无论如何，没有人要吃我。

接下去的一句格外出人意料：

> 每年感恩节我都会上电视——作为最老的火鸡。
> 祝你们有一个快乐的感恩节。

她定了一个欢乐的调子。于是老师在她的卷子上批了一个字的评语："cute。"这个字在《英汉大词典》中被译为"富有奇趣的"或"聪明伶俐的"。老师实际上是鼓励她与众不同的想法。

再举一个中学里的例子。几年以前，美国举办了一次中学物理实验竞赛。这个竞赛不是按照已定的仪器和步骤去做，而是要求命题、实验、结论全部由学生自己考虑。结果有很多作品相当精彩。这里只介绍一下获得第一名的内容。有个中学生的命题是"人的吞咽是否同地心引力有关"。他的同学们说，这大概要让宇宙飞船里失重的人去做。但他说不需要。他的实验方案是让三个同学靠墙边倒立,头朝下,脚朝上。然后他挨个喂面包给他们吃,看他们能否咽下去。结果是三个同学都吃下去了。有一个同学甚至还声明"似乎比站着吃时味道更好"。于是明白无误的结论是:"人的吞咽同地心引力无关。"怎么样?命题、实验、结论都有了,不需要上宇宙飞船了吧?所以他得了第一名。

众人拾柴火焰高

其次,集思广益十分有利于创造性思维。具体的方法之一就是"头脑风暴(Brain Storm)"。这个词的出现还不过十年左右,很多大词典尚无特定的解释。头脑风暴就是集合不同专业、不同背景的一堆人在一起(便于发展交叉学科和边缘学科),天南地北地讨论。提出主题的人必须有创新思想,而讨论这个主题的人可以自由发挥:批评、补充或改进,也可以否定这个主题。当然,每一个参加者都要从他自己的知识和经验出发,科学地进行讨论,而不是"胡侃",也不是"捣糨糊"。那么,有没有效果呢?我举两个例子。

第一个例子是我们自己曾经实践过一次,集合了复旦大学的6个教师,专业分别为物理、化学、计算机、集成电路、微波、电光源。暑假里集中谈了3天。效果还真不错,有好几项新建议,其中2项后来申请了中国专利。当然,仅有一次试验,从结果来看也许不能估计过高,但大家感到对活跃思想、开阔眼界,特别是鼓励创造性思维是有益的。

第二个例子又要回到那个诺贝尔奖获得者密度最高的地方——IBM瑞士研究所。我曾在1988年访问该所时专门了解过他们为什么能接连两年得到诺贝尔奖。大家知道,美国商业部门的研究所中,最著名的有两家,一家是贝尔实验室(Bell Lab),一家是IBM。在此以前,贝尔实验室多次得到过诺贝尔奖,IBM 得奖很少。可在 1986 年和 1987 年却一连得了两次,而且都是在瑞士的拉许列康研究所。这个所离苏黎世约半小时的路程,在一个小山顶上,房子不大,还多数是平房。在 IBM 的三个研究所(Yorktown Heights, Alamaden, Rushlikon)中,这是最小的一个,设备也不算最好,没有在美国的其他两个研究所那样地气派。那么为什么他们能做出很大的成绩?同贝特诺兹和其他人谈下来,使我得到一个印象:关键在于 IBM 在这个研究所里有意造成了一种气氛,使大家容易提出他们的设想或者创见。比如说,这个研究所有一部分高级研究员,可以任意申请科研经费,但没有确定的科研题目,也可以不写报告,"只花钱不出货"。米勒就是这样的研究员之一。IBM 完全相信他们有独立选择题目的能力。所以他和贝特诺兹可以自由地用氧化物做陶瓷,也可以做超导体试验。另外一个特点是:这个研究所早茶、下午茶的时间特别长,各种类型(计算机、物理、化学、工程)的专家在这两段时间内都去咖啡厅闲聊,实际上是鼓励他们充分交换其设想和意见。所以他们中有人说"创见源于喝咖啡休息的时候",因为这个时候非常可能而且适宜于实现头脑风暴。据说英国著名的卡文迪什(Carvendish)实验室也有类似的说法。当然各国具体情况有所不同,也不是说要交流学术思想非喝咖啡不可,但由此可以体会到宽松的研究环境、集思广益式的讨论、交叉学科之间的交流,以及领导和同事们的支持,实在是产生创造性思维的必不可少的条件。

你愿意做科学家吗?

有了创造性思维,还不等于真正的"创新",因为还需要在实践中检验这种思维是否符合客观实际。著名的理论物理学家戴森(F. Dyson)曾经撰文说明:甚至一些最伟大、最富于创造性思维的科学家,在自由发挥自己想象力的时候,曾有过非常重大的、轰动世界的发现,但晚年时他们自以为能发现解决物理或数学中所有基本问题的方程或公式,却都没有成功。主要原因是他们并不认为任何一种理论最终都必须解释实验发现,而实验发现却是每天都在发展的。

其实,科学对所有的人,不论青年或老年,男人或女人,天才或凡人,都一视同仁。它属于学习、研究它的每一个人。但是青年人的ABC,即进取心、事业心、好奇心(英文是 ambition, benefit, curiosity,开头的字母是 ABC)最为强烈,使他们最有资格参加创造性思维的竞争。

在传记和报告文学中科学家往往被描写为完美无缺的圣人,或者性情古怪的魔鬼,其实两者都不是。他们是人。他们有人类共同的弱点。在当前世界上,包括我们中国,有的科学家也会受到权力和金钱的腐蚀,甚至会出现科学家之间受到权力和金钱所驱使的争斗。但是自然法则是无法改变的,是权力和金钱既不能腐蚀也不能支配的,是自然本身而不是科学家,决定了什么是至关重要的东西。像靠相互吹捧、靠传媒"炒红"或靠弄虚作假的所谓"权威",在科学史上恐怕连小丑都算不上。青年人应当知道,对于一个正直的自然科学家来说,最大的奖赏不是权力和金钱,而是为人类首先是自己的国家和人民真正得到利益而产生的幸福感。至于名声,也许有,也许没有,但这是结果,而不是目的。第二个名声奖赏则是在揭示大自然奥秘的同时,能够真正看到"科学的无与伦比的美"。但这毕竟是第二位的。每年高中毕业的青年中必定有一部分去学理工科,其中少数有特殊爱好和特殊才能的人可以去学纯粹科学,但恐怕大部分人要去学应用科学或技术科学,特别在高技术领域中工作。邓小平同志在1992年南方谈话中就提出,"高科技领域,中国也要在世界占有一席之地"。我希望青年人在这一方面,多出一些创造性思维,为我们的国家增光,使人民得到真正的好处。你愿意这样做吗?

最后我再引用由于发现激光而在1981年获得诺贝尔物理奖的肖洛(A. L. Schawlow)教授的一句话作为结束:"要做成功的研究,你并不需要知道所有的东西,你只要知道人家不知道的一样东西。"

祝大家成功。

致　谢

《复旦先贤教育思想论集》收录了复旦大学马相伯、严复、李登辉、吴南轩、章益、陈望道、苏步青、谢希德、华中一和原上医两位校长颜福庆、朱恒璧等先贤以大学教学实践为本,论述大学教育思想的演讲、报告、谈话等文稿。这些文稿不拘文体,从中可以得见先贤们的教育思想和实践,也从侧面记录了复旦大学自1905年创办以来风雨兼程、一路走来的历史。尽管先贤们各有时代背景,但他们的教育思想经过历史长河的淘漉,于今看来依然有着非常的可贵之处;他们教书育人的实践行动,更足以为后来者垂范。

由于此书文稿的年代跨度较大、来源不一,审定、编辑的过程颇为周折,值此出版之际我们要特别感谢复旦大学校领导对此书出版的关心,复旦大学高等教育研究所陆一副所长、校史研究室钱益民副研究员在组稿之初提供了大量资料和专业建议,朱恒璧先生之子朱天中先生提供了朱恒璧的几篇原始文稿,陈光磊、顾昌鑫两位教授提供了他们的恩师陈望道、华中一两位老校长的文稿以及宝贵的编选建议,复旦大学哲学学院李天纲教授在马相伯校长文集整理中提供了专业建议。另外,我们还要感谢复旦大学高等教育研究所校友刘敏女士对此书初稿的整理,上海人民出版社虞信棠先生、复旦大学出版社杜怡顺先生对全部文稿的审阅,生活·读书·新知三联书店编辑杨柳青女士和韩瑞华女士对此书的细心审校。若没有以上各位老师的热心相助、同心勠力,本书能够付梓是不可想象的。

编者　谨识
2020 年 12 月